# 越えられなかった海峡

## 女性飛行士・朴《パク》敬元《キョンウォン》の生涯

加納実紀代
KANOU Mikiyo

解説＝池川玲子
IKEGAWA Reiko

インパクト出版会

越えられなかった海峡　女性飛行士・朴敬元の生涯

目次

●本書の元本は『越えられなかった海峡――女性飛行士・朴敬元の生涯』時事通信社、一九九四年二月一〇日発行である。

●著者は生前、事実の間違いや誤植を記載した訂正原本を参照して復刊することを希望していた。生前に発見することができなかった訂正原本を、著者のほとんどの蔵書を移した広島の加納実紀代資料館サゴリから開館前に発見することができ、本版はそれに基づいた訂正を行った。

●また時事通信社版は写真は扉ページのみ掲載されていたが、著者がパワーポイントを使って講演した時使用した写真から幾点かを本書に収載した。キャプションもパワーポイントでの説明文、あるいはプリントしたものに書き込まれたメモを参考にした。

●著者が朴敬元についてパワーポイントを使用して行った講演で確認できたものは以下の3件である。

- 「第19回韓日歴史・文化フォーラム　飛翔した魂の記憶　女性飛行士朴敬元の生涯」二〇〇九年九月一六日
- 「現代韓国北朝鮮研究入門8　飛翔する魂の軌跡　女性飛行士朴敬元の生涯」二〇〇九年一一月二六日
- 「現代韓国北朝鮮研究入門11　飛翔する魂の軌跡　女性飛行士朴敬元と親日派問題」二〇一〇年一二月九日

# 大邱の林檎園

序章

朝鮮初の女性飛行士・朴敬元。1926年
（写真提供・小暮隆氏）

風が吹いているのだろうか。

ポプラの重なり合った葉のあいだからきらきらきらと光がこぼれる。まるで小石にたわむれるせせらぎのようだ。きらり、そのせせらぎを小さな影がよぎる。てっぺんの巣からカササギが飛び立ったのだろうか。

去年の刈株の残る田んぼが広がっている。菜の花畑がある。

木々の茂みを背景に、匂い立つような白い一画は花盛りの林檎園だ。

川が流れている。小川というにはやや大きい、幅三メートルばかりの川である。その土手のポプラの木の下に座って、わたしは空を見上げる。

空は薄く刷毛ではいたように煙っていて、中天高い太陽も眠そうだ。

「今日は大陸から黄砂が飛んで来てるんですって。放射能もたっぷり混じっているそうよ」

友人が苦笑まじりに教えてくれた。

黄砂か……。


むかし、この空を飛んで黄砂巻き上がる大陸まで行こうとした女がいた。彼女はさまざまな苦労のあげく、飛行士になった。しかし、ついにこの空は飛べなかった。黄砂巻き上がる大陸にも行けなかった。

そのころ、空を飛ぼうとする女はほとんどいなかった。男だってそうだった。飛びたいと思うだけなら、女にも男にもたくさんいただろう。しかし、飛びたいと思うことと本当に飛ぶことのあいだには大きな違いがある。鳥ならぬ身の人間が、空を飛ぶことは〈自然〉に反する。だからイカロスは翼を焼かれて墜死しなければならなかった。

それでも人間は、飛びたいと願い、そして本当に飛ぼうとした。

紀元六七年、船の帆のような翼をつけてローマ皇帝ネロの前で飛んでみせようとしたシリアの魔術師。

八九〇年、コルドバで、鳥の羽でつくった翼をつけて飛ぼうとしたアラビア人アッバス・ベン・フィルナス。

一〇二九年、羽を植えた翼をつけて修道院のてっぺんから飛び下りたベネディクト派の修道士エルマー。

一五三六年、トロワ大聖堂からジャンプして死んだイタリアの時計職人ボローリ。

人間の歴史には、飛びたいと願い、飛ぼうとし、そして死んだ人々の屍が積み重なっている。ようやく人間が、飛ぶということ、飛行ということを〈科学〉にしたのは、ルネッサンスの万能の天才、レオナルド・ダ・ヴィンチ以後のことである。ダ・ヴィンチは、微笑むモナ・リザ像などとともにヘリコプターともいうべき飛行機械や羽ばたき機のデザイン画を残している。

しかし、人間が本当に空を飛んだのは、それから三〇〇年後だった。

一七八三年一一月二一日、フランスのモンゴルフィエ兄弟考案の熱気球が、初めて人間を乗せてブローニュの森を飛び立った。そして一〇〇〇メートルの高さで二五分、八・八キロの距離を飛んだ。乗っていたのは、ピラートル・ド・ロジェという青年貴族とフランソワ・ダルランド侯爵の二人。ルイ一六世とマリー・アントワネットの時代である。

しかし、気球では〈鳥のように〉は飛べない。

人間が〈鳥のように〉飛べるようになるまでには、それからさらに一二〇年、二〇世紀を待たねばならなかった。

それまでに人間は、地球の平面上にある〈未開〉と〈秘境〉を探検し、〈文明〉と〈科学〉のメスを入れていた。平面という二次元の世界を征服すれば、つぎは三次元である。人間は、深海に潜り高山をきわめようとし、そして〈鳥のように〉空を飛ぶことに努力を傾けた。

二〇世紀の幕開けとともに、アメリカのライト兄弟によって動力付き飛行機が発明された。人間が〈鳥のように〉空を飛ぶ歴史が始まった。

その鳥は、初めのうちはまさに頼りなげな雛鳥だった。飛行機というよりは飛行器、それよりは「ひこうき」とひらがなで書いたほうが似つかわしいような、木と布と、わずかなはがねでできたものだった。

一九一三年三月二八日、埼玉県所沢飛行場近くで、日本初の飛行機事故によって木村鈴四郎・徳田金一の二人の中尉が死んだとき、歌人与謝野晶子はこんな歌を詠んだ。

### 現身《うつしみ》のくだけて散るを飛行機のはがねの骨とひとしく語る

逆にいえば、飛行機は、人間の生身と同じくらいにもろくはかないものだったのだ。

その一月余り後の一九一三年五月四日、日本航空史上第二の飛行機事故が起こり、アメリカ帰りの飛行家武石浩玻が死んだ。

菜の花の季節だった。少年だった作家の稲垣足穂は、この事故を「汽車で通っても眼まいがするくらい咲き誇っている菜種の香気と、飛行機の翼布のゴムの匂いとの軋轢」において、「人工的、歴史的投企」を代表する飛行機が「自然的、非歴史的投企」を代表する菜種に敗北したのだとみた。（稲垣足穂「菜の花と飛行機の格闘」）

人工の雛鳥は、まだ大地が伸ばす重力の触手を振り切れず、しばしば地面に叩きつけられては乗り手を惨死させた。

しかしやがて雛鳥は、大地の桎梏を振り切る。そして恐るべき怪鳥に成長し、イカロスのように自らの翼を焼かれるのではなく、火を降らせて町や森や人びとを焼いた。

そして二〇世紀の終わりを迎えた今、人間は、もう〈鳥のように〉ではなく、弾丸のように、さらには地球をめぐる星のようにすら空を飛ぶことができる。人間は、ついに三次元の〈自然〉を征服し、神の居場所であったはずの天まで我がものにしたようにみえる。

しかし、女はどこにいるのか？

このイカロスから〈神〉にいたる人間の飛行の歴史の中に、人間の半分を占める女の姿はほとんど見えない。なぜだろう?

物語の世界では、空を飛ぶのは男であるよりは女だった。ヨーロッパでは、魔女がホーキにまたがって空を飛び、アジアでは羽衣をなびかせて天女が舞う。かぐや姫は月にのぼる。

しかし、飛行の歴史には女の姿はほとんど見えない。

女は、飛びたいとは願わなかったのだろうか。三次元の世界などには関心を持たなかったのだろうか。女は大地にどっかと腰を落ち着け、自然に抱かれて満足していたのだろうか。

二〇年ほど前、「飛んでる女」が日本ではやり言葉になった。この言葉の隠喩は、〈自立〉や〈解放〉であるよりは〈逸脱〉である。性的に放縦な女、家庭をほったらかしてほっつき歩く女——。

こうした女を〈逸脱〉とする背景には、もちろん女は家庭にあって夫や子どものために生きるものとする観念がある。そして、そうした〈逸脱〉の象徴が「飛んでる女」であるからには、女は大地にあるべきものとする観念がある。

もちろん女に限らず、鳥ならぬ人間が空を飛ぶことは自然からの〈逸脱〉である。人間がまだ自然と神に服していた時代には、男にとっても〈飛ぶ〉は逸脱の隠喩だった。その残滓は今もある。

しかし、二〇世紀も後半になって、飛ぶことが人間にとって当たり前になったにもかかわらず、

「飛んでる女」は〈逸脱〉の象徴だった。この言葉の源が、一九七三年、アメリカで刊行されたエリカ・ジョングの『飛ぶのが怖い』であることを考えるとき、女は大地にあるべきものとする観念はどうやら日本だけでのことではないらしい。

この観念は、女自身が生み出したものなのだろうか。女は、もともと、空を飛びたいなどとは思わない生き物なのだろうか。だから女は、飛行の歴史に姿を見せないのだろうか。

飛行の歴史に最初に女が登場するのは、モンゴルフィエ兄弟の熱気球による人類初の有人飛行の半年後、一七八四年六月だった。フランスのリヨンに住むエリザベト・ティブルは、レースで縁どったドレスに羽根付きの帽子をかぶって、同じ熱気球に乗り込んだ。彼女を乗せた気球は、画家フルーランスの操縦によってなだらかな起伏が続く田園地帯を、千数百メートルの高さで飛んだ。

飛行機で〈鳥のように〉空を飛んだ最初の女は、やはりフランスのレイモンド・ド・ラロッシュだった。一九〇九年一〇月二二日、彼女は、骨組みむきだしの凧のような翼をつけたヴォアザン兄弟製作の飛行機に乗り込み、あっけにとられている製作者を尻目に五メートルほどの高さで二、三〇〇メートルを飛んだ。ライト兄弟によって飛行機が発明されて六年後である。

日本では、最初に空を飛んだのは女だった。

日本人が初めて飛行機で空を飛んだのは一九一〇年一二月四日。日野熊蔵陸軍大尉による。日本の空の歴史はここに始まるとされている。

しかし、その三カ月前、飛行船に乗って空を飛んだ女がいた。

一九一〇年九月九日、山田猪三郎考案による飛行船が東京大崎の空に浮かんだ。それを見た報知新聞記者・磯村春子は記者魂をかきたてられ、翌九月一〇日、第二回浮揚実験に乗り込んで空に上がった。飛行船製作にたずさわった山田の弟子を除けば、彼女が最初に空を飛んだ日本人ということになる。

彼女の空中体験記が、九月一一日の『報知新聞』に載っている。

「控綱を放つや巨大なる気嚢は徐々に中空に昇り初めぬ。気圧計と風速計を観測し居る中に百米《メートル》突の繋留索は延びて記者の身は何時しか中空高く昇り居たり。（略）見よ其展望の大なるを。御殿山を越えて品海の真帆片帆は双眸の裡に落ち来たり白金の高台は勿論郡部の森や河や丘やは歴々指点し得可し。真下を見下せば人の頭のみ見えて体は見えず点々豆を振り撒きたるが如し……」

ともあれ、まだ人間が〈鳥のように〉は飛べない時代にも、飛びたいと願い、実際に飛んだ女はいたのだ。二〇世紀になってからの雛鳥の成長の過程には、数多くの女性飛行士が登場する。しかし、二〇年前ですら「飛んでる女」は〈逸脱〉の象徴だったのだ。雛鳥の時代に飛びたいと願い、本当に飛んだ女は、〈逸脱〉した女として嘲笑と非難を浴び、あるいはアイドルとして消費された。

わたしが今見上げている空、この空を飛びたかった女は、飛行機がまだ雛鳥だった一九二〇年代に飛行士になった。よく落ちるというので、日本では「飛行石鹸」が売り出されていた時代である。まだ世界中でも、女性飛行士は数十人しかいない。彼女の国では誰もいない。

彼女の国は、とりわけ女に対する道徳が厳しかった。女は家の外に出てはならない。夫以外の男に顔を見せてはならない。女の人生は、結婚して家を守ることだった。結婚しない女は、不道徳な犯罪者のように見られた。それなのに彼女は、結婚もせず、あろうことか男の中の女一人として飛行機の操縦を習い、空を飛んだ。

とんでもない〈逸脱〉である。

そのとき彼女の国は、他国の支配を受け、植民地にされていた。彼女は、自国の社会による女性支配と、他国の強権による植民地支配の二重の支配を受けていたことになる。

そのことと、彼女の〈逸脱〉とは関係があるだろうか。

彼女の国を支配していた他国とは、わたしの国日本である。彼女の国は朝鮮である。

朝鮮人である彼女は、わたしの国日本で飛行士になり、わたしの国で死んだ。

なぜ彼女は、〈逸脱〉を選んだのか。

なぜ、彼女は死んだのか。

彼女の名は朴敬元《パクキョンウォン》。幼名は朴願桶《パクウォントン》。

一九〇一年六月二四日、朝鮮慶尚北道大邱《テグ》府徳山町生まれ。一九一二年四月、大邱の私立明新《ミョンシン》女学校に入学し一九一六年卒業。続いて信明《シンミョン》女学校高等科に入学したが翌年中退し、一九一七年一〇月、日本に来て横浜技芸学校に入学した。

一九二五年一月、東京蒲田の日本飛行学校に入って操縦を習い、一九二七年一月、三等飛行士の免許取得。翌二八年七月には、木部シゲノ、今井小まつに続いて日本で三人目の女性二等飛行士になった。

そして一九三三年八月七日、「日満親善」飛行のため羽田を飛び立ち、不幸にも密雲にはばまれ、伊豆半島玄岳で三三歳の生涯を閉じた――。

これが日本で知られている朴敬元の経歴である。

これで見るかぎり、彼女の〈逸脱〉には大して苦労はないように見える。

一九一〇年、日本は、当時大韓帝国と称していた彼女の国を併合した。そのとき彼女は九歳だった。

彼女の国では、女の子が学校教育を受けることは極めてまれだったが、彼女は大邱で女学校に入学し、さらに日本に留学している。

また、飛行学校に入って操縦練習するには莫大な費用がかかる。大学出の初任給が四〇円程度、五〇〇円あれば家一軒建つ時代に、三等飛行士になるだけで二〇〇〇円かかるといわれている。

朴敬元の生家は金持ちの両班《ヤンバン》階級、彼女は一人娘かなんかでわがままいっぱいに育てられ、日本留学中に折りからの大正デモクラシーや機械文明礼讃風潮の影響で飛行機熱に取りつかれ、親の反対を押し切って飛行学校に入った――。そんなイメージが浮かんでくる。

それを裏づけるような証言もある。日本婦人航空協会理事長及位野衣《のぞきやえ》さんが雑誌『エアワールド』（一九八〇三月号）に書いた朴敬元についての文章にこんな一節がある。

「（朴敬元は）恵まれた家庭からの仕送りのおかげで学校の近くに下宿して練習に通っていた。（略）資性闊達で送金されると気前よくぱっぱと友人にもおごり、自分もホテルに食事に出かけ、なくなるとしょぼんと自室で勉強するという男性的性格であったが、（略）ある時、懐も暖かく、今日の練習もうまくゆき、すっかり御機嫌で当時めずらしい真っ赤なイブニングドレスに純白毛皮のコートをはおって颯爽と銀座を歩いていたら、通りすがりの小母さんが寄ってきて小声で『もしもし、おこしが出ていますよ』と注意した。これには彼女の方が愕然、すっかりくさって帰ったという話が残っている」（及位野衣「淑女たちの空」）

及位さんは一九二七年に飛行学校に入ったので、朴敬元を直接には知らない。この話は、朴敬元が操縦を学んだ日本飛行学校校長相羽有《あいばたもつ》や女性二等飛行士第一号の木部シゲノの証言によるらしい。

ある在日二世の女性に、朴敬元についてのこうした逸話を話したら、彼女は言下に言った。

「植民地下の朝鮮にも、モガがいたのね」

一九二〇年代から三〇年代初めにかけて、断髪で風を切って銀座をかっ歩するモダンガール、略してモガが話題になっている。確かにこの証言に見える朴敬元は、モガを彷彿させる。

さらに、「某大臣の二号」という声もある。

一九八三年八月七日、朴敬元墜死五十年祭が熱海の医王寺で行われた。その席上、隣に座った白髪の男性二人が話し合っていた。

「朴敬元には、李王家が資金援助していたらしいね」

「いや、某大臣の二号だという話だよ」

わたしは、色をなして二人の話に割り込んだ。

「某大臣って、だれですか」

「いや、日本と韓国の複雑な関係を考えると、それは言わんほうがいい……」

その男性は、言葉を濁す。

某大臣の二号、真っ赤なイブニングドレスで銀座をかっ歩するモガ……。

韓国では、彼女の最後の写真の日の丸を振っている姿が問題になったと聞いた。

一九三三年八月七日、「日満親善」飛行に飛び立つ寸前、愛機「あおつばめ」の操縦席に立った朴敬元の写真が残っているが、その手には日の丸が握られている。

それを見たべつの在日朝鮮女性は言った。

「民族の魂を失ってしまったんですね」

朝鮮初の女性飛行士・朴敬元の〈逸脱〉は、〈民族〉からの〈逸脱〉でもあったのか？

確かに朴敬元の最後の飛行は、朝鮮総督府や関東軍の後援を受けた「日満親善」飛行であり「満州」の「皇軍」慰問飛行である。朝鮮人としての民族の魂を失っただけでなく、さらに積極的に、日本の侵略の先兵になっている感すらある。

苦労知らずの金持ち娘、銀座のモガ、某大臣の二号、民族魂の喪失者、侵略の先兵……。

証言や日本の資料から浮かび上がるのは、こうした無惨な一人の女の〈逸脱〉の軌跡である。

しかしわたしは、こうした朴敬元の姿がどうしても納得できない。

理由はいくつかある。

まず第一に、朴敬元が苦労知らずの金持ち娘だったという点に疑問がある。

日本の当時の資料にも証言にも出てこないが、『東亜日報』、『京城日報』など朝鮮で出ていた新聞には、朴敬元が横浜技芸学校を卒業後、大邱で看護学校に入り、看護婦をしていたことが書かれている。看護婦姿の写真も載っている。

女性の職業が限られていた当時、看護婦は、女性が経済的に自立できる数少ない専門職の一つだった。しかも医院に住込みで働きながら資格が取れる。看護学校に入る場合も卒業後奉職することを条件に学費不要で学べる。自立を目指す貧しい女性にはうってつけだった。

日本の女性飛行家の中には、飛行学校に入る前に看護婦をしていたという女性が何人もいる。親からの仕送りに頼らないで、なんとか自力で飛行家になろうとした女性たちだった。

朴敬元もそうだったのではないだろうか？

また、朴敬元が一九一七年に横浜技芸学校に留学したということにも疑問がある。

植民地下の朝鮮で、日本に留学する女性は極めて限られた層である。朝鮮総督府学務局の「在内地朝鮮学生状況」によれば、一九一七年末の在日学生は、官費一七人、私費六四一人、計六五八人となっている。また、内務省の資料によれば、神奈川には八人の留学生が在住している。男女別の数はわからない。

一九二〇年のデータでは、在日朝鮮学生は一〇二三人に増えている。そのうち女子は、官費四人、私費三三人の計三七人だった。留学生全体の四パーセント弱である。それからすると、一九一七年の留学生のうち、女子はせいぜい二〇人程度ではないだろうか。その一人が朴敬元だったとすると、彼女はやはり金持ち娘ということになる。横浜技芸学校は、いかにも花嫁修行のためのお嬢さん学校という感がある。

しかし、当時の横浜にそういう名称の学校はない。横浜市技芸学校、横浜技芸女学校と書かれた資料もあるので、学校名というよりは横浜にある技芸を教える学校の意ではないかと思い、横浜の学校関係の資料をあたったが、該当する女学校は見当たらない。

たまたま、航空図書館で『航空殉職録』（一九三五年刊）を開いたところ、朴敬元の項があった。そこには彼女の履歴として「（大正）十一年、横浜笠原工芸講習所を卒業」と書かれていた。このほうがよほど具体性がある。

では、笠原工芸講習所とはいかなるものなのか？　横浜市史関係や家具商組合などの関係者に問い合わせたが、結局、笠原商店の笠原庄太郎が開設した職工養成所ではないかという推測以上のことはわからない。しかしいずれにしろ、朴敬元がいわゆるお嬢さん学校に留学したのではない可能性の方が高い。

それ以上に、苦労知らずのただのモガといった朴敬元のイメージにわたしが納得できない理由は、彼女の書き残したものとの違和感である。

朴敬元が書いた文章はわずかしかない。母校日本飛行学校が発行していた雑誌『スピード』一九三一年四月号の「女性と飛行機」特集に書いた短文と、彼女の死後、日本飛行学校が編んだ『朴敬元嬢追悼録』（一九三三年一一月刊）に収録されている遺稿「青空礼讃」と「わが女流飛行家は何故伸展しないか！」の二篇だけである。

そのわずかな文章からうかがえる朴敬元像は、苦労知らずのモガのイメージにはおさまらない。

「過去を顧みれば苦しい錬磨の連続。楽しい日は幾日あったろう。（略）再び勇気を奮い起こして男と肩を並べつつ油服を身に纏って、その日その日の飛行場生活。こうして幾年幾月を重ねて来た自分であったろう」

「わが女流飛行家は何故伸展しないか！」で、朴敬元はこんなふうに飛行家になるための辛酸の日々を語り、「今日もやっぱり苦痛の味は変っていないのに、此の苦痛を忍んで何を目的に自分は進もうとするのか？」と、自分に問いかける。

この日本語の文章には書かれていないものの、彼女が忍んだ「苦痛」には、被植民地女性としての屈辱もあったのではなかろうか。

そして彼女は言い切る。

「何物も欲しくない。ただ自分の足跡を残したい一心だけだ」

自己実現の欲求とでも言おうか。それは人間としての当然の欲求であったが、当時の女性、とりわけ朝鮮女性には許されない。それを求めることは、まさに〈逸脱〉だった。

朝鮮人は黙って働け。女は己を無にして夫や息子のために尽くせ――。この二重の人間否定に対して、自由に自己を表現する手段が飛行機であり空だったのではないか。

「青空礼讃」には、空と自由への彼女の思いが語られている。

「空……あの空、薔薇色の雲が静かに動く空、巻毛のような五層雲が金色に輝き不思議な暗示を語る空。

それは空想好きな人間にとって、あの海と共にどんなに永い永い時代の憧憬の対象であったことか！

水平線の向うには何があろう？　その強い好奇心は人に船を造ることを考えさせた。

鳥の群れがどんなに自由に飛び廻っていることか！　飛びたい飛びたいと人の心に燃え盛る憧れは、しかし遂に其方法を発見したのである。

さあ友よ、詠嘆はよそう。飛ぶのだ飛ぶのだ。エンジンは逸り立つ馬のように、力強い叫びを上げる。用意はいいか？

挺を開け！　激しい熱情の奔流だ。高度の針は動く。二百、三百、五百メートル、お前は今空を飛んでいるのだ」

朴敬元は、ことに春秋の雨上がりの空を飛ぶことが好きだった。

「空気は快く澄んで、エンジンの響きが清澄優雅な音楽を奏でる。

地上百メートル或いは千、凡そこの間には不思議な美と恍惚の幻惑の数々が我々を待受けている。

あなたはウォーズウォースがいみじくも歌った詩の句を覚えているだろう。『小川の流れで洗われた羊のような雲』――従順で素朴で敬虔な羊の群のような雲が、甘い微風の牧笛につれて静かに静かに動く。その数万の羊群の背に陽が出る時、花火のようにきらめくハイライトを、影隈の対照の美しさ！」

朝鮮人の朴敬元にとって、日本語で文章を書くことは自由自在だったわけではあるまい。文章力の問題だけでなく、被支配民族としての自己規制も働いたはずだ。

わたしには、これらの文章の背後に言葉にできない彼女の思いが煮えたぎっているように感じられる。

「ただ自分の足跡を残したい」と、彼女は言う。強烈な自己主張である。当時の朝鮮女性にとっては、とんでもない〈逸脱〉である。

何が彼女を〈逸脱〉に向かわせたのか。

その〈逸脱〉は、なぜ飛行機でなければならなかったのか。

その答えを見つけ出したい。そうすれば、銀座のモガ、某大臣の二号、民族魂の喪失者、侵略の先兵……とは違った朴敬元の〈逸脱〉の軌跡が見えてくるはずだ、とわたしは思った。「自分の足跡を残したい」という朴敬元の願いを、わたしなりに引き継ぎたいと思った。

以来一〇年以上経つ。それなのにわたしの中の〈朴敬元〉は、いつまでたってもくっきりした像を結ばない。まるで映りの悪いテレビのように、その像は幾重にも重なり、ぼやけ、揺れ続けている。

そもそも日本人のわたしが、朝鮮人朴敬元の軌跡を明らかにしたいなどと思うのは傲慢なのかもしれない。韓国では、二〇年ほど前に女性航空協会が結成されたのを機会に「朝鮮初の女性飛行家・朴敬元」の事跡を明らかにしようという動きが起こった。そのなかで手を尽くして遺族探しも行われたが、結局わからなかったという。

一九九一年四月、日本婦人航空協会と韓国女性航空協会の姉妹提携二〇周年記念行事がソウルで行われるのを機会に、わたしは初めて朴敬元の故郷、大邱を訪れた。

ソウルで会った韓国女性航空協会の元会長・金璟梧さんは、「大邱に行っても何もありませんよ」と、気の毒そうに言った。

「それよりも古都の慶州に行ったらどうですか。日本人観光客は、みんな慶州に行きますよ」

現会長の鄭淑子さんも、親切にそう勧めてくれた。

二人とも植民地時代に教育を受けているので、申し訳ないように日本語が達者である。金璟梧さんは、女性航空協会の会長を鄭淑子さんに譲ったあと女性団体連合会の会長を務めており、韓国女性運動のリーダー的存在だという。その金璟梧さんが調べてわからなかったことが、日本人で、韓国語もできないわたしにわかるはずはない。

しかし、ともかくも朴敬元の故郷に身を置いてみたい。彼女が見上げた空を、わたしも見てみたい。そう思って、振り切るようにしてソウルを発った。

大邱は韓国南部、慶尚北道の道庁所在地で人口三〇〇万。ソウル、釜山につぐ韓国三番目の大都市である。ソウルと釜山をつなぐ京釜本線が通っており、特急セマウル号に乗ればソウルから約三時間で着く。釜山からはちょうど一時間である。

ともかくも、朴敬元の生家のあたりを歩いてみようと思った。日本飛行学校の学籍簿や当時の新聞記事には、朴敬元の本籍として「大邱府徳山町六十三番地」、あるいは「三笠町一八一番地」と書かれている。

「徳山町」も「三笠町」も植民地時代に日本がつけた地名で、現在の大邱の地図には見当たらない。啓明大学校日本語学科の女子学生朴普鏡さんに急遽通訳を頼んで大邱市庁で尋ねたところ、いずれも現在は中区になっているとのことだった。

中区庁を訪ね、朴敬元の弟、朴相勲《パクサンフン》の戸籍謄本を請求した。男性中心の韓国では女性の名前では登録されていないかもしれないと思ったからだ。朴相勲の名は、朴敬元の墜死を伝える『京城日報』に出ていた。日本では他人の戸籍謄本は簡単にはとれないことになっているが、拍子抜けするほどあっさり発行してくれた。おかげで朴敬元の家族関係がわかった。

戸籍謄本によると、朴相勲の本籍は大邱直轄市中区徳山路六三番地。かつての「大邱府徳山町六十三番地」である。彼は、父朴業伊、母張斗禮の長男として一九〇五年に生まれている。「西紀一九一七年八月三日、前戸主死亡により戸主となる」と記載されているところをみると、父朴業伊は一九一七年に死亡、彼は一二歳で戸主になったらしい。

彼には姉が五人いる。いちばん上の姉は南守《ナムス》で一八九四年生まれ。一九一八年に鄭鳳来と結婚、除籍している。日本飛行学校の朴敬元の学籍簿の保証人の欄に書かれていた鄭鳳来は長姉の夫だったのだ。まだ幼い戸主朴相勲に代わって保証人になったのだろう。

次姉は甘伊《カムイ》で一八九六年生まれ。

三番目は、一八九七年生まれの小鑑伊《ソカムイ》。

四番目の姉は俠伊《ソビ》で、一八九九年に生まれ、一九一九年に秦鳳基との婚姻を申告している。

そして五番目が朴敬元だった。彼女の両親も相勲と同じ朴業伊、張斗禮。一九〇一年六月二四日に生まれている。飛行学校の学籍簿の生年月日の欄に「明治三十四年六月二十四日」とあった通りである。

彼女は六人きょうだいの五番目、しかも女ばかり四人続いたあとの五番目の女の子だったのだ。朴相勲を筆頭に六ページにわたって続くその謄本で、敬元の名は最後に置かれている。

朴敬元の欄には、「西紀一九二九年五月六日、許可によりその名『願桶』を『敬元』に改名」とある。日本飛行学校の学籍簿では、「敬元」の字の横に「願桶」と書かれており、どういう意味かと思っていたが、これでわかった。朴敬元は、戸籍上は一九二九年まで「朴願桶」だったのだ。

さらに、「西紀一九三三年八月七日午前一一時、日本国静岡県田方郡多賀村上多賀玄岳峠で死亡。同月一六日戸主申告」と書かれている。

朴敬元の死は一九三三年八月七日午前一一時二六分、熱海南方の玄岳山頂付近で、と日本の資料で何度も目にしていたが、故郷の公的資料によって今改めてその死を確認したことになる。朴敬元の名前は、大きくバッテンで抹消されていた。

母親張斗禮の名前にもバッテンがついており、一九四〇年五月三日に死亡申告が出されている。しかし戸主の朴相勳、それから一九二九年八月に生まれた彼の長男仁培の名は抹消されていない。もちろん死亡申告もされていない。

一九〇五年生まれの朴相勳はともかく、長男仁培は現在六〇代初め、生きている可能性は十分にある。朴仁培はどこにいるのか？　それは、警察局民願室で聞けと教えられた。

民願室にはコンピューターの端末機が並んでいて、若い職員が早速データを打ち込んで朴仁培の行方を調べてくれた。しかしわからない。

わたしは、韓国の警察というとＫＣＩＡのイメージがあって恐ろしく、またコンピューターを駆使して行方を追及するというのにも抵抗があったが、民願室班長の白相述氏は、突然訪れた日本の女に非常にていねいに応対してくれた。

韓国では一九五〇年の朝鮮戦争による行方不明者が多いのだ、と彼は気の毒そうに言う。戸主が行方不明になってしまうと、その他の親族が死亡しても届け出る人がいない。その結果、戸籍上は生き続けることになるのだそうだ。

そういわれてみれば、民願室という名称も、行方不明の親族を探す民衆の必死の願いが感じられる。戦後何年か日本のラジオ番組に「尋ね人」の時間があったことを思い出し、解放後五〇年近くになる朝鮮半島の傷の深さを思った。

民願室のあと、市の中心部の小高い丘の上に信明女子高等学校を訪ねた。朴敬元が一九一六年に入学した信明女学校の後身と教えられたからだ。

しかしそこには、朴敬元に関する資料はなかった。信明女学校は、一九〇七年、アメリカの長老教会によって設立されたミッション系の女学校だが、解放後の一九五二年、信明女子高等学校と南山女子高等学校に分かれ、古い学籍簿は南山女子高等学校にあるという。

南山女子高等学校は、市の東郊を流れる新川にかかる寿城橋を渡り、川沿いに右折したところにあった。ここでは教頭格とみえる男性が親切に応待してくれた。若い女性職員が取り出してきてくれた古い学籍簿の綴りの中に朴敬元の学籍簿があった。

それには墨黒々と「朴敬元」と書かれている。信明女学校に入学した一九一六年には、すでに彼女は「朴願桶」ではなくて「朴敬元」と名乗っていたのだ。また、入学の一年前にキリスト教に入信し、南城町礼拝堂に通っていたこともわかった。

父親の職業は「木工」と書かれている。貴族階級である両班どころか、常奴《サンヌム》中の常奴である。その父親も一九一七年夏に死亡している。

しかし、かえってわからなくなったこともあった。朴相勲の戸籍謄本では、朴敬元の生年月日は、これまで知られていた通り一九〇一年六月二四日となっていた。しかし信明女学校の学籍簿では、「一八九七年六月二十四日」となっているのだ。

どういうことだろう？

もしこれが正しいとすると、一九三三年八月七日に墜死したとき、朴敬元は三六歳になっていたことになる。数えだと三七歳である。

「三三歳は女の厄年、朴さんは厄年に死んだ」

彼女を知る日本人のあいだではこれが定説になっている。一九〇一年生まれだとすると、確かに彼女は数えの三三歳、女の厄年で死んだことになる。しかし、ほんとうは一八九七年生まれだったのだろうか？

帰国後、朴敬元の遺族を探すのにお世話になった在日韓国人二世の弁護士金敬得《キムキョンドク》さんに聞いてみた。彼の答えはこうだった。

「戸籍謄本を信用しないほうがいいですよ。信明女学校の学籍簿が正しいかどうかはわかりませんが、戸籍謄本よりは信憑性は高いんじゃないですか」

大邱の郷土史家で、五、六年前に朴敬元を新聞で紹介された金龍鎮さんも、わたしの問い合わせに対して、「一八九七年六月二四日生まれが正しいものと思います。当時の朴嬢は就学年齢超過が気がかりになってわざと一九〇一年生れと申請したように見えます」という返事を下さった。

一九二三年、朝鮮に戸籍令が施行されたが、生年月日の申請などには意識的無意識的誤りがかなりあったようだ。一八九七年生まれだとすれば、日本飛行学校に入学した一九二五年、朴敬元はもう二八歳になっていたわけだ。飛行家としては、あまりにも遅い出発である。当時の飛行家はたいてい一〇代で操縦練習を始めている。

平均寿命四〇歳代の当時、二八歳といえばもう立派な中年、一時の飛行熱に浮かされるという年ではない。熟慮の末に、不退転の決意をもって朴敬元は飛行学校に入った——。わたしはそう思った。

金敬得さんの尽力のお陰で、朴敬元の遺族の手掛かりがつかめたのは大邱訪問から一年以上経った一九九二年夏だった。

金敬得さんは、大邱の役所と何度もやり取りして朴相勲の戸籍謄本から姉たちの婚家先の植民地時代の戸籍謄本にさかのぼり、結局朴敬元のすぐ上の姉、朴侠々伊《ソプソビ》の婚家先、秦鳳基一家の現在の戸主をつきとめて下さったのだ。ほかの姉たちについては資料が見つからないらしく、大邱からの応答はなかった。

朴相勲の戸籍謄本で侠伊となっていた四番目の姉は、侠々伊が正しいらしい。現在の戸主は、一九四九年生れの秦学浩氏。侠々伊の孫である。彼にとって、朴敬元は大叔母ということになる。

秦学浩氏の本籍は大邱直轄市寿城区になっているが、どうやら釜山に住んでいるらしい。韓国語に堪能な若い友人の小園弥生さんに頼んで、大邱の本籍地や釜山に手紙を出してもらった。ひと月ほどしてどちらも宛先不明で戻って来た。

がっかりした。せっかくの手掛かりもここで切れてしまうのだろうか。それにしてもじれったい。手紙では届くのに約一週間、返事がもらえるまでに一カ月は覚悟しなければならない。小園弥生さんが助け船を出してくれた。手紙よりも、友人の加藤まさきさんが釜山に住んでいるので、彼女に頼んで調べてもらったら、というのだ。

「彼女は韓国語はできるし、頼りになる人ですよ」

確かに頼りになる人だった。結局、秦学浩さんと連絡がとれたのはまさきさんのお陰だった。彼女は釜山に住む地の利を生かして区庁や地方裁判所を訪ね、彼が大邱に戻っていることを調べ出してくれた。転出先の大邱の住所がわかったので、そこから追っていけば彼の居場所はつきとめられるはず、とまさきさんの手紙には書かれていた。

「韓国には、住民登録番号という国民総背番号の便利な（⁉）システムがありますから――」

二年前、警察局民願室で見たコンピューターをわたしは思い出した。

追っかけてまさきさんから第二信が届いた。

「秦学浩さんと連絡がとれました」という文字がいきなり目に飛び込んできた。胸が熱くなった。やっと朴敬元の遺族が見つかったという喜びと同時に、まだ会ったこともない加藤まさきさんが自分のことのように喜んでくれているのが文面から伝わってきたからだ。

一九九三年四月下旬、わたしは釜山に飛んだ。まさきさんに同行してもらって、今度は釜山から京釜本線で北上した。

左の車窓に洛東江《ナクトンガン》が見えた。その流れは春の陽射しにきらきら光りながら、汽車の進行とは逆に南に向かって流れていた。その穏やかな流れを見ながら、朴敬元が最後の飛行に飛び立つ直前、豪雨で洛東江が氾濫し、大きな被害を出していたことをわたしは思い出していた。

大邱の約束のホテルで、人待ち顔で立っている背広姿の小柄な男性が秦学浩さんだった。一九四九年生れだからもう四十過ぎのはずだが、まだ三〇代の半ばにしか見えない。

秦学浩さんは挨拶もそこそこに、ホテルを出てタクシーに乗り込む。おばさんのうちに行くのだという。朴敬元が死んだのは秦学浩さんが生まれる一〇年以上も前なので彼は知らない。おばさんなら知っているので案内してくれるというのだ。

おばさんというのは、秦学浩さんの父秦相六の弟の妻金貞子さんだった。金貞子さんの家は、門を入ると中庭になっていて、そのまわりにコの字型に建物がある。写真で見る韓国の庶民の家そのままだ。金貞子さんも、いかにも韓国のハルモニといった感じである。

金貞子さんにとって、朴敬元の姉朴俠々伊は夫相烈の母、姑である。彼女の夫相烈は次男だが、朴俠々伊は彼女たちと一緒に住んで、そこで亡くなったという。

金貞子さんが秦相烈と結婚したのは一九四四年というから、もちろん朴敬元に会ったことはない。しかし姑の朴俠々伊から折りにふれ話は聞いているという。

加藤まさきさんを通じて、まず朴敬元の弟朴相勲とその長男朴仁培の消息を聞いた。朴相勲は、朴敬元墜死当時、現在北朝鮮になっている咸鏡南道利原で「公医」をしていたはずだが、その後どうなったのか？

金貞子さんの話によれば、彼は解放後大邱に戻り、一時彼女の家に一緒に住んでいた。しかし朝鮮戦争のとき、釜山に行くといって家を出たまま行方不明になってしまった。息子の朴仁培はアメリカ軍の軍人になったが、これも朝鮮戦争のときに行方不明、たぶん死んだのだろうという。警察局民願室の白相述氏が朝鮮戦争による行方不明の可能性を語っていたのは正しかったようだ。

つぎに、朴敬元の実家の状態について聞いた。父親の職業は、信明女学校の学籍簿にあったように「木工」だったのだろうか？　経済状態は？　クリスチャンだったのだろうか？

金貞子さんは、朴敬元の父親が木工だったかどうかは知らない。自分の夫は木工だったが、と言う。経済状態は、姑の話だと悪くなかったようだが、とのこと。

クリスチャンだったかどうかについては、金貞子さんは明快だった。姑の朴俠々伊は仏教徒だったし、その実家もクリスチャンではなかった。クリスチャンなら酒も煙草も飲まないはずだが、朴相勲は飲んでいたから。

朴敬元の遺骨がどこにあるかも聞いてみた。墜死直後、彼女の遺骨は大邱にもどり、母校、明新女学校の後身である復明普通学校で葬儀の後、仏教布教院に安置されたと当時の『東亜日報』には書かれている。

金貞子さんは知らないという。仏教布教院についても、東和デパートの近くに古いお寺があったような気がするが……という答え。

朴俠々伊は一〇年ほど前に亡くなったというが、彼女のお墓はどこにあるのか？ない、と金貞子さんは言う。ふつう韓国では死者は土葬にするが、朴俠々伊は本人の希望で火葬にし、遺骨は餅米に混ぜて山に撒いたという。

「カササギの餌になって天に帰るのだと言われています」

加藤まさきさんが補足してくれる。

朴敬元もそうなのだろうか。それもいいな、とわたしは思う。

秦学浩さんは、最初にわたしたちを紹介した後はほとんど口をきかず、こうしたやり取りを黙って聞いている。無口な人なのだろう。

朴敬元の人となりについて聞いてみた。男のように大柄で、非常に気が強い。こうと思ったら誰が何と言ってもきかない——。そんなふうに朴俠々伊は、妹の朴敬元について語っていたという。二人はとても仲が良かったようで、そういう朴俠々伊自身も気が強かったと金貞子さんは言う。きっと嫁として苦労したのだろう。

最後に、ふと思いついて朴敬元が死んだのは何歳だったかと聞いてみた。

三五か三七歳ではなかったかと金貞子さんは言う。「女の厄年で死んだ」という日本での伝説は、故郷にはないようだ。やはり信明女学校の学籍簿にある生年月日、一八九七年六月二四日の方が正しいのだろう。

金貞子さんが朴敬元について知っていることは、もうほかにはないようだった。そして金貞子さん以上に、彼女について語ってくれる親戚もほかにはいないようだった。

ここにたどり着くまでの道のりの長さに比べ、あまりにささやかな成果ではあった。しかしともあれ、朴敬元が、経済的にも知的にも恵まれた家庭環境の中から苦労知らずで飛行家になったのではないことだけは確認できたと思った。

大邱の郷土史家、金龍鎮さんから後にいただいた手紙によると、朴敬元の父親は箪笥などの家具職人であり、母親は元奴婢だったという。朴敬元の飛行家修業の資金は、李王家が元学部大臣李容植を通じて二〇〇〇円という大金を支給したとも書いてあった。

このあとわたしは、朴敬元が通ったはずの教会や学校を訪ね歩いた。遺骨が安置されたはずの仏教布教院と思われるお寺にも行ってみた。慶北大学校医学部の広大なキャンパスも訪ねた。朴敬元が看護婦資格を取った慈恵病院看護学科は、現在の慶北大学校医学部付属看護学校と聞いたからだ。

しかし、どこにも彼女についての記録は残されていない。彼女を知る人にも会えなかった。戸籍謄本の朴敬元の名前が大きくバッテンで抹消されていたように、故郷の人びとの記憶からも朴敬元は完全に抹消されているようだった。

「遠くからわざわざ見えたのに、何の成果もなくて残念でしたね」

慶北大学校医学部を訪ねての帰り、案内してくれた安炳泰先生は、気の毒そうにわたしに言う。安先生は日本の植民地時代に大邱の徳山普通学校の教師をし、解放後は大邱教育界の重鎮として活躍された人だ。すでに八〇歳に近いはずだが、ぴんと伸びた背筋に老いは感じられない。

「いいえ、記録がないと確認できたのはよかったと思います。それがはっきりしないといつまでも気持ちの整理がつきませんから」

それは嘘ではなかった。自分の足で、古い資料にあるかぎりの彼女の故郷での足跡をたどり直してみないと気持ちはおさまらない。今その足跡が跡形もなく消え去っているのを知って意気銷沈したが、しかしそこから出直すしかない。

「完了、ですね。そう、完了は大切です」

安先生はそう言って、突然、二年前入院して手術したときのことを話し始めた。手術のあと便が出ない、出てもまだ残っているようですっきりしない、完了という気がしない。ようやく出たときには本当に気持ち良かった——。そのたとえ話のおかしさにわたしは笑い出してしまった。わたしの気持ちをなんとか引き立てようとする安先生をありがたいと思った。


安先生と別れたあと、わたしは大邱の町外れに出た。

去年の刈株の残る黒々とした田んぼの中を川が流れている。土手のポプラが葉裏を翻して光っている。その傍らの匂い立つような白い一画は花盛りの林檎園に違いない。大邱は林檎の名産地なのだ。

土手道を延々と歩き、川底の飛び石づたいに流れを渡って土手をよじ登った。さらに刈株の残る田んぼを突っ切ってようやく林檎園にたどり着いた。

しかし林檎園のまわりはカラタチの垣根で囲まれていた。カラタチ自体も白い花をいっぱいに咲かせているので、遠目には枝いっぱいの林檎の花が下の田んぼにまであふれ出ているように見えたのだ。

垣根というものは、どんなに頑丈そうでもどこかに潜り込めるすきがあるものだが——。じくじくする田んぼに足をとられながらカラタチの垣根のまわりをまわってみた。しかしびっしり生えた棘は禍々《まがまが》しく絡み合い、どこにも潜り込むすきはない。棘の狂暴さに対して、あまりにもその花が可憐なので、よけいに裏切られたような気がする。

林檎園に続く木立ちの中に藁屋根が見えた。林檎園の持ち主が住んでいるのだろう。

私たちにとって林檎は生活の糧です。気まぐれな旅行者の鑑賞の対象ではありません——。そんなふうに、その屋根は無言の拒絶をわたしに投げつけているように思えた。

朴敬元についてもおんなじだ、とわたしは思った。近寄っても近寄っても中に入れない。彼女のまわりには、依然として目に見えない壁がとりまいている。

一六八センチもある大女、顔にはそばかすがいっぱい、好物はソㇽロンタン（雪濃湯）……。韓国に来てから入手した資料には、朴敬元についてこんなことが書かれていた。しかし、なぜ彼女があの時代に飛行機などというとんでもないものに自己実現の夢をかけたのか、これについては依然としてわからないままだ。

あなたは、なんで空を飛びたいなどと考えたの？

放射能混じりだという大陸からの黄砂でけぶる空を見上げて、わたしは溜息をついた。

帰国後しばらくして加藤まさきさんから手紙が届いた。その手紙を読んで、ようやくわたしは、〈朴敬元〉がわたしの中で像を結んでくるのを感じた。安先生のいう完了、である。

手紙には、こんなことが書かれていた。

「私は、朴敬元の姉の名前が〝俠々伊〟だということがとても気になっていました。というのも、普通韓国では、名前は二字、〝敬元〟〝泳三〟とかなのに、どうして三字なのか、また、『おかしな名前だナー』と思いました。

何日かずっと気になっていたのですが、俠々伊の意味がわかりました（私なりに）。

＊一番上の姉　朴南守――平凡な名前

＊二番目の姉　朴甘伊――父の伊の字をとったものか？

＊三番目の姉　朴小鑑伊――これもちょっと変ですが、上の姉の名が감이（カムイ）なので、妹は小さなカムイ소감이（ソカムイ）にしたと思います。漢字は当て字でしょう。
　しかし両親が唖然としたのは、四番目が〝また女の子だった〟という事実です。その心境を名前にしました。

　すなわち、섭섭하다――この意味は、①名残惜しい、②惜しい、残念だ、③寂しい、恨めしい、物足りない。

　これを名詞に変化させて、その名前を섭섭이（ソプソプイ＝ソプソビ）にしたと思います。漢字の侠々伊も当て字でしょう。しいて訳せば〝惜しかった子〟〝残念だった子〟という意味です。

　しかし、五番目も女の子だった！

　両親はその子の名を願桶《ウォントン》としました（敬元《キョンウォン》でなく）。

　私は最初、『棺桶に願う』意味かと思ったのですが、韓国語の桶に〝棺桶〟の意味はないようでした。

　しかし、원통하다（ウォントンハダ）という形容詞があります。その意味は、漢字で『冤痛～』、くやしい、残念だ、無念だ、うらめしい、残念でしかたがない。

　朴願桶は、すなわち〝朴うらめしい〟という名前です。

　両親にとってみれば、生まれても生まれなくても良かった、むしろ生まれないほうが良かった子だったのかも知れません」

手紙にはさらに追伸があった。

「ウォントンハダを使うときは、よっぽど惜しい、恨めしいときです。例えば、植民地になってしまって～、畑を借金のかたにとられてしまって～」

# ウォントンハダの子

大邱の南大門。1935年ごろ
（『大邱府史』より）

第1章

# 1

ウォントーン、ウォントォォーン……。

路地裏に、もう何度目かのオモニの声が聞える。

おおいやだ。

その声を振り切るように、ウォントンは足を早める。路地には小便の臭いがこもっている。痰があちこちに吐き散らしてある。

路地を抜けると南門市場に出る。西門市や東門市に比べれば静かなものだが、それでも足を踏み入れたとたん、「買いな、買いな」の大声が四方八方から飛び、まるで喧嘩しているような騒ぎだ。

米に野菜に薪に魚介類。衣類にチプシン（草鞋）、刃物、籐で編んだ大小さまざまな籠を積み上げた一画もある。魚売りの一画にくると、むっと悪臭が鼻にくる。明太魚にニシンの干物、青海苔、生魚が青白い腹を見せてのたくっている。蝿がわっと飛び立つ。

大人たちのあいだをすり抜けるようにして、ウォントンは通りに出る。通りにも白衣の人びとがひしめき合っている。ずっしりと荷を載せた牛が引かれて行く。今日は七の日、西門市が開かれているのだ。二と七の日には西門市、四と九の日には東門に市が立つ。

通りに出るたびに、ウォントンは奇妙な感じがする。二年前までこの通りはなかった。いま人びとがひしめき合っているところには城壁がそびえ立っていた。

城壁が最初に築かれたのは三〇〇年前、豊臣秀吉の壬辰倭乱のときだったという。一二、三尺の高さに切石を積み上げ、厚みは大人が四、五人手を広げても足りないぐらいあった。

城壁の四方には、東西南北四つの門があった。南門が正門でいちばん大きく、楼上には「嶺南第一関」と書かれた額がかかっていた。嶺南とは慶尚道の西北端にそびえる鳥嶺山の南の意味で、慶尚道のことである。ウォントンが生まれたころまでは慶尚道は南北に分かれておらず、大邱はその中心だったのだ。

ウォントンの家は南大門外の南城里、草葺きの小さな家が込み合った一画にある。幼いころは、路地を抜けると市場の向こうに城壁がそそり立ち、南大門楼上の「嶺南第一関」の大額が脅しつけるように彼女を見下ろしていたものだ。

城壁の中は怖い役人や両班の住むところ、入ってはいけないとオモニに言われていたので、ウォントンが城内に入るのは春と秋に開かれる市のときだけだった。城内の市は大市といって一カ月以上も続いた。慶尚・全羅・忠清道の三南はもちろん、遠い都の漢城やもっと北の江原・黄海・平安・咸鏡の各道、清国からも商人がやって来て、城内は馬や人でごったがえした。

その大市も今は開かれない。城壁が壊されたあと、旧城内に日本人の商店が軒を並べるようになったからだ。

城壁の破壊も日本人のせいだった。日本人居留民団が、町の発展のためだとして観察使署理・

朴重陽に迫って取り壊させたのだ。おととし、一九〇六年秋のことである。

あのとき、ウォントンは本当にびっくりした。一夜、急に男たちの怒鳴る声やがんがん騒がしい音がしたと思ったら、朝目覚めると昨日までそびえていた南大門の二層の櫓が消え、無残な瓦礫の山となっていたのだ。

アボジの話では、日本人居留民団の岩瀬・中江ら四人が釜山から人夫六〇人をひそかに雇い入れ、一気に破壊工事をやらせたのだそうだ。韓国政府の中止命令が届いたときには、もう街をめぐる城壁は半分以上が壊されていた。

破壊された城壁は、一年余りそのまま放置されていた。最近ようやく残骸が取り除かれ、ぽっかり開いた空間は市をめぐる大通りとなった。そして、かつての北門から南門へ、東門から西門へと市内を十文字に貫く道路工事が進められている。

工事にはウォントンの近所からも男たちが駆り出されている。アボジもその一人だ。アボジは腕自慢の大工だったが、大きな石をかついでよろよろ歩いていた。

「ウェノムが――」

そんな日は決まって、アボジの口から憎々しげなつぶやきがもれる。ウェノムとは「倭奴」、日本人の蔑称だ。日本人が町に住み着いてさかんに家を建てるので、大工の仕事が増えてオモニは喜んでいるが、アボジは日本人を嫌っていた。町の人びともそうだった。

大邱の町に初めて日本人が住み着いたのは一八九三年、ウォントンが生まれる四年前のことだった。

岡山出身の膝付益吉と室某の二人が南大門ちかくに家を借り、薬と雑貨をあきなう店を始めた。しかし、壬辰倭乱のときの日本軍の残虐ぶりはしっかり語り伝えられており、三〇〇年ぶりに現れた日本人を見る街の人びとの目はきびしかった。夕食どきに石を投げ込まれることもしょっちゅうだった。

二人は朝鮮を乗っ取るために日本軍が潜入させた密偵ではないか？　こんなことを言う人もいた。彼らが住み着いたつぎの年から日本の軍隊が大邱に駐屯するようになったところをみると、それは正しかったのかもしれない。

その翌年一八九四年は甲午の年だった。この年一月、隣の全羅道古埠で東学接主全琫準《チャンボンスン》が郡守の圧政に抗して武装蜂起し、農民戦争に発展した。甲午農民戦争である。

東学とは、キリスト教の西学に対するもので、仏教や儒教、天道教などの土着の宗教を融合して編み出されたといわれる。開祖は、慶州出身の崔済愚、教義の中心は「人乃《すなわち》天」、人間尊重と平等主義である。貧乏人も金持ちも、両班も常奴も同じ人間として尊ばれるべきだというその思想は、下層庶民のあいだに熱狂的に受け入れられた。危機感を抱いた大院君は危険思想として東学を禁止、崔済愚は大邱南門外の観徳亭で死刑に処せられた。一八六四年のことである。

しかし教祖の処刑は、かえって東学の火を広めることになった。その火は人びとの胸の奥深くで燃え続け、三〇年後の甲午の年、一気に炎を噴き上げた。全琫準率いる東学の徒が武装蜂起すると、多くの農民がこれに参加した。

全琫準将師に対する人びとの信頼は絶大だった。蜂起の旗印は「輔国安民・除暴救民」。また全琫準将師は、自ら率いる農民軍に「困者救済」「貧者賑血」「病者給薬」など一二の規律を課し、貧乏人のために働くことを徹底させていた。人びとは親しみを込めて小柄な彼を「緑豆《ノクト》将軍」と呼んだ。

李朝政府は、緑豆将軍率いる農民軍を鎮圧するために清国に出兵を求めた。日本もこれに割り込んで兵を送り込んできた。その結果、朝鮮を舞台に日本と清国のあいだで戦争が起こる。大邱にも日本軍がやってきた。

この戦争で日本は清国に勝った。これまで威張っていた大きな清国が小さな日本に負けたのを痛快がる人もいたが、しかし日本軍はやはりウェノムの軍隊だった。清国の軍隊が逃げ帰ったあとも居すわって、政府軍と一緒になって緑豆将軍の農民軍を鎮圧した。

そのなかで三〇万から四〇万の農民が殺された。緑豆将軍も捕えられ日本軍に引き渡された。一八九五年四月、彼は絞首刑に処せられた。

鳥よ　鳥よ　青鳥よ
緑豆の畑に下り立つな

緑豆の花がホロホロ散れば
青舗《かし》売り婆さん泣いて行く

だれが歌い出したのか、全羅・慶尚あたりではこんな歌が歌われるようになった。女の子たちはこの歌でお手玉をする。ウォントンも姉たちとお手玉をするときこの歌を歌う。緑豆の花を散らせた青鳥は、日本軍のことだと姉たちから聞いた。

東学農民戦争が鎮圧されたあと、大邱の日本軍は撤収したが、代わって一旗組の日本人が入って来た。とくに日本が敷設権を獲得した漢城と釜山をつなぐ鉄道工事が大邱付近にまで延びてくると、工事関係の男たちが続々とやって来た。

そうした男をめがけて女もやって来る。大人たちはそうした女を「イルボンカルボ」と呼び、蔑んでいた。日本人売春婦の意味だ。ウォントンが物心ついたころには、日本の着物をぞろりと着たイルボンカルボを時折見かけるようになっていた。

日本人の流入が一段と激しくなったのは一九〇四年のことだ。二月、日本はロシアと戦争を始め、鉄道の完成を急いだからだ。二月末二〇〇人だった大邱の日本人は、六月には一〇〇〇人以上に増えていた。

鉄道が完成し、城壁の北側に大邱駅ができたのはその年八月、ウォントンが七歳のときである。オモニは悪魔にさらわれると止めたが、彼女はすぐ上の姉のソプソビと一緒に汽車を見に行った。

汽車はもくもくと真っ黒な煙を吐いて走って来て、凄い速さで走り去った。本当に悪魔のようだった。でもウォントンは、ちっとも怖くなかった。それどころか、いつかきっとあれに乗って釜山に行こうと思った。釜山の先は海だ。海というのは、空の下にただ広々と水が広がっているのだそうだ。

日本人の流入が増えるにつれて、人びとの彼らを見る目はいっそう厳しくなった。日本商品はウェムル（倭物）といって嫌われ、日本人襲撃事件もしょっちゅう起こった。

一九〇四年一二月、大邱に住む井上俊太郎が襲われて殺された。その一カ月後の一九〇五年一月には、京釜鉄道役員の赤沢貞次と農業技師井上健吉が三〇人ほどに襲われ、赤沢は射殺され、井上は重傷を負った。「いい気味だ」と人びとは声をひそめて言い、「反日義兵のしわざだ」とうなずき合った。

二月になって慶州の二人の農民が犯人として逮捕された。大邱の日本人は、二人を極刑に処するよう要求した。日本人向け週刊新聞『朝鮮』では、主幹の釈尾旭邦が「日本民族一人の血は朝鮮人百人の其れより貴きことを忘れる無くんば我同胞も多少の安心を得ん」と息まいた。

五月三日、二人の農民は西門外で絞首刑に処せられた。

このときはウォントンは行かなかったが、その直後、南門外の原っぱで三日間に一〇五人が絞首刑になったときには見に行った。それまでにも彼女は処刑を見たことはあったが、三日間に一〇五人というのは初めてだった。松の丸太を無造作に組み立てた絞首台に、ずらりと並んで吊された死体がぶらんぶらん揺れていた。今でも思い出すと胸がむかむかする。

乙巳保護条約によって日本に外交権を奪われてしまったのはその年の暮だった。白人の大国ロシアに勝った日本は、いよいよ朝鮮の独占的支配に乗り出したのだ。漢城に統監府が置かれ、翌一九〇六年春には初代統監として伊藤博文が乗り込んで来た。

大邱でも日本人の流入が急増した。彼らは我が物顔に町の一等地に家を建て、商売を始めた。韓国政府の中止命令を無視して城壁を破壊してしまったのは、その年の秋のことだった。

ウォントンは、城壁がなくなってよかったと思っている。城外と城内を分ける壁がなくなって自由に街の中心に行けるようになったし、空が晴れ晴れと見えるようになったのがなにより嬉しい。

空には、天主堂の尖塔がそそり立っている。重々しい屋根のかぶさった南大門と違って、その尖塔はウォントンの心を空の高みに誘う。

通りを渡って旧城内に入ると、土塀に囲まれた家並みが続く。澄み透った冬空を背景に、屋根に干された赤唐辛子が鮮やかだ。少女たちの歌う声が土塀の中から聞えてきた。

小米は鶏に
小糠は犬に

大米、小米
おまえと二人して食べて
トングトング……

すぐ横の土塀の上に女の子の頭がヒョイと出る。次はあっちにヒョイ――。そのたびに赤いテンギ（リボン）を結んだ太いお下げがぴーんと空に立つ。ノルテギ遊びで板の両端に立った女の子が代わり番こで跳んでいるのだ。順番待ちの子たちは、早くどっちかが板を踏み外すようトングトングとはやし立てる。

ウォントンはノルテギならだれにも負けない。ターンと板を蹴って高く跳ぶと、空に心が吸い込まれるような気がする。とくに両親に邪険にされてむしゃくしゃするときは、思い切り高く跳ぶ。

すぐ上の姉のソプソビと自分は、両親にとっては生まれないほうがよかった子なんだとウォントンは思う。「多男多福」、男の子が多いほど一家は幸せ、女の子は子どもの数に入らない――。それなのに四人目も五人目も女の子だったのだから、両親ががっかりしたのも無理はない。ソプソビは残念だった子、自分は恨めしい子――。

とくに弟のサンフンが生まれてからはウォントンはますます余計者だ。

アボジは口癖のように言う。

「うちは、朴は朴でもそんじょそこらの朴とは違う、密陽朴《ミリャンパク》だぞ」

密陽を本貫とする朴は、数ある朴のなかでも格が高いのだそうだ。サンフンが生まれなかったら、それも絶えてしまうところだったとアボジは言う。

最近ウォントンは、ウォントンと呼ばれるのがますます嫌になった。「ウェノムの奴ら……」に続けて、「ウォントンハダ」と大人たちが憎々しげに言うことが多くなったからだ。

一九〇七年、乙巳条約の無効を訴えるため、ハーグ国際会議に密使を送った国王高宗は、日本によって退位に追い込まれ、純宗が王位についた。頻発した反日義兵運動も、日本軍によってほぼ鎮圧された。

ウォントンハダ。恨めしい、くやしい。

そう大人たちが言うたびに、ウォントンは自分が非難されているようで身がちぢむ。その声から逃げ出したい。ウォントーンと長く伸ばして呼ぶオモニから逃げ出したい。小便の匂いのこもる路地裏から逃げ出したい――。

でもどうしてなんだろう？　どうして「多男多福」なんだろう？　なんで女の子が生まれるとウォントンハダなんだろう？

ウォントンには納得がゆかない。そして、先ごろの国債報償運動で、女の人も国を守るために佩物廃止同盟や国債報償脱環会を結成して頑張っていたことを思い出す。

慶尚北道は、反日義兵闘争の中心の一つだった。大邱ではそれに呼応するかのように上流階級を中心に国債報償運動が起こった。日本の支配をはねのけて国権を保持するためには、日本からの「亡国借款」を償却しなければならない。そのためには男は禁煙で、女は指輪をはずし食卓の一品を減らして国債を購入しよう――。

男たちは禁煙同盟を結成した。女たちは佩物廃止同盟や国債報償脱環会を結成した。

町中の人込みに立って、上流階級らしい女性が指輪を外すよう呼びかけているのを見たとき、ウォントンは本当にびっくりした。そういう女性の姿を見たのは初めてだったのだ。

ウォントンのような庶民階級の女はそれほどではなかったが、両班など上層階級の女性は家の中に閉じこめられ、外の社会とまったく隔絶されていた。「内外法」といって、男女は画然と分けられていたのだ。女は一〇歳も過ぎれば正月や端午の節句以外は外に出ない。結婚した女は夫以外の男に顔を見せてはならない。どうしても外出しなければならないときは、輿に担がれたりチャンオッ（長衣）をすっぽりかぶったりして顔が見えないようにする。

それなのにあの女性は、チャンオッもかぶらず一心不乱に叫んでいた。

「女だとて大韓帝国の国民です。国を思う心に、どうして男女の差がありましょうか」

本当にそうだ、とウォントンはすっかり嬉しくなった。佩物廃止同盟か脱環会に入って男と同じ国民であることを見せたいと思った。

ところがオモニは、とんでもないと言う。

「佩物というのは贅沢品のことだというじゃないか。うちにゃ廃止する贅沢品も指輪もないよ」

アボジは好きな煙草を我慢して国債報償運動に協力したのに――。

だからオモニはだめなんだ、アボジに殴られてもただ我慢しているよりないのだ、とウォントンは思う。オモニは、なんでも八字《パルチャ》（運命）のせいにする。女に生まれたのはパルチャが悪かったんだから仕方ないという。そして「唖嫁」の話をくり返す。

「唖嫁」の話は歌にもなっているが、ひどい話だ。

――あるところに一人の女がいた。結婚するとき、どんなつらいことがあっても見て見ぬ振りするように、聞いても聞かぬ振りして黙って我慢せよと実家の親に諭され、言われたとおり見えないふり三年、話せないふり三年、聞こえないふり三年で、三・三・九年の嫁暮し。

婚家ではこれじゃあ仕様がないというので離縁することになり、舅が付き添って実家の近くまで来た。安心した嫁は、つい「ああ、昔どおり雉が鳴いている」と言ってしまった。嫁が話せることを知ってびっくりした舅は、雉をつかまえて今来た道を引き返した。

連れ戻された嫁は、雉を焼いて「つばさつばさ、庇うた翼、これは舅さん召上がれ、くちばしくちばし突っつく嘴、これは姑さん召上がれ、めだまめだま、ぐるぐる目玉、これは婆さん召上がれ、左右の肝は小姑に、そして私は苦しい苦しいこの胸を食べましょう」と歌った――。

ウォントンはこの話を聞くたびに悲しくなる。このあと嫁はどうなるのだろう。口をきけるようになったところで、悲しい歌を歌うだけで何にもいいことがない。

結婚なんか絶対するもんか。

彼女は心に誓う。そして、学校に行きたい、信明《シンミョン》女学校に入りたいと改めて思う。

ちょうど国債報償運動が盛り上がっていたころ、大邱に初めて女子を対象にした学校ができた。アメリカの長老教会の設立による信明女学校である。校長はマルタ・ブルーエン。

大邱に長老教会のアメリカ人宣教師がやって来たのは一八九一年、ウィリアム・ベアード牧師が釜山から移住して伝道を始めたのが最初だった。一八九四年にはアダムス牧師が城内の南大門近くに礼拝堂を建てて本格的に布教を開始した。

信明女学校校長のマルタ・ブルーエンは、一八九九年、新婚ほやほやで夫とともに赴任して来た。

長老教会は女性への布教を重視しており、女子教育にも熱心だった。マルタ・ブルーエンは、赴任するとすぐ教会の中の自宅に信者の娘を集め、聖書や賛美歌、針仕事を教える私塾を開いた。一九〇二年、その私塾は信明女子小学校となる。そして一九〇七年、その卒業生を対象に信明女子中学校を設立した。

朝鮮で初めて女子のための学校が設立されたのは、一八八五年、アメリカの宣教師スクレントン夫人によって設立された梨花学堂だったが、生徒集めに大変な苦労をした。「内外法」で女は外に出られないのに、まして学校に通わせるなどはとんでもないとされていたからだ。

開校当初の生徒はたった一人。八年目の一八九三年にやっと三〇人になったが、今度は生徒に名前がないので苦労した。女は顔もなく存在しないも同然、だから名前で呼ばれることもない。初めから名前がない女も多かった。教師たちは、テーリアとかライナとかまず一人一人に名前をつけることから始めた。

そんな具合だったので、一九〇四年までに朝鮮で設立された一一の女子のための学校は、すべて外国人宣教師によるものだった。しかし大邱に始まった国債報償運動は、朝鮮女性に民族意識とともに男女平等意識の目覚めをもたらした。女子教育の必要性もようやく認識され、朝鮮人による女学校も設立されるようになった。

一九〇六年五月、高宗の妃、厳妃によって漢城に設立された明新《ミョンシン》女学校は、朝鮮人による最初の女子教育機関だった。校名の明新とは、厳妃を生母とする皇太子垠の雅号明新斎《ミョンシンゼ》からとったものだ。続いて進明女学校、同徳女学校などの私立女学校が相次いで設立され、一九〇八年には公立の漢城女子高等女学校も開設された。

しかし大邱では、長老教会のマルタ・ブルーエンが開設した信明女学校が朝鮮人の女の子のための最初の学校だった。一九〇七年に設立された段階では信明女子中学校だったが、翌年統監府が出した私立学校令により、私立信明女学校となった。第一期生として入学したのは、既婚者も含む一二人だった。

信明女学校はウォントンの家から遠くない。城壁のあとに大通りが開かれてからは、白いチョゴリに青いチマという制服姿で通学する生徒たちの姿が朝夕に見られる。

ウォントンには、彼女たちが誇らかで颯爽としてみえる。私も信明女学校に入りたい――。大邱に住んでいる日本人の女の子は、居留民団設立の達城小学校に通っている。国が日本に乗っ取られるのは、国民の母である女に学問をさせず、愚かなままにしておいたからではないか。日本のように女も勉強して、新しい西洋の学問をどんどん取り入れないとますます日本にやられてしまう。

それなのに、アボジもオモニもてんで取り合おうとしない。それどころかアボジは、ウォントンが信明女学校に入りたいと言ったら、「洋鬼のヤソの学校の話など二度とするな」とかんかんに怒り、殴りつけた。

しかしウォントンは、そんなことではあきらめない。今日も彼女は、旧城内に入るとまっすぐ長老教会を目指した。信明女学校は長老教会の中にある。長老教会の礼拝堂は、天主堂のような立派な尖塔もなく白いブリキの壁の粗末なものだが、それだけに瓦屋根の重苦しい朝鮮家屋の家並から軽やかに抜きん出ている。

ウォントンは、城壁あとに道ができて以来何度か長老教会に来ていた。このあいだ来たときは授業中らしく、中からちょっと発音のおかしい朝鮮語で聖書を読む女性の声が聞こえてきた。きっとブルーエン校長だろう。少女たちの歌う賛美歌も聞こえてきた。

今日はだれもいないようだ。思い切って中に入ってみた。がらんとした礼拝堂の後ろに小さい部屋がある。入口に白いトラジ（桔梗）の花がついているので、ここが信明女学校の教室なのだろう。教会の中も教室も、塵ひとつなく掃き清められている。

清らかで知的で静謐な世界。

ウォントンは、自分の住む南城里の路地裏を思った。痰が吐き散らされ、真っ黒に蠅がたかり、わめき声がしょっちゅう聞こえる路地裏。そこにあるのは無知と不潔と男尊女卑だ。そして恨みがましいウォントンハダの声……。

「学校に入りたいのですか」

突然声をかけられて、ウォントンは跳び上がった。青い目の女性がウォントンに笑いかけている。ブルーエン校長だ。

逃げ腰になりながらも、思わずウォントンは強くうなずいていた。

「そう、あなた学校に入りたい。あなた偉いです。朝鮮女性は勉強しなければなりません。神の前では女も男も同じ人間なのです」

ウォントンは嬉しかった。女も男も同じ人間なのだ――。

しかし、それに続くブルーエン校長の言葉に、ウォントンはがっかりした。信明女学校に入るには神の僕《しもべ》にならなければならない、しかも初等教育を終えた少女だけしか入れないと言うのだ。

「まず教会にいらっしゃい、そして神様の話をお聞きなさい。そうすれば、神のお導きできっと道が開けるでしょう」

ヤソ嫌いのアボジの顔を思い浮かべ、とても無理だとウォントンは思った。

## 2

一九一〇年八月、日本はついにウォントンの国を完全に乗っ取ってしまった。

八月二二日、韓日併合条約調印。八月二九日、条約発表とともに韓国は国家としての主権を喪失、日本の支配下に入った。一八九七年、ウォントンが生まれた年に建てられた国号「大韓帝国」は消滅し、「朝鮮」となった。ウォントンハダの声が朝鮮一三道に満ち満ちた。

一方日本では、「韓国併合」による領土拡張にお祭り騒ぎがくり返された。

合邦成りぬ八道の
山河もここに我領土
神功以来今日の日を
待ちに待つこと二千年
（『報知新聞』八月二四日）

天皇は「併合」に関する詔書を発した。

「朕東洋ノ平和ヲ永遠ニ維持シ帝国ノ安全ヲ将来ニ保障スルノ必要ナルヲ念ヒ又常ニ韓国ガ禍乱ノ淵源タルニ顧ミ曩ニ朕ノ政府ヲシテ韓国政府ト協定セシメ韓国ヲ帝国ノ保護ノ下ニ置キ以テ

禍源ヲ杜絶シ平和ヲ確保セムコトヲ期セリ
（略）韓国ノ現制ハ尚未ダ治安ノ保持ヲ完スルニ足ラズ疑懼ノ念毎ニ国内ニ充溢シ民其ノ堵ニ安ゼズ公共ノ安寧ヲ維持シ民衆ノ福利ヲ増進セムガ為ニハ革新ヲ現制ニ加フル避ク可ラザルコト瞭然タルニ至レリ……。」

韓国併合は、「東洋ノ平和」のためであり、韓国民衆の「福利」のためである、というのだ。八月二九日、東京市内には軒並み日の丸がひるがえり、花電車が走った。夜には祝賀の提灯行列が延々長蛇をなして練り歩いた。歌人の与謝野晶子も、九月三日の『萬朝報』に歌を寄せて、祝賀ムードに花を添えた。

韓国《からくに》に綱かけて引く神わざを今の現《うつつ》に見るが尊さ

それに対して、かつて与謝野夫妻の主催する『明星』の同人だった石川啄木は、こうしたお祭り騒ぎを冷ややかに見ていた。

地図の上朝鮮国にくろぐろと墨を塗りつつ秋風を聞く

地図から抹殺された「朝鮮国」では、「京城」と改められた首都漢城に朝鮮総督府がおかれた。

初代総督は寺内正毅である。大邱では、旧城内の観察府が慶尚北道庁となり、長官に李軫鎬、参与官に崔廷徳が任命された。しかし実権を握っていたのは府尹の竹崎六三郎である。

裁判所の判事も警察の幹部もすべて日本人になった。憲兵隊も増強され、憲兵隊長・石井中佐が警察部長を兼任した。日本陸軍も駐屯し、反日義兵に目を光らせる。

このとき、大邱の日本人は約六〇〇〇人。市の中心部は、ほぼ日本人に占拠されてしまった。総督府は土地調査事業の名目で広大な土地を没収し、日本の企業や個人に払い下げていった。家や土地を失った人びとのあいだに、「ウォントンハダ」の恨めしげな声が地鳴りのように繰り返される。

しかしウォントンは、このところ元気だった。学校に行ける希望が見えてきたからだ。

ウォントンの住む路地裏から南門市場を抜け、大通りを越えると観徳亭がある。観徳亭は東学の教祖崔済愚が処刑されたところで、いかにもものものしい雰囲気の古い建物だが、そこに明新《ミョンシン》女学校が開校したのだ。開校は一九一〇年八月二六日、「韓国併合」とほぼ同時である。

ウォントンは、いまも信明女学校の知的で男女平等の世界に入る望みを捨てていない。しかしそのためには、アボジの反対を押し切って教会に通わなくてはならないだけでなく、四年間の初等教育を終えなければならない。これが問題だった。

今度開校した明新女学校は、朝鮮人の女の子のための初等教育機関で、しかも大韓愛国婦人会大邱支部の設立である。校長は愛国婦人会大邱支部長の徐周原。設立資金は大韓帝国最後の王純宗の下賜金に会員の寄付を加えたものである。純宗は南韓巡幸の折り大邱に立ち寄り、愛国婦人会に二〇〇ウォンを下賜した。

大韓愛国婦人会の総裁は厳妃である。四年前、厳妃によって漢城に同じ名の明新女学校が設立されたが、それが淑明女学校と名を改めたのでその名を継いだのだ。

明新女学校は学費はタダだという。ヤソではなく、愛国婦人会が設立した女学校なら、愛国者のアボジは入学を許してくれるのではないか、とウォントンは思った。しかし、そのためにはアボジの機嫌のいいときを見計らって頼まなければならない。亡国以来、アボジの機嫌のいいときはめったにない。さもなければ酔い潰れているかだ。最近アボジは、仕事を放り出して酒幕《スリチビ》(居酒屋)に入り浸ることが多くなっている。

気長に待とう。

南山に登って町を見下ろしながら、ウォントンはそう思った。最近ウォントンは、よく南山に登る。希望があれば、待つのはちっとも苦にならない。わたしの希望はなんだろう? まずは明新女学校に入ることだ。そして信明女学校に入ることだ。それから……?

ウォントンはもう一三歳だった。少年のように背丈ばかりずんずん伸びた身体にも女のしるしが訪れ、胸もふくらみかけている。彼女のまわりでは、親たちは一三歳ともなればそろそろ結婚を考える。一九〇七年、韓国政府は早婚禁止令を出し、男子一七歳、女子一五歳未満の結婚を禁じたが、長い間の習慣はそう簡単には変わらない。

しかしウォントンは、結婚はしたくない。できないとも思っている。一番上の姉ナムスに続いて二番目の姉カムイも最近結婚したが、夫の李時同は飲んだくれては暴力を振るう。カムイの惨めな様子を見ていると、ますます結婚などしたくない。それに、彼女の背丈は五尺五寸以上もあって、男より高いぐらいだ。これ以上高くなると結婚できないとオモニが騒いだのは一年前だが、それからもずんずん伸びてしまった。

それはいい、結婚などこちらから願い下げだ。しかし、結婚以外に女にどんな生き方があるのか。

信明女学校には女の先生がいる。日本の子どもが通う達城小学校にも大石とかいう女の教師がいる。信明女学校を出れば先生になれるかもしれない。しかし――。

ウォントンには、どうもしっくり来ない。

違う。わたしが求めているのはもっと違うものだ。なにかこう、心が沸き立つような、魂がきりきりと天に向かって絞り上げられるような――、そんななにかだ。

空を見上げる。

空には雲が浮かんでいる。春夏秋冬、雲はさまざまに色を変え、形を変える。

鳥が飛んでいる。鳥はどこにでも自由に飛んで行ける。あんなふうに空を飛べたらどんなにいいだろう。ウォントンはとりわけ燕が好きだった。その自在な飛翔を見ていると心が軽くなる。

それに、オモニの語る昔話にあるように、燕は幸福を持ってくる鳥だから大事にしなければならないのだ。

——あるところに二人の兄弟がいた。兄は欲張りで、親の残した財産を独り占めしてしまった。子だくさんの弟一家は食べるものもなく、いつもひもじい思いをしていた。

あるとき弟は脚を折った燕を見つけ、かわいそうに思って介抱してやった。燕は元気になって飛び立っていったが、やがて一粒のパカチ（瓢箪）の種を落としていった。

その種から立派なパカチが実った。その実を割るとなかから金銀財宝がざくざく——。弟はたちまち大金持ちになった。

それを知って欲張りな兄がやって来た。燕の話を聞くと、彼は飛んでいる燕を捕まえて脚を折り、それから手当てをしてやった。燕は悲しげに泣きながら飛んで行って、やがてパカチの種をくわえて来た。その種を蒔いて実ったパカチからは、見るも恐ろしい化物がぞろぞろ——。

そんな話を信じているわけではないが、ウォントンには燕は幸福のしるし、自由の象徴のように思える。あんなふうに飛べたら気持ちいいだろうな。

ばかばかしい。ウォントンは頭を振って苦笑いする。人間が空を飛べるはずないじゃないか。

一九〇三年一二月二七日、アメリカのライト兄弟が初めて動力付き飛行機の実験飛行に成功して以来、ぞくぞくと空を飛ぶ人間が登場していること、その中にはフランスのレイモンド・ド・ラロッシュ、ベルギーのエレーヌ・デュトリューなど女性飛行家もいることは、このときのウォントンには思いもよらないことだった。

そして日本でも、ちょうどそのころ、初めて日本人が操縦する飛行機が空を飛んでいた。一九一〇年一二月一四日、東京の代々木練兵場で日野熊蔵大尉操縦によるドイツ製グラデー機が高さ二メートルで一〇〇メートルの距離を飛び、初めて飛行に成功した。五日後の一二月一九日、徳川好敏大尉も、フランスで買い入れたファルマンで高度七メートル、距離三〇〇〇メートルを飛んだ。

日本の空の時代はこのとき始まった。朝鮮の亡国と日本の空の時代の幕開けは、時を同じくしていたのだ。

ウォントンが、アボジの顔色を見い見い、明新女学校に入れてほしいと頼んだのは、一九一一年の旧正月も過ぎてからだった。ほろ酔い機嫌を見すまして話したのだったが、愛国婦人会の名を出すとたちまちアボジは烈火のように怒った。

「あのパンチョッパリめらが……」

最近アボジは、日本人をののしるとき、ウェノムではなくてチョッパリという言葉を使う。チョッパリとは「蹄の割れたもの」という意味だが、犬畜生にも劣る人非人め、という感じで日本人に使われる。日本人が履いている足袋の先が二つに割れているところからきたらしい。パンチョッパリは半分のチョッパリ、日本語を話したり日本人にへつらったりする朝鮮人のことで、アボジはチョッパリ以上に嫌っている。

しかし、なんで愛国婦人会がパンチョッパリなのだろう？　ウォントンは訳がわからなかった。怒りと酔いで支離滅裂なアボジの話から、ようやくわかったのは次のようなことだった。

ウォントンは愛国婦人会の名を聞いたとき、四年前の国債報償運動を思い浮かべ、愛国婦人会の愛国を「反日愛韓国」だと思っていた。ところがそうではなくて、明新女学校を設立した大韓愛国婦人会は、韓日親善のために伊藤博文統監の肝煎りで設立されたものだという。だから愛国婦人会の愛国は「愛日本」であり、その会員はパンチョッパリだというのだ。


乙巳保護条約によって漢城に統監府がおかれた一九〇六年、統監府の日本人官僚の妻や親日派高官の夫人たちを会員に大韓愛国婦人会が設立された。総裁は厳妃、会長は李貞淑だったが、実権は日本の女子教育者・淵沢能恵にあった。

この大韓愛国婦人会は、一九〇一年、軍人援護を目的に奥村五百子によって日本で設立された愛国婦人会の韓国支部ともいうべき性格を持つ。すくなくとも伊藤統監はじめ設立を促した日本側の意図はそうだった。これによって上流階級の女性たちの反日愛国を親日へと懐柔しようというのが統監府のねらいだった。

愛国婦人会の創立者・奥村五百子は、日本の朝鮮進出を先導した女性だった。彼女は佐賀県の東本願寺系の高徳寺に生まれたが、兄の奥村円心は、東本願寺や貴族院議長・近衛篤麿などの支持のもとに早くから朝鮮布教に腐心していた。五百子も兄に協力し、一八九八年、全羅道の光州に養蚕学校を設立した。

しかし全羅道は東学の本拠地である。緑豆将軍処刑後三年、人びとのなかには日本への反発が渦巻いていた。反日義兵の襲撃がひんぴんと起こるなかで、養蚕学校は一年余りで閉鎖に追い込まれる。

その後奥村五百子は清国視察に赴き、義和団の武装蜂起に遭遇する。義和団とは華北の民間宗教白蓮教を奉ずる団体だが、一九〇〇年、清朝の暴政と欧米諸国の侵略に抗して武装蜂起した。日本を含む列強八カ国の軍隊によって鎮圧されたが、奥村五百子は日本軍の戦いぶりに感動し、女性による軍人援護の必要を痛感した。その結果が愛国婦人会の設立だったのだ。


ウォントンは、パンチョッパリの女学校でもいい、入学したいと思う。

明新女学校では、日本語や日本式の作法などに力を入れていると聞く。その意味ではパンチョッパリかもしれない。でも酒幕《スリチビ》に入り浸って、酔ってはチョッパリやパンチョッパリの悪口を言っているだけではますます日本人に馬鹿にされるだけではないか。負け犬だ、とウォントンは思う。

最近ウォントンのまわりには、アボジだけでなく負け犬がどんどん増えている。ウォントンハダを繰り返し、チョッパリやパンチョッパリの悪口を言い、そのくせパルチャヤ（しょうがない）と飲んだくれる――。そんな負け犬はいやだ。

日本は進んだ国だ。勢いよく煙を吐いて京釜線を突っ走る汽車をウォントンは思い浮かべる。あの汽車を走らせたのは日本だ。城壁をあっというまに破壊したのも日本だ。あの城壁は、ウォントンたち貧乏人を城外に締め出して支配層の安全を守るためのものだ。なくなってよかった。日本には進歩がある。発展がある。男女平等の義務教育もある。ウォントンが望む魂を絞り上げるような、なにか、いいものが、それは日本にあるのかもしれない――。

そのためには、まず明新女学校に入って日本語を身につけることだ。ウォントンは改めてそう思った。

## 3

ウォントンが晴れて明新女学校に入学できたのは一九一二年春だった。

一九一一年六月、大韓愛国婦人会大邱支部は、明新女学校の経営が困難になったとしてその経営権を京城の天道教総本部に譲渡した。呉世昌が経営者兼校長となって経営立て直しをはかった。天道教というのは東学の別派ともいうべき民衆宗教である。

この年一一月、総督府は朝鮮教育令を出して植民地朝鮮における公教育の目的をつぎのように定めた。

「教育ニ関スル勅語ノ趣旨ニ基キ、忠良ナル国民ヲ育成スルコトヲ本義トス」

そして公立学校として、普通学校、高等普通学校、女子高等普通学校、実業学校、専門学校の五種類を定めた。普通学校は日本の尋常小学校に当たるものだが、義務教育ではなく、期間も四年、地域によっては三年に短縮できる。

女子高等普通学校は「内地の高等女学校に相当する」と説明された。しかし日本の高等女学校が六年間の尋常小学校卒業生を対象に四年あるいは五年間であるのに対して、女子高等普通学校は三年間、男子の高等普通学校も、日本の中学校より一年短い四年間だった。朝鮮人の教育は、あくまで「簡易実用的」を旨としたからである。よけいな知識を身につけて反日意識に目覚めたりしないようにというわけだ。

普通学校の授業時間は週二六、七時間、これも日本の小学校より少ない。そのうち一〇時間が国語、つまり日本語の学習に当てられていた。朝鮮語および漢文は、一、二年生六時間、三年になると一時間減って五時間になる。ほかに算術が六時間、唱歌・体操が合わせて三時間、修身一時間。日本語習得が重視されていたことがわかる。入学年齢は八歳から一二歳となっていた。

明新女学校は、こうした総督府の公教育の外にある各種学校だった。ウォントンは、日本語を身につけるためには総督府の普通学校に入るほうがいいかと思ったが、こちらは授業料が必要だ。それにウォントンはもう一五歳、普通学校の入学年齢を超えていた。そのうえ、チョッパリの学校である。アボジが許すはずはない。

結局、ヤソでもなくチョッパリでもなく、東学とつながる天道教の経営だというので、アボジもようやく明新女学校への入学を許してくれた。同窓生は三二人、教師は二人である。ともあれ、学校に行きたいというウォントンの五年越しの願いは、ようやくかなえられたのだ。

一五歳の小学校一年生――。

くすぐったいような思いだったが、やはり嬉しかった。大邱で学校に通う女の子は、選ばれた少数者だった。同窓生のなかにはウォントンよりも年上の女性もいた。

一九一五年、ウォントンが四年生になったとき、明新女学校の生徒は八〇人に増え、教師も四人になっていた。朝鮮人の女の子が入れる私立の学校は、もう一つ東本願寺による達西女学校が設立されたが、その生徒が七四人。公立普通学校に通う女生徒はもっと少ない。いずれにしろ、まだまだ学校に行く女の子は少なかった。

まして、四年間の初等教育を終えたあと、さらに上の学校に行く生徒は極めて少ない。同級生の中には、卒業を待たずに結婚のため退学する娘もいた。オモニは結婚のことばっかり心配している。背が高すぎるうえに年までとっては、ますます嫁のもらい手がないというのだ。ウォントンはもう一八歳だった。結婚には遅い年だ。いい加減にオモニはあきらめればいいのに、とウォントンは思う。

同級生の一人は、卒業したら日本の女学校に行くんだと誇らしげに言う。両班の娘だった。ウォントンも日本に行きたいと思う。しかしどう考えても無理だった。アボジが許すはずはないし、経済的にまず不可能だ。やはりアボジを説得して信明女学校に入ろう、とウォントンは思った。そのためにはクリスチャンにならなければならない。

一九一五年春、ウォントンは長老教会の南城礼拝所に通い始めた。

しかし何カ月か通っているうちに、彼女は自分が恥ずかしくなった。洪承漢牧師など朝鮮人牧師が、貧しい子どもたちのために寝食を忘れて働いていることを知ったからだ。

南城礼拝所には、洪承漢牧師など朝鮮人牧師が何人かいた。彼らは市の内外で子どもたちを集め、日曜学校を開いていた。普通学校に通うなどとても考えられない貧しい家の子どもたちにとって、日曜学校で聖書の話を聞いたり賛美歌を歌ったりすることは、教育であると同時に娯楽でもあった。

あの痰が吐き散らされ蠅が真っ黒にたかった路地裏に入って、洪牧師たちは垢にまみれた子どもたちのために働いているのだ——。そう思うと、そこから抜け出すことだけを考えている自分が恥ずかしい。

しかし——。

やっぱりいやだ。自分にはできないとウォントンは思う。教会に通うのは、知的で清潔な信明女学校に入るためだ。無知と不潔の路地裏から抜け出すためなのだ。教会で開かれる復興会《プフンヘ》の熱狂的な雰囲気にも、ウォントンはなじめないものを感じていた。

そのころ長老教会の教会では復興会というハングル訳聖書の研究会を兼ねた集会がしょっちゅう開かれていた。そこには土着の民衆宗教に通じる熱狂的な雰囲気があふれていた。

「韓国併合」当初、長老教会は日本の支配を肯定していた。アメリカ長老教会外地宣教委員会総幹事アーサー・ブラウンは、「日本の統治は、朝鮮がほかの国に統治されるよりもずっといいし、また朝鮮が自らの手によって治められるよりもはるかに良い」と述べた。

しかし総督府は、キリスト教にきびしい態度で臨んだ。一九一一年一月、鴨緑江鉄橋竣工式に出席する寺内総督の暗殺をはかったとして七〇〇人が逮捕される事件が起こった。うち一〇五人が起訴されたので「一〇五人事件」と呼ばれるが、その九七人までがクリスチャンだった。取り調べの過程で、全徳基牧師ら四人のキリスト教徒が死んだ。

さらに、一九一一年に出した教育令でキリスト教系学校での聖書教育を禁じ、原則として日本語のできるものしか教師になれないとした。その結果、併合直前には七四六校あったキリスト教系学校が、一九一四年には四七三校に減っている。

こうしたキリスト教弾圧政策のなかで、長老教会も反日姿勢に転換する。宣教師や朝鮮人牧師たちは、ハングル訳聖書を手に積極的に庶民の中に入っていった。日曜学校や復興会を開き、神の前での平等を説いた。それはこれまで文字に縁のなかった庶民層や女たちに識字の喜びと民族意識の覚醒をもたらした。信者は増えていった。

ウォントンの通う南城礼拝所でも、信者が増えて手狭になったので、新たに南山に教会が建てられた。南山教会にはブルーエン夫妻が信徒二七一人とともに移っていった。すでに信明女学校も、南山に赤煉瓦の校舎を新築して移っていた。

南山教会の分離独立にともなって南城礼拝所は第一教会と名称を変えた。ウォントンは洪承漢牧師のいる第一教会に残った。

第一教会でも復興会がしょっちゅう開かれた。そこには熱狂と忘我があった。ウォントンには、それがアボジの酒と同じようなウォントンハダ解消だと思えてならないのだ。そこにあるウォントンハダの解消は、本当の解消ではなくて眠らせるだけではないだろうか。

では、本当のウォントンハダの解消とは何なのか――。

ウォントンにはわからない。ただ、熱狂や忘我ではないことは確かだ。彼女は、人間社会や自然のさまざまな現象を、そのよって来るゆえんを含めてわかりたい。ウォントンには「なぜ」がいっぱいあった。なぜ女は男より劣っているのか、なぜ両班の家に生まれると貴いのか。なぜ彼女の国は、日本に乗っ取られてしまったのか――。オモニのようにパルチャのせいにすることは彼女にはできない。

最近、ウォントンにはもう一つ、どうしても知りたいことができた。

飛行機という空飛ぶ機械が発明されて、人間が鳥のように空を飛べるというのは本当だろうか？

一九〇三年に初めてアメリカで飛行に成功した飛行機は、このときヨーロッパの戦場で活躍していたが、朝鮮の空を初めて飛んだのは一九一四年八月一八日だった。アメリカ帰りの日本人飛行家・高左右隆之は、総督府の機関紙『京城日報』社の招きで京城を訪れ、龍山練兵場から京城上空を飛んでみせた。

その噂は大邱のウォントンにも聞こえてきた。しかしウォントンは、人間が空を飛べるなんてどうしても信じられない。洪牧師に聞いてみたところ、彼もその噂は聞いていた。しかし、いかにも嘆かわしいというように首を振って言う。

「もし神が、人間が空を飛ぶことをお許しになるのなら鳥のように羽をお与えになったはずです」

そうかもしれない、とウォントンも思う。鳥でもない人間が空を飛ぶなんて、なにかとんでもない傲慢なことのように思える。しかし、ほんとうに飛べたらどんなに気持ちいいだろう。

どうすれば飛べるのだろうか。飛行機というのはどんな形をしているのだろうか。

空飛ぶ鳥を見ながら、ついウォントンは考えてしまう。燕のようにすいっと目にも留まらぬ速さで飛ぶのだろうか。カササギのように、羽を広げてばたばた羽ばたきながら飛ぶのだろうか。

とにかく、もっと勉強することだと、ウォントンは思う。信明女学校では、地誌、歴史、それに理科や数学も勉強するそうだ。英語も学べる。ウォントンはそんな信明女学校に期待をかけた。

一九一六年四月六日、ウォントンは信明女学校高等科に第八期生として入学した。同期生は八人である。病気がちですっかり気弱になったアボジは、意外なほどあっさり許してくれた。保証人は洪承漢牧師が引き受けてくれた。

信明女学校入学と同時に、ウォントンは敬元、キョンウォンと名乗ることにした。明新女学校に入学以来、ウォントンには「願桶」の字が当てられていたが、願の代わりに同じ発音の元をとって洪承漢牧師が付けてくれたのだ。敬神の元《はじめ》の意だと彼は説明してくれた。敬神についてはいささかひるむものがあったが、朴敬元と書いてみて彼女はすっかり気に入った。これで路地裏のウォントンハダの世界とはさよならだ。白いチョゴリに青いチマ——憧れの信明女学校の制服を身につけながら、敬元は込み上げる嬉しさに一人笑った。

しかし朴敬元は、せっかく入学した信明女学校にほとんど出席することができないまま、翌年一九一七年夏、退学することになる。信明女学校は敬元が入学した年から月謝七〇銭を徴収するようになったが、アボジの朴業伊が病気になり月謝を払えなかったからだ。それどころか、病気の父と老いた母と幼い弟の生活が敬元の肩にかかってきた。

一九一七年八月はじめ、朴業伊は死んだ。「アイゴー、アイゴー」とオモニの泣き声が延々と続く弔いの席を抜け出して、敬元は久しぶりに南山に登った。

月が皓々と照っていた。街の灯はこの前に登ったときよりもまた一段と増えていた。とくに日本人住宅が建ち並ぶ三笠町あたりに灯が増えている。

やっぱり日本に行こう。

朴敬元は、街の灯を見下ろしながら心に決めた。彼女は二〇歳になっていた。

# 第2章 ウィルソンの飛行機

「独立万歳」を叫ぶ朝鮮の民衆。1919年3月

# 1

三寒四温とはよく言ったものだ。

二、三日、肌を刺す寒気に息をつめ身をちぢめたかと思えば、つぎの三、四日は身体の隅々にまで血が通い、ゆるゆると大気に溶け出すような暖かい日が続く。二、三度それが繰り返されると、土手の楊柳がいっせいに青い芽を吹き出す。それにケナリ（れんぎょう）の黄色が混じれば本格的な春である。

今日は三月一〇日。琴湖江《クンホガン》の岸辺に楊柳の青もケナリの黄色もまだ見えない。しかし最初の四温で岸の氷はあらかた溶けたようだ。氷の桎梏から解放された枯れススキが、なびきやすい女のように嬉々として流れに身をまかせている。真ん中あたりの氷も、流氷となってゆっくり流れ出している。

琴湖江は慶尚道を南北に貫いて流れる洛東江《ナクトンガン》の支流の一つ、大邱の北を大きく蛇行しながら東に向かって流れている。今その土手は白衣の人びとで埋まっている。昨日よりもまたいちだんと人出は増えたようだ。屋台も出ていて、飲めや歌えのどんちゃん騒ぎも始まっている。まるで別神祭《ピョルシンジェ》のようだ、と朴敬元は思った。別神祭というのは市場の繁栄を願うために三年に一度開かれる祭りで、町全体がどんちゃん騒ぎに浮かれる。故郷のこうしたお祭り騒ぎに身を置くのは本当に久しぶりだった。

しかし敬元は、人びととともに浮かれてはいない。それどころか、喧騒をよそにひたすら一つの音に神経を集中している。

どよめきが起こった。人びとはいっせいに空を見上げる。しかし敬元の耳は、だいぶ前からかすかな爆音をとらえていた。

南の空に、ぽつんと黒い点が一つ。それはたちまち蝶になり鳥になりして近づいて来る。頭上にきたときには怪鳥に覆いかぶさられるようだ。人びとはいっせいに頭を抱え、地面にひれ伏す。怪鳥は人びとの頭をかすめるようにして琴湖江を越え、さらに高度を下げて田んぼの向こうのにわか造りの着陸場に消えた。

翼の張り出しがそれほど大きくないのでソッピースだろうか。だとすると操縦者は和田中尉か小関中尉だ。敬元は手にした新聞の写真と、いま頭上を通り過ぎた飛行機を比べながら考える。

一九二〇年三月八日朝、初めて朝鮮海峡を飛行機で横断し、日本と朝鮮を空でつなぐ「所沢京城間陸軍大飛行」が決行された。埼玉県所沢飛行場を飛び立った日本の陸軍機は五機。サルムソン式二機とソッピース式三機である。サルムソンの操縦者は阿部・田中、ソッピースは寺本・和田・小関の各中尉だが、このうち寺本中尉は豊橋付近に不時着して脱落、八日午後広島に到着したのは四機だった。

四機は、昨日九日午前に広島を飛び立ち、昼過ぎには大邱に到着とのことだった。昨日も朝から、大邱府内外の人びとが六万坪といわれる着陸場周辺につめかけた。琴湖江の土手にも群衆が鈴生りになっていた。しかし、待てど暮らせど飛行機は現れない。午後も遅くなって、「今日は風が強く飛行中止」と憲兵が触れまわり、群衆を追い立てた。

「風が強いだって？　へっ、いい日和じゃねえか」

おだやかに晴れた空を見上げ、一人の男が嘲笑うように言う。そうだそうだとまわりもうなずく。

大邱はいい日和でも広島は強風なのかもしれない。それにあの朝鮮海峡がある。敬元は船底で吐き続けだった関釜連絡船を思い出し、気持ち悪くなった。四機とも強風で海峡に叩き込まれて、フカに食われてしまえばいい――。

ところが今日三月一〇日、とうとう彼らはやって来た。

しかし一機だけか？　あとの三機はどうしたんだ？

そのとき、ふたたび爆音が聞こえた。今度もソッピースのようだ。風になびくススキのように、また群衆はいっせいにひれ伏す。

これがねらいなんだと敬元は思う。彼女は昂然と頭を上げ、怪鳥を下からにらみつける。大きな翼が輝かしい太陽を一瞬隠して通り過ぎる。そして、禍々しい黒い影を地面にはわせながら着陸場に消えた。

日本の飛行機の研究開発は、一九〇九年七月、陸海軍共同で臨時軍用気球研究会が設置されたのに始まる。そのときヨーロッパでは、ルイ・ブレリオによる英仏海峡横断飛行が成功していた。以後日本では、飛行機開発は民間中心の欧米と違って、陸軍主導で行われた。

実は一八九五年、朝鮮において、日清戦争に従軍した日本軍の一兵士から、自ら考案した飛行機製作の建議が出されていた。この兵士、愛媛県宇和島出身の二宮忠八は、飛ぶ鳥をつぶさに観察することから飛行の原理を発見し、模型飛行機の実験飛行に成功していた。彼は日清戦争が始まると一兵士として朝鮮に出動、京城近郊孔徳里に駐屯した。

ここで彼は、上官を通じて飛行機の軍事的価値を説き、自分の考案を軍で取り上げ具体化するよう建議した。しかし話を聞いた大島義昌少将はすげなく却下。人間を乗せて空を飛べる飛行機など夢物語としか思えなかったのだ。

もしこのとき軍が取り上げていたら、飛行機の発明者はアメリカのライト兄弟ではなく、二宮忠八として世界史にその名をとどめられたかもしれないと言われている。後に彼の建議を記念して、孔徳里に「合理飛行機発祥之地」の碑が建てられた。

一九一〇年、韓国併合直後の一二月に、日野熊蔵大尉、徳川好敏大尉が相次いで飛行に成功して日本の空の時代が始まったが、その五カ月後の一九一一年四月、陸軍は、埼玉県所沢に数十万坪の土地を買収し、日本初の飛行場を開設。まだ一般には飛行機なるものの存在すら知られていなかった時期である。

「ろくに飛行機も飛ばないうちにずいぶん広い飛行場ができましたね」

「いや、ろくな芝居もできないうちに帝国劇場ができたようなものです」

事情通の人びとのあいだでは、建ったばかりの帝劇を引き合いに出して、こんな冗談が交わされた。

一九一四年六月、第一次世界大戦が起こった。この初の世界規模の戦争は、情報・通信機関を飛躍的に発展させたが、飛行機の発達も大きく促した。その軍事的価値が認識されたからである。

一九一四年八月二三日、日本はドイツに宣戦布告、連合国側に立って参戦した。そして中国におけるドイツの植民地青島攻略に、初めて飛行機を投入した。

海軍は、輸送船「若宮」を大急ぎで改造して空母に仕立て、モーリス・ファルマン七〇馬力四機、ニューポール二〇〇馬力一機、それに偵察用の気球を積み込んで膠州湾に出動させた。九月五日、モーリス・ファルマン機に搭乗した金子・和田・式部の三人が青島要塞を空から攻撃。これが日本軍による初空襲である。陸軍も有川鷹一大佐を隊長とする臨時航空隊を編成して出動、一〇月二日にはドイツのルンプラー機と空中戦を演じた。

一一月六日、ドイツは青島要塞を放棄、撤退。第一次世界大戦における日本の軍事行動は、これでほぼ終わった。その間の日本の陸海軍機による攻撃は、機関銃使用三回、発射弾数約九〇〇発、爆弾投下一五回、四四個。後の戦争からみればウソみたいにささやかなものだが、飛行機の軍事的重要性を認識させるうえでは意味があった。

一九一九年、所沢飛行場に陸軍飛行学校が開設され、フランスから招聘されたフォール大佐を教官に航空将校の養成が始まった。岐阜県各務原、千葉県下志津にも陸軍飛行場が開設された。第一次世界大戦後の世界的軍縮ムードのなかで七個師団整理が断行されたが、航空関係はかえって増強された。量が減る分、近代化による質で補おうというのだ。

ときの宇垣陸軍大臣は、軍縮に当たっての訓示で、「特ニ、航空、戦車、高射砲、其他新ナル施設ニ鞅掌スルモノハ、本整理ノ為ニ現ニ国軍ノ払ヒツツアル甚大ナル犠牲ト将ニ引退セントスル僚友ノ心情トニ想到シ、一層発奮黽勉其成果ヲ挙ゲ……」と、航空将校にはっぱをかけた。

飛行機は、島国日本の植民地経営のうえでも国家的意義を持っていた。一九一四年三月、台湾総督府では多数の「蕃人」を台北に呼び集め、文明国日本の威力を見せつけるため飛行家・野島銀蔵の飛行を観覧させた。『国民新聞』三月二九日付けによれば、「彼等は強く恐怖し、是迄頑強に我れに抵抗せし一、二の奥蕃も遂に辟易して」武器を差し出して帰順の意を表した、という。

以後「理蕃飛行」と称して台湾山地を何度も威嚇飛行し、一九二〇年には台中のタイヤル族に対して一〇キロ爆弾を投下している。

一九二〇年三月八日に決行された「所沢京城間陸軍大飛行」も同様の意図にもとづく。

タテマエとしては、この飛行の目的は飛来するイタリアの飛行団歓迎のため、となっていた。しかしフェラリとマジェロ両飛行士が東京への長距離飛行のため、ローマを飛び立ったのは二月一五日だった。ヨーロッパとアジアをつなぐ前人未到の空のルート開拓飛行である。もともと三月中に朝鮮到着は無理だとされていた。にもかかわらず三月初旬に決行されたのは、有川陸軍少将によれば、四月に入ると陸軍飛行学校の教育上実施不可能になるためだという。しかしそれは口実で、日本陸軍は、イタリア飛行団の到着いかんにかかわらず、最初から三月初旬決行を計画していたのだ。

なぜか。

三・一独立運動一周年だからだ。

一年前の一九一九年三月一日、京城には全国から数十万の人びとが集まっていた。一月二一日、かつての大韓帝国皇帝高宗が急死した。高宗は、一九〇七年、ハーグで開かれた万国平和会議に日本が押しつけた乙巳保護条約の無効を訴える密使を派遣したことから退位を余儀なくされ、以後総督府の監視のもとに幽閉生活を送っていた。

死因は脳溢血と発表されたが、日本に毒殺されたのではないかという噂が広がった。ちょうど第一次世界大戦終結後のパリ講和会議が開かれており、アメリカのウィルソン大統領の「民族自決宣言」によってアイルランド、ポーランド、チェコスロバキアなどが相次いで独立したところだった。

高宗はこのパリ会議にふたたび密使を派遣しようとして毒殺されたのではないかというのだ。高宗の葬儀が三月三日に行われることが発表されると、人びとはぞくぞくと京城に集まって来た。日本に留学中の学生たちのあいだでも、民族独立の世界的機運をとらえて独立を勝ち取ろうという動きが高まっていた。彼らの中には、大国の欺瞞性を批判するものもいた。アメリカが本当に民族自決を考えているなら、なぜ自国の植民地であるフィリピンを解放しないのか。イギリスはなぜインドを独立させないのか。しかし、この機を逃せば独立のチャンスは遠のくばかりだ、行動を起こすべきだという意見が大勢を占めた。

二月八日、東京神田の朝鮮基督教青年会館に留学生六百余人が集まった席上、独立宣言が発表された。そこで学生たちは、併合以来の日本の統治政策をきびしく批判した。

「合併以来、日本の朝鮮統治政策をみるに、合併時の宣言に反し、わが民族の幸福と利益を無視し、征服者が被征服者に対する古代の非人道的な政策を襲用し、わが民族に対して参政権、集会・結社・言論・出版などの自由を許さず、甚だしきに至っては信教の自由を奪い、企業の自由さえ拘束している。行政、司法、警察などの諸機関は朝鮮民族の私権までも侵害し、公私においてわれわれと日本人との間に優劣の差別を設け、わが民族に対しては日本人に比して劣等の教育を実施し、わが民族をして永遠に日本人の使役者にならしめようとしている」

ここに、「合併時の宣言に反し、わが民族の幸福と利益を無視し」とあるのは、一九一〇年八月、韓国併合にあたって天皇が発した詔書に「民衆ノ福利ヲ増進セムガ為」という文言があったからである。

そして宣言は、「わが民族は、久遠にして高尚な文化を持ち、また、半万年にわたる国家生活の経験を持つ」と、朝鮮民族の歴史と文化的優秀性を述べ、民族自決のための強い意志を語る。

「日本がもしわが民族の正当な要求に応じないならば、わが民族は日本に対して永遠の血戦を宣するであろう」

この宣言が採択されると大きな拍手が起こった。その途端に警官隊が踏み込み、一斉検挙にかかった。集会には女子学生も出席していたが、検挙を逃れた東京女子医学専門学校に留学中の黄愛施徳《ホアンエステ》は日本女性に変装し、束髪の中に宣言文を隠して朝鮮に持ち帰った。女子学院の金マリアも帰国して、宣言文をもって全羅・慶尚の各道をめぐった。

京城では、天道教教祖孫秉熙を中心にキリスト教や仏教の代表が集まって独立宣言起草が検討された。そして三月一日、歴史家の崔南善によって起草された宣言書が、朝鮮民族代表の名において京城のパゴダ公園で読み上げられた。

「われらはここにわが朝鮮国が独立国であること、および朝鮮人が自由民であることを宣言する。これをもって世界万邦に告げ、人類平等の大義を克明し、……」

集まっていた約五〇〇〇人の学生たちは、「独立万歳《トンニプマンセー》」と叫びながら鐘路にくり出した。高宗の葬儀のために集まっていた人びとがこれに合流し、デモはたちまち数十万に膨れ上がった。

「トンニプ、マンセー」

叫びは地鳴りのように京城の通りから通りへ、路地から路地へ広がっていった。誰が用意したのか太極旗が手から手に渡り、うち振られた。

鬱積していた朝鮮民衆のウォントンハダに火が着いたのだ。「マンセー」の叫びは朝鮮全土に広がってゆく。三月八日には朴敬元の故郷大邱で、彼女が中退した信明女学校の学生などが「マンセー」を叫びながらデモ行進し、警察と衝突した。

三月一日から五月末までに朝鮮全土で開かれたデモや集会は一五〇〇以上、集まった人数は二〇〇万を超えるといわれる。

日本は、朝鮮内の警察・憲兵・軍隊に加えて陸軍六個連隊を国内から急派し、鎮圧をはかった。その中で朝鮮民衆七五〇〇人が死に、一万五〇〇〇余人が傷ついた。とくに日本軍による京畿道水原の堤岩里教会焼き討ちは、住民虐殺事件として国際的に非難を浴びた。

五月末、運動は鎮圧された。

ちょうど一年前の今ごろ、このあたりにも「トンニプ、マンセー」の叫びが渦巻き、流血の衝突が繰り返されていたのだ——。

朴敬元は、群衆に埋まった着陸場周辺を見やりながら思う。この群衆の中にも衝突に参加していた人がいるのではないだろうか。だから憲兵がやたら多いのだろう。敬元は、寝そべって空を見上げている人びとの気楽そうな顔の奥に秘められたエネルギーを思った。

「トンニプ、マンセー」の叫びが朝鮮全土を揺るがしていたとき、朴敬元は遠い横浜にいた。そして、日本の新聞の「朝鮮騒擾」の文字を息を殺して見詰めるばかりだったのだ。

# 2

一九一七年九月、父親を亡くした敬元は、母親と弟サンフンを長姉南守の嫁ぎ先・鄭鳳来宅に預け、単身日本に渡った。横浜の笠原工芸講習所に入所するためである。笠原工芸講習所は、横浜の南吉田町で絹布麻布加工業を営む笠原商店が開設した職工養成所である。

笠原商店社長の笠原庄太郎は、若いころ横浜のサイモン商会で繊維製品の製造・輸出にたずさわったが、一八九六年独立して笠原商店を設立。一九〇八年、モスクフで開催された万国美術工芸品および家具博覧会にリネンや刺繍製品を出品して高い評価を受けた。そのかたわら横浜の輸出絹物同業組合、日本絹布製練会社取締役としても活躍し、一九一五年以来横浜商工会議所議員として横浜の産業界をリードしていた。

朴敬元が笠原工芸講習所に入所することになったのは、三輪如鐵の紹介による。三輪如鐵は、横浜の生糸輸出業渋沢商店の支配人・書上順四郎の意を受け、朝鮮の養蚕状況調査のため来鮮、一九〇三年以来大邱に住んで、付近の農家の娘たちに養蚕・製糸の指導をしていた。

朝鮮では、絹織物は伝統的な家内産業だった。少女たちは一〇歳になるやならずのころから、蚕を飼って生糸をとるヌエチギ、それを布に織りあげるペトルチャギの技術を母親から受けついでいた。しかし彼女たちの伝統技術は、輸出用生糸の大量生産には向かない。

三輪如鐵は少女たちに日本の製糸技術を指導し、その製品を横浜に送って書上順四郎の指導をあおいだ。書上から「質類皆無強力無比《しっぷし》、若し繰糸法を改良せば、縦糸に供し得べく存じ候」と折紙をつけられたとき、彼は狂喜した。

「将来南韓が一大蚕業地となるの日は、朝鮮の生糸を縦糸とし、日本在来の地方糸を横糸として、日本独特の織物を以て、米仏の碧眼を驚かすに至らん。南韓蚕業の前途誠に多望なるかな」と三輪如鐵は『大邱一斑』に書いている。一九一〇年代半ばから大邱につぎつぎと日本の製糸工場が進出し、「南韓蚕業」の中心地になったのは、こうした三輪如鐵の努力が大きい。

総督府の産業政策も養蚕奨励にあった。併合前の一九〇九年、六万九三四二戸だった朝鮮の養蚕戸数は、一三年一八万九四五六戸、一八年四三万一七六二戸と激増している。また、各地に蚕業講習所を設けて養蚕・製糸の技術習得を奨励した。家内産業として受けつがれていた朝鮮女性の技術を、近代的な工場労働力として利用するためである。一九一〇年に三五カ所だった蚕業講習所は、一五年には一〇二カ所になった。

大邱は「南韓蚕業」の中心地となる。街の東のはずれの田んぼの中に、片倉製糸、山十製糸、朝鮮製糸などの製糸工場がつぎつぎに建設され、近在の農家の娘たちが工員として働くようになる。総督府の土地調査事業によって土地を失った農民にとって、娘たちの工場での嫁ぎは貴重な現金収入だった。

一方では日本への出稼ぎも始まった。とくに一九一七年、日本は第一次世界大戦による好景気で労働力が不足していた。産業界は安い労働力の供給源として朝鮮に目を着け、募集人を送り込んできた。一九一七年一月から六月までのあいだに、男子工員四二二〇人、女子工員二三七〇人の募集があったが、三〇〇〇人以上がこれに応じ、日本の炭鉱や紡績工場に送り込まれた。

関釜連絡船の日本行きの乗客が急増した。一九一七年九月一三日の『京城日報』によれば、この年八月までに前年一年間の乗客数を超える八万八千余人が釜山から乗船。とくに五月以降は「鮮人乗客増え、例年の倍」という。

当然、日本在住の朝鮮人が増える。前年一九一六年末に五六〇〇人余りだった在日朝鮮人は、一七年末には一挙に九〇〇〇人近く増えて一万四五〇二人。一一年から一六年までの五年間の増加が約三〇〇〇人だったから、いかに一七年の増加がはなはだしかったかがわかる。


朴敬元もその一人だった。彼女が日本に行こうと決心したのは、こうした日本への渡航急増に促されてのことだったが、単なる出稼ぎではなく勉強を続けたいと思っていた。日本は、進歩と発展と男女平等の国だ。

しかし、いわゆる留学は敬元には無理だ。浩承漢牧師や明新女学校校長の呉世昌に相談したところ、紹介されたのが三輪如鐵だった。三輪如鉄はクリスチャンで浩承漢牧師と親しかったし、天道教徒の呉世昌とも付き合いがあった。

三輪如鉄は敬元の話を聞くと、笠原工芸講習所の名を上げた。横浜の書上順四郎を通じて知っていた笠原庄太郎が、工芸講習所を開設したことを聞いていたのだ。そこで日本の繊維工芸の先端技術を習得し、将来「南韓蚕業」の技術指導者になってはどうか。三輪如鉄は敬元に熱心に進めた。

それしか日本に行く道はなさそうだった。敬元は、彼の勧めに従うことにした。

一九一七年九月一三日朝、彼女は子どものころからの念願だった汽車に初めて乗った。そして初めて海を見た。

それだけでなく、思いがけないことに敬元は、初めて飛行機を見た。ちょうど釜山で、アメリカの飛行家アート・スミスの飛行ショーが開催されたのだ。

当時アメリカや日本では、曲芸飛行が新しいショーとして人気を集めていた。飛行家はサーカス同様に各地を巡業、曲芸飛行を披露して生活を立てていた。会場に囲いをし、入場料を払った人だけに見せるのだ。アート・スミスは、前年一九一六年四月に来日して日本各地で曲芸飛行をしていたが、一九一七年二月にふたたび日本に来た。このときはアメリカ四人目の女性飛行家キャサリン・スティンソンも来日しており、二人の華麗な曲芸飛行は日本社会の飛行熱を盛り上げた。

キャサリン・スティンソンは、五月の横浜での飛行ショーを最後に帰国したが、アート・スミスは九州、台湾での興業のあと、関釜連絡船にカーチス機を積み込んで朝鮮に渡った。ちょうど敬元が日本行きのため釜山に着いた九月一三日、彼は釜山日報社の主催で飛行ショーを開催した。

会場には空飛ぶ機械を一目見ようと一万人以上の人びとが集まっていた。スミスは軽やかに飛び立ち、逆転、横転などの妙技を披露した。人びとは手に汗を握ってその飛行を見つめ、やんやの喝采を送った。

まるで燕だ。

ひらりひらりと回転する機体を見ながら、敬元は思った。飛行機は、やっぱりカササギではなくて燕なんだ。飛行機は幸福を運ぶ燕、自由の象徴……。敬元の胸に、そのあざやかな飛行がしっかりと刻み込まれた。

それは、横浜に着いてからの敬元にとって、唯一の希望といえるものになった。

笠原工芸講習所での生活は惨めなものだった。先端的な工芸技術を教えるというのは労働者集めのうたい文句にすぎず、彼女の日常は風通しの悪い工場で日がな一日機織りすることだった。

寄宿舎の部屋の狭さや食事の悪さは気にならなかったが、日本人の工員たちが「ニンニク臭い」とわざとらしく鼻をつまんでみせるのは我慢ならなかった。それ以上に嫌だったのは、機織り作業そのものである。敬元は昔から女の仕事とされるヌエチギもペトルチャギも苦手だったのだ。彼女は工場の高い窓を見上げては、そこからみえる小さな空にアート・スミスの飛行を思い描いて自らを慰めていた。

そんなある日、仕事を終えて寄宿舎に戻る彼女に、日本人監督の一人が声をかけた。

「王様が死んだらしいぜ」

彼は日本の新聞を渡してくれた。これまでも彼は、読み書きのできる敬元が工員として働いていることに同情し、折りにふれ新聞を見せてくれたり社会の動きを教えてくれていた。

一九一九年一月二三日の『東京朝日新聞』だった。紙面の一番上に、「李太王国葬　昨日薨去発表せらる」という大見出しが出ていた。三・一独立運動の引き金になった高宗の突然の死を報ずるものである。

しかし敬元は、これが朝鮮全土を揺るがすマンセーの叫びに発展するとは夢にも思わなかった。それよりも彼女は、高宗の死の記事の下に出ている女性の写真に引きつけられた。「プロペラーを持てるロー夫人」と説明がある。

「米国第一流の女飛行家ルス・ロー事チャールス・オリヴァ夫人（二七）の乗船天洋丸はホノルルを出てから昨日まで空前の暴風雨続けで航海に手間取り二十二日夜八時辛うじて闇の横浜港外に着いた。（略）ヒシャゲたようなカーキ色の帽子に同じ色の詰襟にスカート短く赤革のゲートル利発気な赭い顔の其笑う口許が如何にも愛らしい……」

アメリカの女性飛行家ルス・ローの来日を伝える記事である。ルス・ローは、ハリエット・クィンビ、マチルド・モアザンに続くアメリカ三人目の女性飛行家で、一九一六年一一月、シカゴ—ニューヨーク間九五〇キロの無着陸飛行に成功してキャサリン・スティンソンと並び称されていた。

スティンソンが横浜で妙技を見せたのは、敬元が横浜に来る四カ月前のことだったが、今度はルス・ローが飛行ショーのために来日したのだ。

敬元は暗い寄宿合の明りの下で、むさぼるようにその記事を読んだ。

「飛行機乗りになった抑《そもそ》もは千九百十二年夏ボストン近郊の避暑地に滞在中其処の陸軍飛行学校を訪ねたのが初めてでそれから同校に入学し一箇月許《ばか》りで飛べるやうになった。その時恰度《ちょうど》十九歳で最初は母親にも内緒であったが新聞へ肖像が出たので、『まアお前が』と言ったような始末であった」

ルス・ローのこんな発言も記されている。一カ月で飛べるようになるなんて本当だろうか。

二月二日、ルス・ローのあざやかな宙返りの写真が紙面を飾った。前日二月一日、東京洲崎の埋立地で彼女の飛行ショーが催されたのだ。

「忽ち六百米《メートル》突まで昇騰し彼の独逸《ドイツ》の名飛行家イムメルマン大尉が発明したと云う燕返し（イムメルマン式方向転換《ターン》）を二度やった。即ち水平飛行より逆落しの姿勢になったと見る間に巧みに途中で一回の横転をやってヒラリと体を水平に復し元《もと》来た方面に機首を進めるのでこれが済むと更に連続八回の宙返りを行《や》り旋回降下……」

飛行の前日、東京は雪だった。

「空から瞰下《みおろ》した東京の市街は雪で真白で、大変美しう御座いました。恰度《ちょうど》大きな湖水の中に沢山の島が浮んでいるパノラマのように思われました」

ルス・ローは、こんなふうに飛行の感想を語っている。

白一色の世界を自在に飛行する燕――。それを想像すると、敬元は胸が熱くなる。

「朝鮮騒擾」が大きく報じられたのはその一カ月後だった。

最初は「京城で騒擾す」と小さな記事だった。敬元は何気なく読み過ごしていた。三月七日、『東京朝日』の「朝鮮各地で万歳事件起こる」という大見出しを見て、初めて彼女は容易ならぬ事態が故郷で起こっているらしいことを悟った。

記事は、「其筋の注意により十分報道するの自由を得ずやむなく略報し置けるが」と断ったうえで、京城だけでなく各地で「鮮人暴徒」による警察・憲兵隊襲撃事件が起こり、軍隊が出動して鎮圧に当たっていることを報じていた。

三月一〇日の『東京日日新聞』には、大邱でも衝突が起こったことが報じられた。

「大邱にても八日午後三時大邱高等普通学校生百余名と鮮人数十名旧国旗を翳しつつ西門市場に現われしも騎馬憲兵に制止され本町方面へ引返し白井署長以下警官数名の警戒線を突破し東門市場に出でそれより三隊に分れ途中基督教徒経営の学校生徒も参加し別働隊として米人経営の私立学校生徒等八十名も加わり……」

敬元には、故郷の街で、人びとの小さな流れがつぎつぎに合わさって大河となって流れ出す様が目に見えるようだった。

写真には白衣の群衆が写っていた。敬元が生まれ育った路地裏や市場でふだんに見かける貧しい庶民たちのようだった。ウォントンハダを無気力につぶやいては酔いつぶれ、負け犬のように日本人警官のサーベルに追い立てられていた白衣の人びと。そういう人びとが起ち上がり、「マンセー」を叫びながら大きな流れをつくってゆく――。

胸の中で火花がはじけたような気がした。

しかし、その翌日から監督は、敬元が頼んでも新聞を見せてくれなくなった。会社に止められたらしい。よほど大きな事件になっているのだろうか。大邱で最初にデモ行進したのは高等普通学校生だったらしいが、弟のサンフンは、その高等普通学校に通っている。一〇日の新聞に一四一人検挙とあったが、サンフンは無事だろうか。オモニは？

五月になって、ようやくサンフンから手紙が届いた。オモニもサンフンも無事だとわかって、まずは敬元はほっとした。しかし、検閲を考慮してか詳しくは書かれていないが、大邱の「騒擾」とそれに対する弾圧のひどさはうかがえた。

警官隊が素手の民衆を滅多打ちにしている様子、一〇里ほど離れた村で女性が銃剣で刺し殺されたこと、信明女学校の八人の女子学生が逮捕されたことなどが淡々と書かれていた。明新女学校校長の呉世昌先生が捕まったことも書かれていた。天道教徒の呉世昌は、三月一日、京城のパゴダ公園で読み上げられた独立宣言書の署名者の一人だったのだ。

それ以上に敬元が衝撃を受けたのは、手紙の最後の部分だった。

「警官に蹴散らされながら、人びとは口々にウィルソンが飛行機で助けにくると言っていました。ウィルソンとは、民族自決宣言をしたアメリカのウィルソン大統領です。ウィルソン大統領が飛行機に乗って朝鮮人を助けにくるというのです。なんと愚かなことでしょう。これでは朝鮮の独立はほど遠いと言わねばなりません」

敬元はあっと思った。そしてアート・スミスの飛行を思い浮かべた。

一九一七年九月、アート・スミスは、釜山のあと京城、群山でも飛行した。九月一五日の京城での飛行ショーは、入場券を買った人に東亜煙草会社が「敷島」、「武蔵」、「朝日」を贈呈するというおまけがついたこともあって大人気、しかも入場券は、一等は二円、二等は一円だったが、三等五〇銭、四等三〇銭と貧しい庶民も買えるように設定されていた。人びとは争って入場券を買い、飛行会場に詰めかけた。

敬元にとって、釜山で見たアート・スミスの飛行は、幸せを運ぶ燕、自由の象徴だった。多くの朝鮮民衆にとってもそうだったのではないだろうか？

アート・スミスの飛行とウィルソン大統領による民族自決宣言。この二つはともに圧制に苦しむ人びとの自由への願いを象徴するものだ。その二つが結びついたとき、「ウィルソンの飛行機」への期待が生まれた——。敬元にはそんなふうに思えてならなかった。サンフンはそれを愚かだと批判しているが、敬元には「ウィルソンの飛行機」にすがる人びとの気持ちが痛いほどわかった。

もちろんウィルソンの飛行機は来なかった。もともと来るはずはなかった。しかし、来るはずはない飛行機をむなしく待ちわびた故国の人びとを、ただ愚かだとは彼女は思えない。

その夜、敬元は、サンフンの手紙を握り締めて布団の中で泣いた。故郷の人びとへの哀切の思いがきりきりと胸を噛む。こんなふうに故郷を思って涙するのは初めてだった。彼女は小さいころから泣かない子だった。男の子にいじめられるとすぐメソメソする女の子は大嫌い、負け犬のような路地裏の人びとも嫌いだった。

しかし今、路地裏の人びとがしみじみと哀れでならない。そして、高い小さな工場の窓にアート・スミスの飛行を思い描いている自分も哀れだった。自分はやっぱり朝鮮人なんだと思う。アボジのいうパンチョッパリになりかかっていたが、やっぱり自分は朝鮮人なんだ――。

六月に入って敬元は、月一度の休みを利用して在日大韓横浜教会に行ってみた。彼女が横浜に来た翌年の一九一八年、横浜教会が設立されたことは知っていたが、これまで行ったことはなかった。

そこで彼女は、留学生たちが神田の朝鮮基督教青年会館で二月八日に独立宣言をして逮捕されたこと、女子留学生の金マリアや黄愛施徳が宣言を隠し持って故国に帰ったこと、金マリアが帰国後逮捕されたことなどを知った。日本基督教女子青年会の修養会の席上、三・一事件に対する「朝鮮人慰問」献金を拒否した朝鮮人女子学生がいたことも聞いた。

日本基督教女子青年会では、例年七月下旬に修養会が催されるが、その席上「朝鮮人慰問」献金が呼びかけられ、六十余円が集まった。しかし一人の朝鮮人女子学生がズカズカと演壇に進み、こんな発言をしたというのだ。

「姉妹らは我が朝鮮人のために献金を集めてくれたが、我が同胞ははたしてこれを喜んで受けるだろうか。我ら朝鮮人は決して他の民衆に同化するような民族ではない。朝鮮の独立が一日遅れれば遅れるほど相互の不利益は増すばかりだ……」

その女子学生は神戸伝道学校の出身だという。同胞女性の意気軒昂とした様子に、敬元は目を見張る思いだった。それだけに自分の暮しの惨めさがいっそう胸に迫る。

敬元はもう二二歳だった。オモニはいまだに結婚しない彼女を案じ暮らしているとサンフンの手紙にあるが、彼女はとっくに結婚はあきらめている。というよりは結婚は女にとって牢獄だと思う。しかし日本でこうして働いているのも牢獄ではないか。しかもパンチョッパリの牢獄だ。

敬元は笠原工芸講習所を辞めて帰国することを考え始めた。

翌一九二〇年二月、「所沢京城間陸軍大飛行」の計画を知ったとき、敬元の気持ちは決まった。日本の陸軍機が初めて朝鮮海峡を横断し、大邱を経由して京城まで飛ぶというのだ。敬元はすぐにウィルソンの飛行機を思った。激しい怒りを感じた。

これがチョッパリどものやり口なんだ。奴らは、一年前の故国の人びとの切ない期待をこんなかたちで叩きつぶそうとしている。ウィルソンの飛行機の代わりに陸軍機を日本から一挙に飛ばして、人びとの期待を打ち砕き、威圧しようとしているのだ。

三・一運動を契機にそれまでの「武断政治」から「文化政治」に転じた総督府にとって、それは日本の文化的優位を朝鮮の人びとに見せつける機会でもあるだろう。また三・一運動一周年を期して、予想される不穏な動きを封じ込める効果もあるだろう。そのための「陸軍大飛行」なのだと敬元は思った。彼らが朝鮮海峡を横断飛行して大邱に到着するよりも一刻でも早く帰り着こう。

三月初め、敬元は鳥が飛び立つようにあわただしく帰国した。笠原庄太郎は「だから鮮人は……」とわめいていたが、知ったことではなかった。

三・一運動一周年の三月一日、東京では朝鮮人留学生約一〇〇人が日比谷公園で集会・デモ、五三人が検挙された。その中には、東京女子医専の玄徳信や李賢卿、朴承浩、黄信徳など七人の女子学生もいた。

# 3

一九二〇年三月一〇日、大邱に着陸した陸軍機は、結局和田・小関両中尉操縦のソッピース二機と田中中尉操縦のサルムソン機の計三機だった。

阿部中尉のサルムソン機は、広島離陸後山口県光井海岸に墜落。田中中尉も海峡横断後釜山近くの洛東江の三角洲に不時着したが、再び飛び立って和田・小関中尉に遅れて大邱に到着した。

大邱府尹松井信助は、この日のためにあらかじめ各戸に日の丸を配布、公立学校には生徒に日の丸を持たせて道に並ばせるよう指示していた。空振りに終わった昨日、彼はやきもきしどおしだったが、今日ようやく三人を迎え、意気揚々と自動車に同乗して市内をパレードした。

最大の難所とされる秋風嶺の気候が不安定なため大邱に二泊した三中尉は、三月一二日午前九時半、京城に向けて飛び立った。三機は翼をそろえて大邱上空を三周し、北に向かって消えていった。

京城では大邱以上に大々的な歓迎行事が行われた。三月一六日、総督府機関紙『京城日報』『毎日申報』社による婦人見学会が開かれ、飛行会場の汝矣島に愛国婦人会員など七〇〇人の女性見学団が訪れた。

この大飛行の最高責任者・児島惣次郎陸軍中将・朝鮮憲兵隊司令官は、三機の京城到着に満足の意を表した。

「此飛行が単なる航空界、軍事上の見地から多大なる利益を得たるに止まらず、時局柄鮮人の心裡に至大の好影響を与え、朝鮮統治上にも至便を与え民度の啓発にも少なからぬ効果がある……」（『京城日報』三月一四日）

やっぱり、と敬元は思う。「時局柄鮮人の心裡に至大の好影響を与え」とは、三・一運動一周年に当たって、日本の威力を見せつけることができたということだろう。

しかし、敬元のまわりで飛来を見ていた人びとの反応は必ずしもそうではなかった。

「なんだ、五機のうち三機しか着けないのか」

「京城まで四日もかかるんじゃ船とたいして変わりねえな」

「スミスが燕なら、日本の軍用機は怪我したアヒルだ」

途中不時着して遅れて着いた田中機を見てこんなことを言う人もいた。

嘲笑する発言がある。『京城日報』三月二〇日付けに載っている人びとの反応にも、アート・スミスの飛行と比べて嘲笑する発言がある。

「一部ではスミスの飛行の如く外国人は目に見えぬ程高く上空を飛揚するに日本の飛行機は肉眼の届く範囲にしか飛べぬ、これは技術が外人に劣るからだと酷評を下して居る。而して八百哩を横断することは表面の口実で機体は釜山まで汽車汽船で輸送し僅に朝鮮内だけを飛んだのだと不逞一派は流布し……」

朴敬元が、飛行家になる決意を固めたのはその三カ月後だった。

一九二〇年六月八日、大邱地方法院で金マリアら「独立陰謀の不逞鮮人婦人」十数人に対する公判が開かれた。

金マリアは、日本に留学し女子学院に在学していたが、三・一独立宣言に先立って東京で発表された二・八宣言を隠し持って帰国、三月五日、京城で逮捕された。彼女は獄中での拷問で難病にかかり、大邱のフランス病院に入院していた。

六月八日、大邱地方法院の法廷は傍聴に詰めかけた朝鮮人男女でいっぱいだった。敬元もその一人だった。法廷の内外には数名の警官が立って警戒していた。

金マリアは、フランス人看護婦につき添われ、担架に担がれて出廷した。その痛々しい姿に法廷のあちこちですすり泣きがもれた。

彼女は、「全鮮にわたる不逞の婦人を糾合して大朝鮮愛国婦人会を組織」したとして懲役五年を求刑された。他の被告は三年だった。傍聴人から抗議のどよめきが起こったが、金マリアはどこか魂がさまよっているような無表情な顔のままだった。

公判は朝九時から夕方の七時まで行われた。その間金マリアはずっと無言のままだった。最後に裁判長が三年の判決を言い渡すと、一言も発することなくまた担架に乗せられて退廷していった。そうした金マリアの姿に、敬元は改めて日本への怒りを感じた。新聞には「神経衰弱」と書かれていたが、彼女は拷問で精神的にも傷つけられたのではないか。

京城の貞信女学校を出て日本に留学した金マリアを、敬元は自分とは違う苦労知らずの金持ち娘だと思っていた。しかし今日法廷で聞いたところによると、子どものころ両親を亡くしずいぶん苦労したらしい。彼女もウォントンハダの子の悲哀をなめたのだろうか。

彼女は敬虔なクリスチャンとして育ち、日本留学は死んだ母親の望みだったという。女子学院はクリスチャンの学校だから、マリアは神の道に生きるために日本に留学したのだろう。より神に近づくための、より魂を磨くための日本――。

日本は彼女を裏切った。それどころか彼女の肉体をさいなみ、魂までさまよわせている。

許せない、と敬元は思った。

馬鹿だったと思う。ふるさとを土足で踏みにじり、町も自然も人の心も変えてしまう日本に進歩と発展と男女平等をみるなんて。日本へ行けば、路地裏のウォントンハダから抜け出せると思うなんて――。三年前、新羅丸で下関に着いたときは本当に嬉しかった。やっと日本に来た。日本は美しい、と思った。揺られどおしの船を降りて、ふらふらしながら駅のホームに入ったら、カタカタカタカタ、耳慣れない音に取り囲まれた。日本人の履いている下駄の音だった。その音までが、進歩と発展を歌っているように聞こえたものだ。

今では下駄の音を聞くとぞっとする。チョッパリ、蹄の割れた獣どもの下駄――奴らは獣だ。日本の進歩発展は野蛮だ。男女平等だってとんでもない。確かに義務教育は男女平等だが、笠原商店の工場では、まだ学校にいってるはずの幼い少女たちが工員として働いていた。

野蛮な獣の日本人に、朝鮮人の高邁な魂を見せてやりたい。朝鮮人が劣等民族でないことを思い知らせてやりたい。

金マリアが持ち帰った二・八宣言にこうあった。

「わが民族は、久遠にして高尚な文化を持ち、また、半万年にわたる国家生活の経験を持つものである。たとえ、多年の専制政治下の害毒と境遇の不幸がわが民族の今日を招いたとしても、正義と自由を基礎とする民主主義先進国の範にしたがって新国家を建設するならば、建国以来、文化と正義と平和を愛するわが民族は、世界の平和と人類の文化に貢献するものありと信ずるものである」

本当にそうだと思う。朝鮮人は、日本人のような野蛮民族ではなく、高尚な文化を持つ正義と平和を愛する民族なのだ。そして、世界の平和と人類の文化に貢献できる力を秘めているのだ。

世界の平和、人類の文化――。

突然ひらめいた。

ウィルソンの飛行機だ。

それは突然やって来て、敬元の魂をしっかりとつかんだ。

敬元の目は、吸い上げられるように空を見上げる。小さいころから心屈するたびに見上げた空。いま空には満天の星が輝いている。

この空を、日本の陸軍機のような威嚇と戦争のためでなく、世界の平和と人類の文化の発展のために飛んで見せる。ウィルソンではなく、朝鮮の女である自分が飛んでみせる。

日本では空を目指す女が登場した。

敬元は、日本にいたとき読んだ新聞記事を思い出す。たしか兵頭精《ただし》という二〇歳の娘だった。日本の女にできることが朝鮮の女にできないはずはない。兵頭精にできることが自分にできないはずはない。いや、兵頭精よりももっとうまくやって、朝鮮の女の優秀性を日本人に見せてやらねば。そのためには勉強しなければならない。兵頭精は愛媛県の女学校を卒業したそうだが、自分は結局日本の小学校に当たる教育しか受けていない。

それ以上に問題なのはお金だ。兵頭精は、姉がぽんと二〇〇〇円出してくれたというが、二〇〇〇円といえば家が何軒も建つ金額だ。お金がなくても勉強する方法はないものか。そのうえにお金が溜められるという道はないものか――。

一九二〇年一〇月、敬元は、大邱の慈恵医院助産婦看護婦科に入学した。

慈恵医院は、一九〇七年、同仁医院の名称で日本人医師によって設立された。付属の助産婦看護婦科は学費不要で寄宿舎付き、居候暮しの敬元にはうってつけだった。その代わり卒業後は二年間病院で働くことが義務づけられている。

そして、新聞広告で見た日本飛行学校刊行の『飛行機講義録』を取り寄せ、飛行機についての勉強も始めた。敬元は知らなかったが、こうした彼女の選択は飛行家を目指した女性の何人もがたどった道だった。兵頭精もそうだ。

兵頭精は、一八九九年、愛媛県北宇和郡に生まれた。女学校二年のとき、亡父が空飛ぶ機械発明に熱心だったことを知って飛行家になる決心をした。しかし母親は大反対。彼女は家出同然に大阪に出て、医院に住み込んで働きながら日本飛行学校が発行している『飛行機講義録』を取り寄せて勉強した。見兼ねた姉のカゾエが飛行学校への入学資金二〇〇〇円を出してくれ、一九一九年一一月、千葉県津田沼の伊藤飛行機研究所に入り操縦練習を始めた。

兵頭精の前に飛行家を目指した日本女性は、一九一三年秋、ロサンゼルスのシラー飛行学校に入った和歌山県出身の南地よねがいる。しかし日本国内では彼女が最初だった。まだ洋装の女性すら珍しかった時代である。男の中のたった一人の女性として操縦練習を始めた兵頭精は、まず服装から苦労しなければならなかった。男性向けに作られた飛行機も小柄な彼女の制御の手を超える。

そんな苦労を重ねながら兵頭精は、一九二二年三月、三等飛行士の試験に合格し、日本の女性飛行士第一号となった。その彼女の前に立ち塞がったのが、スキャングルである。兵頭精は、未婚のまま流産を新聞に書き立てられたことから飛行家としての生命を絶たれた。

「噂の女飛行家　朝鮮の旅にさ迷う　影に添う若い青年」

一九二二年八月三一日、新聞にこんな見出しの記事が載った。スキャンダルで日本の飛行界を追われた兵頭精が京城に現れたというのだ。敬元はこの記事によって兵頭精の失脚を知り、マンセーを叫びたい気分だった。

これで日本の女に勝つ可能性が出てきた――。

敬元にはもう一つ嬉しいことがあった。一九二二年一二月、朝鮮初の飛行家安昌男が郷土訪問飛行をし、大歓迎を受けたのだ。

安昌男は一九〇一年、京城生まれ。一九二一年、東京洲崎の小栗飛行学校に入学して飛行士となった。郷土訪問飛行の直前の二二年一一月には帝国飛行協会主催の東京―大阪郵便飛行に参加して入賞、「民族の誇り」と朝鮮人を狂喜させた。

安昌男の郷土訪問飛行は『東亜日報』の主催だった。『東亜日報』は、三・一運動後「武断政治」から「文化政治」に転じた総督府が発行を許した朝鮮語の新聞である。『東亜日報』は連日彼を紙面に取り上げ、その生い立ちや飛行家になるまでの苦労を伝える一方、その郷土訪問飛行の意義を説いて後援会の結成を呼びかけた。

一一月二二日には社説にとり上げ、安昌男の飛行は、朝鮮五〇〇〇年の歴史始まって以来の盛事であり、朝鮮民族の起死回生、民族の矜持回復の契機であるとした。

「見よ、現代のいわゆる文明社会と自認し、優越民族だと誇るのは何をもってか。政治・法律・芸術・産業、その他あらゆる文化の根源は科学的研究であり、自然の征服である。(略)

しかし朝鮮民族は、世界人類が海陸征服を始め文化花開く時期にも力を発揮できず、ここに至って文明上の孤児となり寄生虫となり果ててしまった。民族的怠慢以外の何ものでもない。何たる恥辱であろうか。政治上の興替は一時的なもので栄枯はめぐるが、文化上の劣敗は根本的に民族的能力の劣性を暴露し、千歳の恥辱である。(略)しかしこれまでの社会現象はどうだったか。尋香逐臭の政治運動かさもなくば思想宣伝のみ。信念乏しい政治運動が水泡に帰するのは当然だ。実力不足の宣伝は児戯に等しい。ここにおいて深刻に、徹底して実際的事実をとらえ、実践力を養うことが必要である。

今回本社が、さまざまな業務をなげうち、財政的困難をも顧みず、二〇世紀の権威、二〇〇〇万朝鮮人の希望の星である安昌男君を招聘しその故国訪問飛行を主催するのはそのためである。これによって朝鮮民族の新運動は世界文明の中心に触れ、溢れる新生命をみずから作りあげるだろう。あらゆる生活の土台を実利実力の上に確立すべきである……」

敬元はまさにわが意を得た思いだった。

そうなんだ。必要なのはいたずらな大言壮語ではなく、科学的認識と「実利実力」である。そして飛行機こそは、まさにそれを象徴するものである――。

『東亜日報』の呼びかけで三十余団体による「安昌男君故国訪問飛行後援会」が結成され、朝鮮一三道から多額の基金が集められたことも彼女の希望をかきたてた。

「朴敬元嬢故国訪問飛行」の大見出しが紙面を飾る日を思い描いて、その夜敬元はなかなか寝つかれなかった。

# 立川の赤っ風

第3章

立川の借家の窓辺でくつろぐ朴敬元。1928年ごろ
（写真提供・小暮隆氏）

# 1

なんというひどい砂ぼこりだろう。

このあいだ銀座で買ってきた電気の傘の上にも、うっすらと土が積もっている。

故郷の大邸でも、春は大陸から運ばれて来た黄砂で空が霞んで見えることがあったが、こんなふうに家の中まで砂だらけになることはなかった。日本に来て黄塵万丈にあうとは、と驚いていたら、「立川の赤っ風」というのだと家主の鈴木さんが教えてくれた。このあたりの土は軽い赤土で、春先にはしょっちゅう赤い土まじりの風が吹くのだという。

一九二六年春である。

この二月、朴敬元は、日本飛行学校立川分校で飛行機の操縦練習をするため東京府下立川町に引っ越して来た。

彼女の住まいは、家主の鈴木さんが植木畑の中に建てた四軒の借家の一軒である。木造トタン葺きの平屋で、けっして造りはいいとは言えないが、二間に台所、玄関、風呂も付いている。立川駅から五分、飛行学校にも一〇分もあれば行ける。

女の一人暮し、しかも朝鮮人では家探しは難しいと聞いていたのに、すんなり決まったのは日本飛行学校の木暮主事のお陰だ。引っ越しも彼がめんどうをみてくれた。彼の家は植木畑を抜ければすぐの所にあり、奥さんもいろいろ気を配ってくれる。

砂ぼこりには閉口だが、やっと自分の家ができたという気がする。

一九二四年五月、敬元は、大邱の慈恵病院の看護婦の義務年限二年を終えた。すぐにも日本に渡って飛行学校に入りたかったが、前年九月以来、朝鮮から日本への渡航が制限され、渡航証明書を取るのに手間取ったのと、オモニを説得するのに時間がかかり、暮れになってようやく日本に来た。

そのときの敬元の心積もりでは、東京洲崎の小栗飛行学校に入学するつもりだった。「朝鮮人の誇り」と称えられた安昌男が教官をしていると聞いたからだ。

敬元が看護婦をしながら必死に溜めたお金は、兵頭精の新聞記事にあった二〇〇〇円には及びもつかなかった。しかし安昌男に相談すればなんとかなると思っていた。ところが、小栗飛行学校は関東大震災で焼失、安昌男は鹿児島で本田稲作が経営する水陸飛行場にいるらしいという。

しかたなく敬元は、『飛行機講義録』の出版元である東京蒲田の日本飛行学校に入った。しかし彼女の所持金では操縦科には入れず、自動車部に入って運転を習いながらエンジンや機体の構造などの地上教育を受けた。

そのかたわら、操縦科に入るための費用集めに奔走した。派出看護婦をしたり、自動車の運転手をしたり――。しかしそんなことでは食べていくだけで精一杯、二〇〇〇円を溜めるなどはとても無理だ。

在京の朝鮮人でお金のありそうな人は軒並み訪ねて寄付を懇願した。しかし、日本の男の中で自動車の運転を習い、そのうえ女だてらに飛行士になろうなどというのは、朝鮮女性にあるまじき振舞い――。こう言って彼らは、敬元をまるで売春婦のように、乞食のように追い払う。同胞の男たちの依然として内外法にとらわれた男尊女卑に、腹立たしく悔しい思いを何度したことか。

そのうえ敬元にとって悔しいことは、日本人の女が二人も三等飛行士になっていることだ。今井小まつと木部シゲノである。

今井小まつは京都の福知山出身で、兵頭精が伊藤飛行機研究所に入った直後の一九二〇年四月に静岡の福永飛行学校で操縦練習を始めていた。小まつの姉の夫西原亀三は政界に顔のきく実業家で、中国の軍閥への融資をめぐって政治問題になった「西原借款」の主。小まつは、その義兄の援助によってすでに自分の飛行機中島式5型を持っている。その飛行機で三等飛行士の資格試験に合格した彼女は、さらに二等飛行士を目指して練習に励んでいるという話だ。

それ以上に気になるのは木部シゲノである。木部シゲノは生まれは福岡だが、幼いころに一家をあげて朝鮮北部の鎮南浦に移住、彼女はそこで育ったという。

敬元は、大邱に我がもの顔で入ってきて、みるみる町の様子を変えてしまった日本人を思い出した。シゲノもああしたチョッパリどもの一員なのだ。そのシゲノは一九二三年三月に鶴見の第一航空学校に入り、敬元が日本飛行学校で自動車練習を始めたころに三等飛行士の免状を取った。

最近木部シゲノは女性飛行家としてもてはやされ、雑誌のグラビアに載ったりしている。敬元はそれを見るたびに、チョッパリの女に先を越されたと悔しくてならない。それなのに同胞の男たちは、朝鮮民族の優秀性を証明したいという敬元の思いを理解しようとしないのだ。

結局、敬元がなんとか操縦費用を調達することができたのは、『東亜日報』のお陰だった。『東亜日報』は、一九二五年七月以来三度も敬元を紙面で紹介し、資金集めに協力してくれた。

最初は七月九日付けで、チマチョゴリ姿の彼女の顔写真付きで「女勇士朴敬元嬢　飛行学校に入学」と紹介。

「飛行家として成功して男子に負けない活動をするつもりだと気炎を上げ、去る一日から日本東京蒲田日本飛行学校航空科正課に通学して熱心に勉強する朝鮮女性がいる。その人は、大邱府三笠町一八一番地に本籍を置く朴敬元（二五）嬢である。

彼女は熱心なキリスト教信者の家庭に育ち、横浜にある技芸女学校を卒業したが、大正九年頃から飛行機に興味を持ち、各所からくる縁談を辞退し家族の反対を押し切って今春再び日本に渡った。学費その他多くの困難があったが、自動車学校を卒業し、運転手試験を受けた。日本で飛行機の操縦練習をはじめた朝鮮女性は彼女が最初で、一般の期待が集まっている……」

この記事にはいくつか嘘がある。

これだと敬元は、一九二五年七月一日から操縦科に入ったように読めるが、実際はまだ自動車の練習をしていた。彼女は一月に自動車部速成科に入り四月に卒業、引き続き本科に入って九一期生として卒業したのが九月だった。立川分校の操縦科に入れたのは年が明けて一九二六年二月一日である。

本籍は大邱府徳山町六三番地で、三笠町一八一番地は入学にあたって保証人になってもらった長姉南守の夫鄭鳳来宅の住所だ。

もっと違うのは年齢だ。そのとき彼女は二八歳、数えではもう二九歳だった。それなのに二五歳となっている。一九二三年七月、朝鮮で戸籍令が施行されたとき、敬元は、自分の生年を一八九七年ではなく、明治三四年、一九〇一年として届けた。彼女が明新女学校に入ったのは一五歳だったが、それでは総督府の定めた学齢を超えてしまうからだ。

いずれにしろ、戸籍令はチョッパリのやることだ。正直に届けたからといって朝鮮人に得になることは何もない。だから敬元が飛行学校に出した履歴書では、彼女は明治三四年の丑年生まれとなっている。一九二五年には数えの二五歳だ。

敬元は、履歴書の学歴にもちょっとした細工を加えた。一九一七年九月に笠原工芸講習所に入ったのを、「大正六年十月横浜市技芸学校に入学」としたのだ。

笠原工芸講習所での二年半は、思い出したくもない屈辱の日々だ。入所前の話では、笠原工芸講習所は先端的な工芸技術を講習するということだったのだから横浜市技芸学校でいいだろう。その方が金持ちのお嬢さんらしくて、日本人に馬鹿にされないですむと敬元は思った。

『東亜日報』は七月九日のあと、九月四日と一二月一二日にも敬元について記事にしてくれた。九月四日の記事は、「朝鮮の女流飛行家朴敬元嬢卒業　資金がなくて免許とれず」という見出しで、彼女が日本飛行学校を八月三一日に「優秀な成績で卒業した」ものの、練習費用がなくて免許を取れずに苦しんでいるというもの。二〇〇〇円あれば免許がとれる、免許があれば教官になれると結ばれている。

一二月一二日付けは「二〇〇〇円がなくて空中征服不能」ともっと露骨だ。このときは彼女は、後援者をみつけるために朝鮮に戻り、大邱の商工会議所のメンバーを歴訪したり京城の有力者に頭を下げてまわったりした。記事には京城での彼女の発言が引かれている。

「家から学費を送ってもらえないので、巡回看護婦や運転手をしながら苦学したのはご承知の通りですが、飛行機の勉強は金が掛かって、三〇分乗るのに一五円、その他に飛行機の損料も払わねばなりません。日銭を稼いで食べてもいかなければなりませんし、その稼ぎで免許を取ることはできないので、朝鮮に戻ってきました。どんなことをしても飛行家として成功したいと思っていますが、免許を取るには少なくとも二〇〇〇円はかかるでしょう。それだけあればなんとかなるのですが……」

なんとも物欲しげな発言である。しかしお陰で、ようやく操縦費用を得ることができたのだ。

この記事が出た直後、敬元の宿泊先に『東亜日報』から連絡がきた。李容植という旧大韓帝国時代に学部大臣をつとめた両班から、敬元の練習費用にと二〇〇〇円という大金を託されたというのだ。

『東亜日報』記者の話では、李容植元大臣の手元にこんな大金があるはずはなく、話を聞き伝えた李王垠殿下が、李王職を通じて元大臣に金を渡されたのであろうとのことだった。

殿下は、朝鮮民族の優秀性を示したいという私の願いをわかってくださったのか——。

敬元は感激した。

垠殿下は、一九〇七年高宗が退位させられたのにともなって一一歳で皇太子になったが、伊藤博文によって日本へ連れて行かれた。人質だ、と朝鮮人は怒り、幼い殿下の身を案じていた。そして一九一六年八月、殿下と日本の梨本宮の長女方子の婚約が発表されたときには、李王家の血に日本人の血を混ぜるための政略結婚だと受け止めた。敬元もそう思った。

ところが記者によると、敬元の飛行家志望への援助は、垠殿下よりも方子妃の力ではないかという。

方子妃は少女時代、活発で進取の気性に富み、女性飛行士になるのが夢だったというのだ。朝鮮の男より日本の女の方が、自分の望みを理解してくれるのだろうか。敬元は複雑な気持ちだった。

しかしともかく、お陰で日本飛行学校立川分校で操縦練習を始めることができたのだ。


今日も朝から赤っ風が吹いている。

鈴木さんの話では、これほどひどくなったのは飛行場ができてからだそうだ。それまで立川では、人びとの大方は農業と養蚕でひっそり暮しを立てていた。ところが四年前、陸軍が駅の北側の四五万坪の土地を買収し、赤松や桑畑を根こそぎにして飛行場建設を始めた。

むきだしの地面から吹き上げられた赤土は雨戸を閉めても容赦なく家の中に侵入し、立川では神棚に種がまけると近在で言われているそうだ。縁側に寝かせている赤ん坊の顔がやけに赤いので熱でも出したかとあわてたら、赤土に染まっていたという話を聞いて、敬元は笑ってしまった。飛行場のそばまで来ると、子どもたちが水撒きしている。赤っ風を少しでもおさめようというのだ。

「ヤーイ、女の飛行機乗り……」

敬元を見ると、子どもたちはいっせいにはやしたてる。この鼻たれが、と最初は腹を立て、追いかけて行ったこともある。しかし、怒れば怒るほど面白がるだけだとわかって、最近は知らん顔をしている。このあたりは田舎なので、まだ洋装の女を見たこともないのだ。男と同じつなぎのナッパ服を着た敬元に違和感を持つのも無理はない。

前田あさのも、きっと苦労したのだろうと敬元は思った。

今、立川分校の女の練習生は敬元一人だが、去年までは前田あさのがいた。日本飛行学校では彼女が最初の女練習生である。

前田あさのは、一九〇五年、奈良県の農家に生まれたが、兵頭精のことを知って飛行家に憧れ、一九二三年三月、蒲田の日本飛行学校に入学した。敬元が練習を始める直前の一九二五年一二月、あさのは三等飛行士の免許を取り、兵頭精、今井小まつ、木部シゲノに続く日本四人目の女性飛行士となった。

彼女は、男の中のたった一人の女性練習生としてずいぶん苦労したようだ。学校の外では「女の飛行機乗り」と子どもたちに馬鹿にされ、中では男たちに女中代わりに使われる——。

敬元は、日本飛行学校発行の雑誌『スピード』一九二五年三月号の「立川飛行場を訪ねて」と題する文章を読んだとき、あさのの苦労がわかった気がした。日本飛行学校立川分校での一日をスケッチしたものだが、そこにはこんなことが書かれている。

——作業服を破った伏見善一が前田あさのに声をかける。

「『こりゃしまった。おい前田さん、済まんが後で一寸縫ってくれよ』……と悲しい声を出す。当のあさのさんは返事もしない。」

「飛行を了て仕舞った練習生は、今日の飛行の良否に就いて語り合うている。其側に伏見君の作業服を眺めていた前田さんが、

『随分裂けているわ、而も三ケ所も』……と云いながら、こんなに裂けているなら縫ってやると云わなければよかったと云う面持ちでコボス事コボス事……」

一日の練習が終わる。

「『まあ、お茶でも飲もう』

前田さんが気を利かして持って来たお茶を、練習生と共にテーブルを囲んで飲む……」

繕いものをしたりお茶を出したり、これがただ一人の女練習生としてのあさのの日常だったのだろう。これでは彼女の技術が男子練習生ほど向上しないのは当然だ。あさのは、あとから入っ

た石川加一や江口善右衛門より一年以上も遅れてようやく三等飛行士になったのだ。

それだけ費用も男子に比べて多くかかっている。彼女の実家では山を売って娘の練習費を調達したという。

「前田の家は気違い娘のために傾いたと言われてるの、これ以上は無理……」

そう言って前田あさのは、三等飛行士になったのを機に学校を辞め、郷里に帰った。

敬元もただ一人の女、しかもだいぶ年上なので、最初練習生たちは母親に対するように頼みごとを言ってきた。敬元は「あなたたちの母親でも女中でもない」と、ぴしゃりと言ってやった。恐れをなしたのか、最近は言ってこない。

しかし敬元には、もう一つ腹立たしいことがある。

「チョン、チョン、チョンガ……」

鼻たれどもは、最近、「女の飛行機乗り」に加えてこんなことを言って敬元をはやしたてる。どうやら彼女が朝鮮人であることが町じゅうに知れわたったらしい。

それにしてもチョンガとは――。

敬元は、鈴木さんの小父さんから立川飛行場ができたときの話を聞いて、やっとわかった。

チョンガは朝鮮語で独身男性を指す総角《チョンガク》のことらしい。

立川飛行場の整地作業には、多数の若い朝鮮人の男たちが人夫として働いた。以来立川では「チョンガ」という朝鮮語が知られたという。中には朝鮮人を指す言葉だと勘違いしている人もいるらしい。

同胞の汗と血が込められているのか、と敬元は、飛行練習場を改めて見まわした。

第一次世界大戦を経て飛行機の軍事的価値を認識した陸軍は、航空隊を創設し各地に飛行基地を開設していたが、「帝都」防衛に所沢では遠すぎるため、東京から一時間の距離にある立川に目を着けた。

飛行場用地に指定された土地は、半分は赤松を混じえた雑木林だったが、桑畑や田んぼもあった。一〇〇人近くいた地主は、町の発展になると時価の半分程度の坪二円六〇銭で買収に応じたが、立退きを命じられた小作人は生活をかけて反対し、立川初の小作争議が起こった。雑木林も人びとの暮しになくてはならないものだった。薪は燃料になったし落葉は貴重な肥料だった。

しかし、軍のやることには従うしかない。工事が始まると、村はにわかに騒がしくなった。建設工事は広島の森田組が請け負ったが、トラクターだのキャタピラ付きローラーだのと見たこともなかった新兵器が持ち込まれ、轟音を立てて整地が進められた。朝鮮人人夫はもっこを担いで掘り出された木の根などの取り片づけをした。

地鎮祭が行われたのが一九二二年三月。急ピッチで巨大な格納庫や兵舎が建てられ、一一月には岐阜県各務原から第五飛行大隊が移駐してきた。

敬元が入学した日本飛行学校立川分校は、その陸軍立川飛行場を操縦練習場として一九二三年二月に開校した。

当時、民間の飛行学校が各地に開校していたが、東京近辺では津田沼、船橋といった内房海岸に集中していた。内房海岸は遠浅で、干潮になれば沖合二、三〇〇〇メートルまで干潟ができる。資力のない民間の飛行学校は飛行練習場をつくれないので、干潟を自然の飛行練習場にしたのだ。もちろん満潮になれば使えない。海水による飛行機の腐食も早い。

それに対して日本飛行学校は、広大な陸軍の立川飛行場を練習場として確保した。草刈りを条件に軍に利用を認めさせたのだ。日本飛行学校校長の相羽有《あいばたもつ》は、機をみるに敏な事業家で、ジャーナリスティックな感覚にもすぐれていた。

彼は一八九五年、宇都宮の呉服屋の三男に生まれたが、子どものころから飛行機好きだった。近眼のため飛行機乗りをあきらめた彼は、一九一七年、飛行家玉井清太郎と共同経営で羽田に「日本飛行学校」と「日本飛行機製作所」の看板を掲げた。「日本飛行学校」と名前は大きいが、飛行練習場は羽田に近い多摩川河口の「三本よし」といわれる干潟である。

しかし、共同経営者の玉井清太郎は墜死、飛行学校も洪水で流されてしまったため、蒲田に五〇〇〇坪の土地を確保し自動車学校を始めた。

そのころ自家用の自動車を持っている者といえば、皇族や華族、政府の高官や財界人ぐらいだったが、もちろん彼らは自分で運転するわけではない。お抱え運転手付きである。

一九一七年三月、そのお抱え運転手をめぐってスキャンダルが起こった。枢密院議長・芳川伯爵の娘鎌子が、夫ある身でお抱え運転手と駆け落ち、心中をはかったのだ。華族社会にとってはありうべからざる不祥事だった。しかし当時の恋愛至上主義の時代風潮のなかで、かえって身分を超えた恋愛として評判になった。その結果、運転手という職業が一般に認識され、自動車学校が繁盛したともいわれている。

相羽有の自動車学校設立はその直後のことだったが、当初は教職員五人に生徒はたった二人。そこで目端のきく彼は、警察・憲兵などの「官」に食い込んだ。

「警視庁は管下一萬余の警官中より十名を選抜し、自動車運転技術修得のため、官費にて入学せしむるあり、東京市電気局より二百名を委託せらるるあり、更に鉄道省、憲兵隊、各府県警察署等より陸続として委託生を入学せしめらるるに至った。加之、わが卒業生は宮内省その他各官庁へ採用せらるるに及び、いまや全国あまねく活躍するにいたり、朝鮮台湾はもちろんのこと、遠く海外へまで発展するあり……」

のちに相羽有は、自ら発行する雑誌『スピード』で誇らかにこう書いている。

しかし彼の目的は飛行学校の再建だった。自動車学校なのに「日本飛行学校」の名称をそのまま踏襲し、通信教育のための『飛行機講義録』を発行して財源確保の手段とした。これは地方に住む飛行機好きの少年少女に好評だった。なかには飛行学校の名称につられ、上京して入学を望むものも現れた。日本の女性飛行士第一号になった兵頭精もそうだった。

その一方で相羽有は、一九一八年二月、飛行機と自動車の月刊情報誌『スピード』を創刊した。

このタイトルにも、相羽有の時代を見る目が光っている。第一次世界大戦後、これまで人びとのうえに流れていた時間が急に早送りのフィルムのように流れを早めた。汽車に馬車の時代から、電車に自動車、さらに飛行機が輸送機関として普及し始め、空間がちぢまった。それにともなって人びとの歩調も早まった。スピードはこの時代を象徴する価値あるキーワードだったのだ。

日本飛行学校（東京・立川）

こうしたスピード時代の中で、軍事中心だった日本の航空界も民間航空の育成に乗り出す。一九二一年、陸軍省航空本部は航空局に格上げされ、不要になった軍用機の払い下げを始めた。これによって伊藤音次郎など飛行機製造に取り組んでいた民間飛行家は打撃を受けたが、一般の飛行学校にとっては天の助けだった。練習用飛行機の補充が容易になり、多数の練習生を集めることができたからだ。

相羽有は、『スピード』刊行によって食い込んだ軍や航空局の人脈を利用し、陸軍立川飛行場の一画を操縦練習場として確保するとともに軍用機の払い下げを受けた。その結果、名実ともに飛行学校として再出発することができたのだ。『スピード』一九二三年三月号には、「日本飛行学校の正規操縦教育開始」が誇らかに報じられている。

日本飛行学校（東京・立川）

「直径一千二百メートル、広茫実に四拾壱万五千参百五拾坪、東端より西端に佇む人の足先まで見透し得るという平坦なる理想的の大飛行場が、東京府下立川村に出来た。之れ、飛行第五連隊飛行場である。この西南隅に飛行機五台を収容し得る格納庫と修理組立工場が新築されたるが、見るからに快感を覚ゆる木の香新しき建築は、日本飛行学校の操縦教育部である」

その直後の一九二三年九月一日、関東地方にマグニチュード七・八という大地震が起こった。関東大震災である。大規模な火災が起こり、交通網は寸断された。通信も途絶した。そのとき威力を発揮したのが飛行機である。立川飛行場はほとんど被害を受けなかったので、陸軍は、所沢、千葉の下志津、岐阜県各務原など全国の基地を結んで連絡や救援物資の輸送につとめた。

流言蜚語によるパニック沈静化のため、民間飛行家による空からのビラ撒きも行われた。新聞社の飛行機も原稿を積んで立川から関西へ飛んだ。日本飛行学校の飛行機も郵便物の輸送に活躍した。

関東大震災は、通信輸送機関としての飛行機の意義を日本社会に改めて認識させた。とくにスピードを生命とする新聞社は、争って航空機部門の開発に力を注ぐようになった。

その結果、立川は「空のメッカ」となる。東京朝日新聞社は、一九二三年一月、東京洲崎の埋立地を基地として東西定期航空会を設立、東京―大阪間の郵便輸送を開始していたが、震災で格納庫が焼失、立川飛行場に移転して業務を再開した。

「空の宮様」といわれた山階宮は、民間航空の発展を促すため立川飛行場内に御国《みくに》航空練習所を設立した。それにともなって、飛行場や整備工場などの関係者の流入が増えた。桑畑や田んぼをつぶして住宅が建てられ、駅前には商店がつぎつぎに開店した。一九二三年一二月、立川は村から町になった。

日本飛行学校も、関東大震災で発展した。洲崎の小栗飛行学校の焼失など震災による飛行学校の被害も大きかったが、日本飛行学校立川分校は無傷だった。震災前にたった一人だった生徒が一一月には四人、ようやく本格的に操縦教育を開始した。

また日本飛行学校は、自動車でも大もうけした。相羽有は、地震で市内電車が壊滅し復興資材の運搬などで自動車の需要が高まった機をとらえ、アメリカの大衆車シーラーの輸入会社を設立して自動車の大量月賦販売に乗り出したのだ。これは大当たりで、相羽有と日本飛行学校に莫大な利益をもたらした。

敬元が蒲田の日本飛行学校本校に入ったのは一九二五年一月だったから、こうした事情は詳しくは知らない。しかし「震災さまさまだよ」と、学校関係者が言うのを何度か聞いている。そのたびに彼女は身震いする。同胞が虐殺された震災で大もうけしたなんて……。

敬元は、関東大震災直後に流言により何千という朝鮮人が虐殺されたことを日本に来るまで知らないでいた。朝鮮総督府警務局長・丸山鶴吉は三・一独立運動のような反日運動が起こることを恐れ、いちはやく報道管制をしいたからだ。

敬元がそれを知ったのは、彼女の飛行家志望を記事にしてくれた『東亜日報』記者からだった。朝鮮人が暴動を起こした、井戸に毒を入れている。こうしたデマに怯えた日本人は、自警団をつくって朝鮮人とみると竹槍で突いたり斧で滅多打ちしたり……。惨たらしい朝鮮人の死体があちこちに山をなした。正確な数字はわからないが、六、七〇〇〇人は殺されたのではないか。記者の話に敬元は身震いした。日本人は、やっぱり野蛮なチョッパリだ。

安昌男も危なかったと聞いてびっくりした。『東亜日報』主催で「故国訪問飛行」をした安昌男は「朝鮮人の誇り」であり、敬元にとって希望の星だった。彼女は慈恵病院で看護婦をしながら、何度も彼の「故国訪問飛行」の記事を読み返し、くじけそうになる気持ちを奮い立たせたものだ。

『東亜日報』記者によれば、安昌男は関東大震災直前の八月二九日に急病になり、築地の池田病院に入院していた。朝鮮人虐殺が頻発していることを知った院長は、彼の身の安全を考えて前橋の患者の家に移し、ほとぼりが冷めるのを待った。

院長の配慮で虐殺は免れたが、そのあと安昌男は、日本国粋団を名乗る男から朝鮮独立を画策したとして脅迫されるようになった。一等飛行士の資格を持ちながら都落ちを余儀なくされたのはそのためだったのだ。

敬元は暗澹とした。そして朝鮮人が日本で生きることに底知れぬ恐怖を感じた。


最近、その恐怖はさらに強まっている。

二月の終わりのことだった。いつものように飛行学校に行き、操縦練習の準備をしていると、先輩の伏見善一が「朴烈というのはボクさんの親戚か」と聞く。

そのときは何のことかわからなかった。

あとで『東京朝日新聞』を見て驚いた。「大逆朴烈夫妻の特別公判開廷さる　傍聴人は鮮人学生で埋まる」という大見出しが目に飛び込んできたのだ。

そういえば、『東亜日報』の記者に震災後の朝鮮人虐殺の話を聞いたとき、朴烈と金子文子の名前も聞いていた。震災では朝鮮人だけでなく社会主義者も殺されたが、『太い鮮人』という雑誌を発行していた朝鮮人アナキスト朴烈（朴準植）と妻の金子文子は、爆発物取締法違反に名を借りて捕えられ、獄中にあるという話だった。

その二人の特別公判が震災から二年半経った二月二六日、午前九時から大審院大法廷で開かれたというのだ。

警官五〇名、憲兵三〇名が出て厳戒するなか、「傍聴者は早くも午前二時半というに一鮮人学生が正面大玄関に飛び込んだのを最初に、六時から鮮人学生を大部分として続々とつめかけ予定より一時間前に渡された一般傍聴券は七時には早くも百四十枚全部の配布を了り、入場者は一々厳重な身体検査をうけ……」

大法廷入口には「大正十四年特別第一号刑法第七十三条の罪並びに爆発物取締罰則違反」と書かれた看板が掲げられていたとある。

朴敬元は恐怖に震えた。心臓がどきどきと早鐘のように打つ。刑法第七十三条って何だろう？

刑法七十三条とは、いわゆる大逆罪である。天皇や皇太子などに危害を加える、あるいは加えようとするものに対して適用され、死刑に処せられる。韓国併合直後の一九一一年一月、これによって幸徳秋水・菅野スガら一二人が絞首刑に処せられたが、一九二四年一一月には、虎の門で皇太子裕仁を狙撃した難波大助がこれで絞首刑になっている。

朴烈と金子文子も、皇太子殺害を計画したとして大逆罪を適用された。しかし後に明らかになった裁判記録によれば、彼らは爆弾を入手しようとした事実はあるが、皇太子殺害を具体的に計画していたわけではない。大逆罪の適用は明らかに冤罪だった。

しかし、二人が天皇を頂点とする日本社会に批判をもっていたことは事実だった。とくに幼いころから社会の矛盾を見て育った文子は、取り調べの判事に向かって、「本来平等であるべきはずの人間が、現実の社会において、天皇というもののために不平等化されていることを、わたくしは呪うのです」、「天皇は、単なるおっかぶせものです」と痛烈に天皇を批判していた。

一九二六年二月二六日、大審院大法廷での特別公判に当たって、金子文子は、朴烈こと朴準植の妻としてチマチョゴリの正装で出廷している。

「薄桃色のシャツに白絹の上着、黒儒子のはかまという朝鮮服をつけ、後に垂れた髪を二個の大きな飾りぐしでとめた美々しい装ひ姿で手にはチェホフの短編集一冊を携えて法廷に現れると、傍聴者はいちどきに立上がるのを文子は落ちつきすました顔で後に振り向き静かに見まわし、金のふちなし眼鏡の奥から一々同志の面々に無言のまま微笑のあいさつを投て、被告席の左側に座り……」

朴烈も絹のパジチョゴリに冠をつけ、第一級の礼装だった。

敬元は、この新聞記事で朴烈が彼女と同じ慶尚北道出身であることを初めて知った。新聞には被告席で微笑みかわす二人の写真が載っている。敬元は懐かしい故国の装いをした二人の姿に見入った。

そして二月二五日、刑法第七十三条後段及び爆発物取締罰則違反によって二人に死刑の判決が下された。敬元は、その日判決が下されるという新聞報道にじっとしておれず、立川から電車に乗って大審院に行った。しかしものものしい警備に足が震え、物陰に隠れて遠くから建物を見つめるばかりだった。

やはり、近寄らなくてよかった、と彼女は思う。

早く一人前の飛行家になって、朝鮮女性の優秀さをチョッパリどもに見せてやるのが自分の目的ではないか。そのためには「不逞鮮人朴烈」とのつながりを疑われてはならない。同じ朴でも、あくまで無害な「ボクさん」でいなければならない。改めて敬元はそう思う。

日本人は、一人一人付き合うと本当にいい人だ。飛行学校の教官や練習生は、最初は朝鮮人の女というので違和感があったようだが、飛行家志望だけあって小さいことにこせこせせず、今では空を目指す仲間として付き合ってくれる。木暮主事の一家は、敬元を家族同様に扱ってくれる。大家の鈴木さん一家も親切な人たちだ。それに小父さんはユーモアがあって、敬元と相性がいい。

このあいだ、お風呂をうまく燃しつけられなくて困っていたら、うちの風呂に入りに来いと言ってくれた。しかし熱くて入れない。そう言うと、鈴木の小父さん、「タマキンギニレ」と言う。

一瞬、ぽかんとした。しかしすぐにわかった。キンタマ握って我慢して入れということだ。

「小父さん、わたしにタマキンないわ」

二人で大笑いした。飛行学校の男ばかりの中で生活していると、これぐらいのやりとりは日常茶飯事だ。

しかしだからといつて、日本人に気を許してはいけない、と敬元は思う。震災のあと、同胞を虐殺した日本人も、みんな一人一人はいい人なのかもしれない。それがある状況で、集団になると残酷な虐殺者に変貌するのではないか。

三月二五日、大審院前から引き揚げたあと、敬元は銀座にまわった。

銀座には、短く切った髪を風になびかせ、若い女性の二人連れが歩いていた。時代の波頭を蹴立てるように颯爽として見えた。これがモダンガールというものか。

新聞の写真で見た金子文子は、朝鮮風に髷を飾櫛で留めていた——。

髪を切ろう。

突然、敬元はそう思った。

文子さん、と敬元は心の中で金子文子に呼びかける。

あなたは日本人、私は朝鮮人。二人は同じものを見ながら、正反対の方向に歩き出したようです。日本人のあなたは、朝鮮人として死ぬことで日本に「否!」を突きつけようとしている。朝鮮人の私は、日本人として生きることで、しかし日本に「否!」を突きつけたい。

いや、違う。髪を切ることは朝鮮女性にとっては大変なことだが、それで日本人になるわけではない。断髪のモダンガールは、日本婦人にあるまじき西洋かぶれと嫌われているようだ。

しかし、その方が安全だ、と敬元は思う、『東亜日報』の彼女の紹介記事を思い出した。

「熱心なキリスト教信者の家庭に育ち、横浜にある技芸女学校を卒業……各所からくる縁談を辞退し家族の反対を押し切って」飛行学校に入った——。

いかにも苦労知らずのお転婆娘だ。そうでなくとも飛行学校の練習生仲間は、朝鮮から日本の飛行学校に入った敬元を、よっぽど金持ちだと思っているようだ。ボクさんは金の心配がなくていいなあとしょっちゅう言われる。そう思われているほうが安全だ、と敬元は思う。

それに私は近代の精華である飛行機を乗りこなすのだ。子どもたちがはやし立てるように、女の飛行機乗りなのだ。それこそ本物の近代の女《モダンガール》ではないか。近代《モダン》は野蛮とは無縁だ、男尊女卑とも無縁だ——。

ばっさり髪を切ったあと、敬元は三越に行って、カーテンや電気の傘などを買った。カーテンは白いレース、電気の傘にもリリアンで編んだレースの飾りをつけた。

いかにも金持ちのモダンガールの住まいらしい。

敬元は、部屋の中を見まわしてそう思った。

## 2

春が過ぎて夏になると、さすがの立川の赤っ風も落ち着いてきた。

七月三一日、新聞を広げた敬元は、息を飲んだ。

「鉄棒に麻糸をかけて　朝の光の下で縊死　獄死を遂げた金子文子」

金子文子の自殺を伝える記事である。やっぱり、と敬元は思った。

チョッパリどもの法廷は、朴烈と金子文子に死刑を宣告しながら、さすがに気が咎めたのか、すぐに皇太子裕仁の「恩命」によって死一等を減じ無期懲役にした。馬鹿にするのもいい加減にしろ。敬元は、死刑判決を知ったときよりももっと腹が立った。

金子文子は朴烈と離され、栃木刑務所で囚人生活を送っていたが、七月二三日朝、みずから綯《な》った麻縄を獄窓の鉄棒に掛け、縊死を遂げたという。

裕仁の恩情など拒否して、みずから絞首刑を執行したのだ、と敬元は思った。

文子さん、あなたは日本にきっぱり「否！」を突きつけましたね。でも私は、まだまだ女の飛行機乗り、本物の近代の女《モダンガール》にはなれそうもありません……。

乗馬服姿の朴敬元。1926 年頃

敬元の日常は、朝飛行学校に行って暗くなって下宿に帰る、その繰り返しだった。

夏が去り、秋になってもその繰り返しだった。

「クーペ」

「コンターク」

いつものように、エンジンを始動させるフランス語のかけ声が聞こえる。

アプロ機の操縦席に着いた小西利明が

チョークレバーを引いて「クーペ」という。プロペラをまわす役の陳金水も「クーペ」と復唱し、プロペラを半回転させる。これを何回か繰り返したあと、小西利明が「コンターク」と唱えてエンジン着火スイッチを入れる。

この同じ作業を、隣の陸軍航空隊では「閉鎖圧縮」、「点火」という。大日本帝国陸軍はフランス語など使ってたまるか、というのだろうか。

小西利明の操縦するアプロは、軽快なエンジン音を響かせて空に舞い上がっていった。やはりうまい。彼は兵頭精と同じ愛媛県出身、一九〇七年生まれだから敬元より一〇歳も若い。操縦練習を始めたのは二カ月ほどあとからだったが、一〇月末に三等飛行士の試験に合格している。それなのに敬元は、まだ単独飛行も許されないでいるのだ。

日本飛行学校の操縦科のカリキュラムは、術課という実地訓練と学課に分かれている。実地訓練は、教官が同乗しての飛行が一二時間、そのあと単独飛行が八時間、計二〇時間のカリキュラムが組まれていた。しかしこれはあくまで基本線で、個人差が大きい。

一回の飛行時間はせいぜい三分から五分。それを積み上げて二〇時間の飛行時間があれば三等飛行士の受験資格があるが、それで合格するものはまずいない。

日本飛行学校では、伏見善一が同乗八時間一〇分、単独一二時間二四分、計二〇時間三四分の飛行時間で三等飛行士になり、優秀だと評判になった。

第一次大戦終了後の目覚ましい民間航空発展の気運のなかで、一九一九年一〇月、パリで航空についての国際条約が締結された。日本を含む二八カ国が調印した。

これにもとづいて日本では、一九二一年四月、航空取締規則が制定された。その中には、「故ナク、皇居、禁苑、離宮、行在所若ハ神宮ニ於テ、又ハ皇陵ノ上空千米突以下ニ於テ、航空機ノ運行ヲ為スコトヲ得ズ」といった項目があり、民間飛行家を悩ませた。

飛行機からのビラ撒きは、民間飛行家にとって貴重な稼ぎ仕事だったが、この項目によって皇室に関係のある場所の上は飛べない。それどころか、風でビラ一枚入っても早速警察に呼び出され、始末書を取られるのだ。

操縦士の資格についても一等、二等、三等の資格制度が設けられた。三等操縦士試験は二〇時間、二等は五〇時間、一等は一〇〇時間の飛行時間があれば受験できる。

しかし、ここには女性差別がある。

航空機乗員規則第八条にこうある。

「一等飛行機操縦士、航空船操縦士（略）ハ、年齢十九歳以上ノ男子、其他ノ乗員技量証明書交付申請者ハ年齢満十七歳以上ノ者ナルコトヲ要ス」

つまり、三等、二等操縦士の資格試験は満一七歳以上であれば男女とも受験できるが、一等操縦士は一九歳以上の男子に限られるのだ。

三等飛行士では自家用飛行機で飛行場の周辺を飛べるだけ、二等飛行士になると飛行は自由だが、操縦できるのは自家用飛行機だけである。一等飛行士になって初めて営業用飛行機の操縦ができる。にもかかわらず女は一等操縦士試験は受けられない。ということは女性飛行士の経済的自立の道をあらかじめ封じ、職業としてではなく趣味でしか飛ばせないということだ。

その背景には、女が職業を持つこと、対等な社会人として男と肩を並べることを忌避する男たちの姿勢、それが生み出した社会風潮がある。さらに、女が空を飛ぶということそのものを「女らしくない」とする観念がある。そのうえに、生理的にみて女には飛行適性がないとする科学的見解もあった。

欧米でも、女性飛行家が登場し始めた一九一〇年代初めには女性の飛行適性を問題にする声が多かった。

イギリスの著名な飛行家クロード・グレアム・ホワイトは。「女性は気性としてパニックに陥りやすく、飛行には適していない」と『アメリカン・イグザミナー』紙で述べた。

女は肺活量が少ないので高空には向かない、臀部が大きいので操縦は無理だなどともっともらしく言う「専門家」もいた。

ルス・ローやキャサリン・スティンソンなど欧米の女性飛行家は、次々に記録に挑戦することで飛行適性に男女差はないことを証明していった。一九一六年、ルス・ローがシカゴ―ニューヨーク間九五〇キロ無着陸飛行の記録を樹立すると、翌年キャサリン・スティンソンが九八〇キロを無着陸で飛んでローの記録を破った。成功後スティンソンは、「自分の記録を破ったのが男ではなく女だったので、ルス・ローも喜んでくれるでしょう」と語っている。

日本でも、キャサリン・スティンソンの来日を前にして女の飛行適性が問題になった。東京女子医学専門学校の創設者で医学博士の吉岡弥生は、一九一六年の『国民飛行』に「婦人と飛行」と題する文章を寄せ、「非常の場合は女のほうがむしろ泰然としている。綿密な注意力と鋭敏な神経を持っているので適性がある」と、女に飛行適性なしとする意見に反論した。

しかし吉岡弥生は、「飛行家は数理的物理的頭脳を要するが、女性は依頼心が強く創造力の乏しい上に、数理的物理的頭脳の差は男子に劣る」とする。ただ、それは訓練次第で補うことができるので、飛行家になろうとする女性が出るのは喜ぶべきことだという。

津田沼の東亜飛行学校校長・川辺左見は女子の飛行適性否定論者だった。彼は、女は男に比べて感覚が鈍いので、靴など履かせてはますます足の感覚が鈍ると女性練習生に裸足で操縦練習をさせた。

敬元と同じころ東亜飛行学校で操縦練習を始めた米山イヨは、干潟の練習場で真冬でも裸足で練習させられ、あまりの冷たさに足の感覚がなくなってしまった。

操縦席の朴敬元　1926年頃

代々木競技大会で。女性は朴敬元と前田あさの。1926 年 4 月 4 日

やはり女は、男に比べて飛行適性が劣るのだろうか。

敬元は、小西利明の鮮やかな飛行を見上げながら思ってしまう。

学科の勉強も難しい。

「飛行機をやるのには、やはり高等女学校くらい卒業していなければ、とてもだめです」

前田あさのはしみじみこう述懐していたそうだ。彼女は高等小学校卒だった。敬元には、前田あさのの学歴もない。彼女が卒業した明新女学校は四年制だから日本の尋常小学校にも当たらない。

学課には航空法規や発動機学、気象学など専門的な科目があった。教科書は所沢の陸軍飛行学校の使い古しを払い下げてもらって筆写して使っていたが、難しい言い

日本飛行学校職員学生一同　前田あさのは３等取得後やめたため、朴敬元は男ばかりの中の女一人。1926年8月15日

回しや専門用語が多く、敬元の日本語の能力では理解できないことも多い。
一〇月に行われた二等飛行士の学科試験には、こんな問題が出題されていた。
問一　前面抵抗とは何ぞや。
問二　螺旋器の原理を略述せよ。
問三　雲の発生と其形状に就て述べよ。
問四　四衡式行程に於る定義を述べよ。
以下六問まであった。

飛行機は自由の象徴、鳥のように気ままだなどと思っていたのはとんでもない間違いだった。ギリシャ神話にイカロスの話があるように、何千年も昔から人間は空を飛びたいと願っていたのだろう。そしてイカロスと同じように、何人もの人がさまざまな発明をこらしては空を飛ぼうとし、墜落して死んだ。

「もし神が人間に飛ぶことをお許しになるなら、鳥のように羽を与えたもうたはずだ」

大邱の浩承漢牧師の言葉を、敬元は最近よく思い出す。

鳥ではない人間が鳥のように飛ぼうとするのは自然の摂理に反する。浩牧師流に言うなら、神の意志に反することだ。にもかかわらず、二〇世紀になって人間が鳥のように飛べるようになったのは、幾世紀にもわたる犠牲の上に自然の法則を発見し、その法則を利用することを発見したからだった。

だから飛行機が象徴する自由の背後には、うんざりするほどの法則と原理、作業と訓練の繰り返しが必要なんだと、ようやく敬元にもわかってきた。

しかしそれにしても早く単独飛行をしたい。そして免許を取りたい。小西利明の操縦するアプロの鮮やかな着陸を見ながら、敬元は焦燥にかられる。

## 3

一九二六年一二月一〇日だった。木枯らしの季節になり、その日も赤っ風が吹いていた。

天皇の「御不例」が発表され、日本中に「自粛」のとばりが降ろされていたが、日本飛行学校の日常はふだんと変わりない。敬元はいつものように、エンジン、機体の点検、飛行場勤務を勤めたあと、指導教官の小川完爾一等飛行士の同乗で飛び立った。

もう同乗飛行は一七二回め、一一時間以上乗っているので離陸にはまったく不安はない。旋回

朴敬元は身長168センチ。1926年頃

飛行、滑空、8字飛行と一通りはこなせるようになっている。問題は着陸だ。一週間ほど前から離陸すると飛行場の上空を一周してすぐ着陸、そのままた離陸して着陸するという離着陸の練習ばかしている。

今日はわりあい調子がいい。

五回ほど繰り返して着陸したとき、小川教官が後ろから肩をたたいて言った。

「やってみるか」

そして、ひらりと操縦席から飛び下りてしまった。

来た。とうとう来た。単独飛行だ。

あんなに待ち望んでいたのに、頭にかっと血が上り、操縦桿を握る手が震える。

「はい、やります」

声も震えている。

「俺の体重分、尻軽になっていることを忘れるなよ、こいつはただでさえ尻軽だからな」

小川教官は、敬元の緊張をほぐすようにひょうきんに片目をつぶって見せる。

大きく深呼吸する。エンジンははやり立つ馬のように力強い叫びを上げている。思い切ってスロットルレバーをいっぱいに押し込む。機体が動きだした。どんどんスピードを増す。大地が顔のまわりで後ろに飛び去って行く。

そっと操縦桿を引く。大地が視界から消える。飛行機は大地の桎梏を振り切って空に浮かび上がる。赤松の林が、民家の屋根が、田畑が沈みながら後ろに走って行く。

高度の針が動く、二〇〇、三〇〇、五〇〇メートル……。

ああ、いま私は空を飛んでいる、たった一人で。この大空にたった一人、私一人。

これだったんだ、と敬元は思う。

彼女がずっと求めていたもの、小さいころ、せせこましい路地裏の隙間から見上げた空、天主堂のそそり立つ尖塔の上にさらに高く高く広がる空、そこに求めていたのはこれだったんだ。

下を見下ろす。

森があり、畑があり、往来が続き、川がうねる。川は冬の陽射しにきらきら輝いている。

故郷の琴湖江の水はもう凍ったろうか。

七年前、琴湖江の上に日本の陸軍機の威圧飛行を見たときの怒りがよみがえる。今度は私が飛んで、故郷を奪った日本人を威圧してやる——。

敬元は、同乗飛行一七二回、計一一時間九分の飛行時間で単独飛行を許された。

その一五日後の一九二六年一二月二五日、「御不例」中の天皇が死に、皇太子裕仁が皇位に就いた。時代は「昭和」となった。

あなたが命をかけて殺そうとしたという皇太子は、とうとう天皇になりましたよ。

敬元は、今は亡き金子文子に向かってそっとつぶやいた。

一九二七（昭和二）年が明けた。敬元が飛行家を目指して日本に来てから三回目の正月である。

鈴木の小父さんは、「でっけえ声じゃ言えないが、天皇陛下も迷惑な時期に死んでくれたもんだよ」と言う。

鈴木さんは植木畑をつくっているので、植木屋や花屋の業界にくわしい。今年の正月は、諒闇中というので門松が廃止になり、山から松を切り出して準備していた業界は大損、中には夜逃げした植木屋もいるという。そういえば新年の挨拶に行った木暮家も、去年に比べてずいぶんひっそりしていた。

しかし敬元は、三等操縦士試験を目指して練習に励んだ。同乗飛行一一時間九分で単独を許されたのは女性では極めて優秀だといわれたが、単独飛行になってからが大変だった。正月と天皇の死去にともなう自粛で日本人練習生がほとんど練習に来ないのを幸い、彼女は赤っ風吹く立川上空を飛びに飛んだ。

飛行に巣立つ
朝鮮生れの婦人
鮮やかだとほめられて
喜びの朴敬元嬢
三等
笑をたゝへながら
月桂冠

『朝日新聞』1927年1月30日

単独飛行に入って一カ月半後の一九二七年一月二五日、敬元は三等操縦士試験を受け合格した。二八日、待望の免許を手にした。単独飛行は一九四回、一四時間三五分。同乗飛行よりも回数、時間ともに多い。練習開始以来の合計飛行時間は二五時間四四分である。その間に彼女が日本飛行学校に納めた金額は一七五〇円。

「飛行に巣立つ　朝鮮生まれの婦人　鮮やかだとほめられて　喜びの朴敬元嬢」

『東京朝日新聞』一月三〇日付けは、二段抜きで朴敬元の合格を報じている。

「立川の日本飛行学校で昨年一月から飛行練習をつづけ既に五千余円の学費を費やしている朝鮮大邱三笠町生れの朴敬元嬢（二六）は去る二十五日、三等飛行士技倆試験に同じアプロ機（ルローン百二十馬力）を操縦して見事な飛行振りを見せ、試験官として来校した逓信省航空局の安部少佐から『鮮やかなものだ』と試験パスの折紙がつけられ、ここに朝鮮人最初の女流飛行士として宿望の第一歩を踏出す事になった。

嬢をおとずれると、あふれるような笑みをたたえながら、『もし試験にパスすれば一度故郷朝鮮へ帰り親族と相談した上、更に二等飛行士として進む考えです。私のこの希望は肉親達もかなえてくれると思います』と語った」

朝鮮でも、朝鮮語の『東亜日報』、日本語の『京城日報』が、ほぼ同文の記事を一月二九日付けで載せた。さらに『京城日報』は、敬元の保証人である鄭鳳来宅を訪ね、姪の鄭万祚の喜びの談話を翌日の一月三〇日付けに載せた。

「先月手紙には無事三年を卒業して、近く郷土訪問飛行がしたいといって来ましたが……、そうですか、優秀な成績で……有難うございました」

一月二九日、ふだんは蒲田の本校にいる相羽校長が立川に来て、前日三等飛行士となった朴敬元、陳金水、上川正義の三人の卒業式が行われた。陳も上川も朴敬元より二カ月後に練習を始めたのに、卒業は同時だった。

相羽有は、このとき初めて朴敬元を認識した。「朝鮮初の女流飛行家朴敬元嬢」は、日本飛行学校の売物になる——。相羽有はそう思ったはずだ。

敬元にとっても、日本人離れしたスケールを持つ事業家相羽有は、せせこましい差別意識がないぶん付き合いやすかった。このあと彼女は、ときどき相羽有の大森の自宅を訪ね夕食を食べたりするようになる。

しかし問題はこれからだった。三等飛行士では自家用機で飛行場周辺を飛べるだけ、とても飛行家とはいえない。つぎの目標は二等飛行士である。

四月一九日、敬元は日本飛行学校研究科に入り、二等飛行士を目指して技術を磨くことになった。それにはまた金が要る。

七月下旬、敬元は三等飛行士となって初めて故郷に帰った。金策のためである。七月二五日、釜山に上陸した彼女は『京城日報』記者の取材を受けた。

『京城日報』七月二六日付けによれば、この日の敬元は「薄紫色の極めて軽快な洋装にロイド眼鏡というモダン振り」、来年四月には飛行学校を卒業するので郷土訪問飛行したい、しかし「相当に資金を要するのと適当な飛行機が容易に手に入り難いので心配しております」と語っている。

実はそのころ、敬元はあせっていたのだ。船橋に移った第一航空学校で学んでいる木部シゲノが、まもなく二等飛行士の試験を受けると聞いたからだ。木部シゲノは、故国朝鮮を踏みにじったチョッパリの一員だ。彼女にだけは負けたくない。日本初の女性二等飛行士になって、木部シゲノの鼻をあかしてやりたい。日本人を驚かしてやりたい――。

しかし、そんな敬元の思いをよそに、木部シゲノは八月二二日、二等飛行機操縦試験に合格、日本初の女性二等飛行士になった。しかもその二カ月後、敬元の故郷朝鮮に「郷土訪問飛行」をしたのだ。

許せない、と敬元は思った。チョッパリの一員であるシゲノが、敬元の故郷である朝鮮を、敬元より先に郷土訪問飛行するなんて――。

木部シゲノの朝鮮での飛行は成功だった。出発前、彼女は霞ヶ浦の海軍航空隊に一〇日間特別入隊、宙返りなどの曲技飛行の特訓を受けた。

初の明治節である一一月三日、アブロ504K型機を操縦してシゲノは鎮南浦の草原を飛んだ。

そのとき父親は瀕死の床にあり、彼女の成功を心から喜んだという。

一一月五日には平壌で飛んだ。『京城日報』一九二七年一一月七日付けには、「折から開催中の審勢展覧会上にて宙返りや木の葉返し等の妙技を見せ、宣伝ビラ十数万枚を散布し、引返し二、三同乗者を乗せて再三飛行を試み……」と、彼女の鮮やかな飛行ぶりが伝えられている。

午後三時から開かれた木部シゲノの歓迎会には、青木知事、松井府尹、それに愛国婦人会の幹部など百数十人が出席したとも書かれている。シゲノは、見事に故郷に錦を飾ったのだ。


一九二八年が明けた。

また赤っ風の季節になった。

赤土は、飛行機のプロペラを覆い、エンジンにも容赦なく侵入する。油にまみれて機体を磨き、飛行眼鏡をくもらせる赤土を拭いつつ操縦練習に励む日が続いた。

七月になって、敬元には嬉しいことがあった。飛行競技大会で入賞したのだ。それまでも敬元は、何度か飛行競技大会に参加していた。競技大会で入賞すれば、飛行家として認められるだけでなく賞金がもらえる。苦しい練習費用が少しは助かる。

一九二七年五月八日に開催された関東飛行倶楽部主催による第二回飛行競技大会、一一月一四日の第三回飛行競技大会では、いずれも敬元は入賞できなかった。

一九二八年七月一二日、代々木練兵場で第四回飛行競技大会が開かれた。このときは日本飛行学校から、敬元を含む四人が参加した。女性飛行士は、敬元のほかに、敬元を頼って日本飛行学校に入学した李貞喜《イチョンヒ》、東亜飛行学校の米山イヨの二人。

この大会で敬元は、二等飛行士の高度上昇競技で三等に入賞、賞金二〇〇円を獲得した。高度上昇競技は、三〇分間に出来るだけ高く上昇し時間内に着陸するという競技である。

実は敬元は、このときも入賞を逃したと思い込み、すっかりしょげていたのだ。二等飛行士になるための練習費はすでに一八六〇円かかっているが、まだ全部学校に払い込んでいない。朝鮮にも借金がたまる一方だ。今度こそ入賞して賞金を獲得しなければ。

それなのに彼女の成績は四等だった。三等までしか賞金は出ない。しかも三等に入賞したのは、敬元より一年近くもあとに三等飛行士になった米山イヨである。

日本の女には負けたくないと思っていたのに――。

すっかり気落ちした敬元は一人会場を抜け出し、参宮橋にもたれて下を走る小田急電車を眺めていた。橋の上には、競技大会をあてこんでびっしり露店が並んでいる。

「ボクさん、おめでとう」

突然声をかけられて、敬元はびっくりした。日本飛行学校の中村正である。彼は一等に入賞していた。中村正は、三等入賞の米山イヨが時間オーバーで失格し、敬元が繰り上げ入賞になったと言う。

「調子いいこと言ってるわ」

「本当ですよ、米山さんが着陸前、場周を二度もまわったでしょう、二三秒オーバーであとから入賞を取り消されたんですよ」

もう一つすっきりしない成行きだったが、入賞は入賞だ。女性飛行士では初めての入賞である。木部シゲノも競技大会で入賞したことはない。

嬉しかった。その晩は中村正に夕食を奢った。

敬元が二等飛行機操縦士試験に合格したのは、その直後の七月三〇日だった。七月三一日、彼女は二等飛行士の免許証を手にした。免許証番号は八一番。日本で八一人目の二等飛行士ということだ。女性では、木部シゲノ、今井小まつに続く三人目である。

八月二五日、敬元は飛行学校を通じて二等飛行士合格の奨励金七五〇円をもらった。

『京城日報』は、一〇月七日付の「半島が生んだナンバー・ワン」欄で、「日本のエルダー嬢二等飛行士へ」の見出しで敬元を紹介した。「エルダー嬢」とは、当時活躍していたアメリカの女性飛行家ルース・エルダーである。

その記事には、帝国飛行協会幹部のこんな発言が引かれている。

「朴嬢は目下立川の日本飛行学校の花形で、頭がよくて美人と来ていますから校長や教官はとてもほめちぎっていますよ」

「大体日本の女流飛行家は声ばかしで駄目だった。軽薄な飛行熱に浮かされてまるで飛行機をスポーツのように思っていたのだからね、真剣味がなかったものです」

敬元は、木部シゲノがこれを読んだらさぞ悔しがるだろうと思い、いい気分だった。

一〇月下旬、敬元は故郷大邱に帰り、久しぶりにオモニのもとでゆっくり過ごした。

彼女の飛行家志望を知ったときには、激怒して親子の縁を切るとまで言ったオモニが、最近は模型飛行機を眺め暮していると知って、敬元は目頭が熱くなった。

オモニの頭はすっかり白髪になっていた。

# 第4章

# 奪われし野にも春は来るか

釜山港・関釜連絡船埠頭

# 1

銅羅が鳴り響く。

碇が巻き上げられる。

朴敬元を乗せた景福丸は、静かに釜山港の岸壁を離れる。

もう何度目になるだろう。関釜連絡船で日本へ向かうのは。

釜山港の灯が小さくなっていくのを眺めながら、敬元はこれまでの出港を思い返してみる。

最初は、一九一七年九月、横浜の笠原工芸講習所に入所するときだった。あのとき乗った船はこの景福丸よりずっと小さくて、たしか新羅丸といった。

つぎは一九二四年一二月。飛行学校入学のため、オモニの反対を振り切って悲壮な決意で日本に向かったときだ。あのときは徳寿丸だったような気がする。冬の玄海灘は大荒れで新羅丸のときより揺れた。

そのつぎは、一年後の一九二五年一二月、後援者を求めて帰省して、ふたたび日本にもどるときだ。このときの船は覚えていない。船が揺れたかどうかも記憶にない。練習費用の目途がついて天にも昇る気持ち、ただもう夢中だったのだろう。

四回目は一九二七年七月、五回目は去年一九二八年一〇月。どっちも昌慶丸だった。

そして今回、一九二九年四月下旬である。今回を入れると、一二年間に六回、関釜連絡船で日本に渡ったことになる。そのあいだに船はだんだん大きくなった。新羅丸の時代には、もう一隻高麗丸があった。その前は、敬元は乗ったことはないが、壱岐丸、対馬丸だった。壱岐、対馬といえば朝鮮と日本のあいだにあって中継基地の役割を果たしていた島だ。新羅、高麗は、かつての朝鮮の王朝である。そして今回の景福丸は、同時に就航した昌慶丸、徳寿丸とともに京城にある王宮の名である。日本の支配と日本人の流入がついに朝鮮の心臓部にまで達したことを、この船の名前は誇示しているように思える。

日本人の流入がより多く、より深くなれば、故郷を流出する朝鮮人が増えるのは当然である。にもかかわらず総督府は、流出する朝鮮人が、日本へ流入しないよう渡航制限をしている。

一九一七年、敬元が最初に渡航したときには何もいらなかった。二回目からは渡航証明書が必要になった。渡航証明書は出発地の警察に申請して発行してもらわなければならない。

釜山駅のプラットホームから桟橋までの長い通路に、警官が立って検問するようになったのは三回目からだ。以後、警官の数は増え、取締まりはいっそう厳しくなっている。とくに今回は厳しかった。目付きの悪い男たちに両側から射るような目で見られると、思わず足取りが早まってしまう。敬元は丁寧に扱ってもらえたが、大きな荷物を抱えたハルボジが若い警官に小突かれたり突き飛ばされたり、見るに耐えない光景があちこちで見られた。

学生風の若い男も厳しい扱いを受けていた。朝鮮では、三、四年前から共産主義運動を理由にした一斉検挙が何度も繰り返されているが、この一月に咸鏡南道元山で始まった労働争議は空前の規模、しかも八二日間という長期にわたって続けられたので、総督府は神経を尖らせているのだ。日本でも去年の三月に続いてこの四月にも、共産主義者の一斉検挙が行われている。

春の関釜連絡船は初めてだった。頬をなでる潮風は、しっとりと水蒸気を含んでやわらかい。波もおだやかで、満月がゆるやかに上下する波のあいだで揺れている。それなのに敬元には、真冬に乗ったときよりも海は暗く、重苦しく、寒々としているように感じられる。


今回敬元が帰省したのは、郷土訪問飛行の後援者探しのためだった。

飛行家を目指すものにとって、免許を取って郷土訪問飛行をすることは夢であり目標である。日本飛行学校の先輩の前田あさのは、三等飛行士の免許を取ると故郷の奈良で郷土訪問飛行をした。

東亜飛行学校の米山イヨは敬元よりあとに三等飛行士になったが、一九二七年八月、まだ免許取得前に故郷の北海道で飛んでいる。イヨが看護婦として働いていた札幌の斎藤医院の院長が、雪が降ると飛べなくなるからと、早々と費用を出して晴れ舞台を設定してくれたのだそうだ。

日本初の女性二等飛行士として人気を博している木部シゲノは、おととしの秋、朝鮮に郷土訪問飛行をした。敬元は、木部シゲノが自分の故郷の朝鮮へ、自分より先に郷土訪問飛行することをどれほど悔しく思ったことだろう。

そのとき敬元は、心に誓ったのだ。木部シゲノを超える郷土訪問飛行をしてみせると。

木部シゲノの朝鮮への郷土訪問飛行は、乗機のアプロ504K型機を関釜連絡船で運び、両親の住む鎮南浦や平壌上空を飛んでみせただけだ。そんな郷土訪問飛行では駄目だ、と敬元は思う。彼女の郷土訪問飛行は、「ウィルソンの飛行機」なのだ。故郷の人びとの心の底に秘められた「独立万歳」の叫び、それを支え励まし、そして噴出させるための「ウィルソンの飛行機」なのだ。

そのためには、かつて故郷の人びとを威圧するために実施された「所沢京城陸軍大飛行」のように、立川から飛び立って、朝鮮海峡を横断して大邱まで一気に飛ばなければならない。

それには莫大な費用がかかる。まず飛行機を入手しなければならない。

木部シゲノは、所属する第一航空学校校長・宗里悦太郎の全面的支援により、乗機も学校の練習機を使用できた。さらに朝鮮総督府や二〇師団との折衝、機体の整備なども宗里校長がつき添って面倒をみた。敬元にはそれは望めない。また彼女自身もそれを望んではいない。日本人の世話にはならず自分一人の力で成し遂げなければ、彼女の郷土訪問飛行の意味はないのだ。

二等飛行士になって以来、敬元は、軍用機を払い下げてくれるよう航空局に何度も足を運んでいる。まだ色よい返事はもらえない。

首尾よく軍用機が払い下げられても、修理をして航空局の堪航検査を通らなければ飛ぶことはできない。それにガソリン代や整備のための地上勤務員などにも莫大な費用がかかる。

木部シゲノは朝鮮への郷土訪問飛行のあと、生まれ故郷の福岡でも郷土訪問飛行をした。このときは払い下げられた陸軍の甲式3型機を貨車に積んで九州に運び、八屋、福岡、小倉、久留米など県内各地を一週間以上かけて巡回飛行する予定だった。途中で事故を起こしたため飛行は中断されたが、その費用は一万円以上という話だ。気の遠くなるような大金だが、福岡県会議長などが発起人となって後援会を結成し、一般から寄付を募った。『福岡日日新聞』などの新聞社も後援した。

敬元の郷土訪問飛行には、その何倍もの費用がかかる。木部シゲノ以上に故郷の人びとの後援が必要だ。

帰省したのは三月初めだった。関釜連絡船で釜山に上陸し、京釜本線に乗ったとたん、敬元は、久しく忘れていた「春窮」という言葉を思い出した。貧しい農家では、去年の秋にとれた作物は春までには食べ尽くしてしまう。しかし今年の作物は、まだ芽も出ていない。春は窮乏の季節、一年中で一番ひもじい季節なのだ。

北へ向かう京釜本線の汽車の中は、みすぼらしい白衣の人びとでいっぱいだった。赤んぼを腰にくくりつけ、鍋釜から柄杓《ひしゃく》がわりのパカチまで頭に載せた女たちの姿もあった。

汽車の北上につれてそうした人びとは増えていった。大邱駅では殺気立った群衆が乗り込んで来て、敬元は降りるのに一苦労だった。窮乏する一方の故郷の村に見切りをつけて、鴨緑江を越えて満州に移住しようというのだ。これまでも北へ流出する人びとは多かったが、この何年かの不作続きと、日本への渡航制限が厳しくなったため急増しているという。

敬元は、大邱出身の詩人李相和の「奪われし野にも春は来るか」という詩を思い出した。

いまは他人の土地――奪われし野にも春は来るか

私は全身に陽射しをうけ
青い空　緑の野の合わさるところへ
髪の分け目のような畦をつたい
夢の中をゆくごとく　歩きつづける

（略）

一人でも　足どり軽く行こう
乾いた田を抱いてめぐるやさしい小川は
乳飲み子をあやす歌を歌い　ひとり肩踊らせて流れ行くよ

蝶よ　つばくろよ　いばるな
鶏頭の花にもあいさつしなきゃ

つばき油をぬった乙女が草取りする　その田畑もみたい

私の手に手鍬を握らせよ
豊かな乳房のような　柔らかなこの土を
足首が痛むほどに踏みもし　気持ちよい汗も流してみたいのだ

川辺にあそぶ子どものように
休みなく駆けめぐる私の魂よ
なにを求め　どこへ行こうとするのだ
おかしいではないか　答えてみろよ

私は全身に草いきれをにじませ
緑の笑いと緑の悲しみがまじわる間を
足を引きずりながら　一日を歩く　春の霊にとりつかれたのだろうか

しかし　いまは——野を奪われ　春さえも奪われそうだ

（訳・金学鉉）

本当に、ふるさとは野を奪われ、春さえも奪われそうだ、と敬元は思った。そして、自分の郷土訪問飛行は、奪われた野に春をもたらす燕なのだと思った。

しかしそれは、とんでもない独りよがりだったということを、敬元はすぐに思い知らされた。彼女は、郷土訪問飛行のために寄付を募ることも後援者を見つけることもできなかった。

商工会議所や記者クラブをまわって後援を頼んだところ、ともかくも「朴敬元嬢郷土訪問飛行」後援会を結成してくれることになった。『東亜日報』は三月一一日付けでそれを報じ、彼女の郷土訪問飛行への協力を呼びかけてくれた。しかし反響はほとんどない。

後援会主催による歓迎会兼郷土訪問飛行激励会も開かれた。そこにも肝心の朝鮮人の姿はなく、商工会議所会員の日本人経営者や商工業者がほとんどだった。そこで敬元は、近代の精華である飛行機の世界の平和、人類の文化に持つ意義を話したが、彼らの反応は、元看護婦の朝鮮人の女が日本で飛行士になったのを珍しがっているだけのようだった。

私の郷土訪問飛行は、チョッパリどもを威圧するウィルソンの飛行機なんだ。今度はお前たちがひれ伏す番なんだ――。敬元は、彼らの傲慢そうな顔に向かってそう言ってやりたかった。

それよりも敬元ががっかりしたのは、故郷の朝鮮人の反応だ。春窮の最中にあって、食うことで精一杯、ということはわかる。しかしそれだけではないと敬元は思う。故郷の人びとは、相も変わらぬ事大主義と男尊女卑の因習にとらわれている。敬元を訪ねて来る女たちは、二等飛行士になったことを褒めるよりも、まず「結婚もしないで……」と、気の毒そうな顔をする。そのたびにオモニは、自分が責められているような、悪いことでもしているような顔をして身をちぢめる。

日本ではモガが「尖端女性」としてもてはやされているというのに、朝鮮では依然として女は結婚だ。結婚しない女は罪人ででもあるかのように、家族もろとも身を恥じて生きなければならない。

男たちは、まるで売春婦を見るような目で敬元を見る。断髪に洋装の彼女を、日本に魂を売り渡した売国奴と見ている向きもあるようだ。無理もないのかもしれない。大邱では教会の中だって、内外法によって男女の席のあいだは仕切りで隔てられ、互いの顔が見えないようになっている。

故郷の人びとが、自分の郷土訪問飛行を喜び、後援してくれるなどと思ったのはとんでもない間違いだったと、敬元は思い知った。やはり、日本の詩人がうたったように、ふるさとは遠くにありて思うもの、なのだろうか。

敬元は悄然と大邱をあとにし、日本に向かう関釜連絡船に乗り込んだのだった。

外海に出ると、さすがの景福丸も揺れ始めた。敬元は、人けがないのをみすまして浴室に入った。湯船に身体を沈めていると、船の揺れにつれて湯の表面が傾く。見ていると、飛行機で旋回するときのような気分になってくる。大地が傾く。水平線が傾く――。

いつになったらこの海を、飛んで越えることができるのだろうか。

## 2

夏の終わり、敬元は思いがけなく東京のど真ん中に入り浸ることになった。八月二三日から九月二日まで、日本橋の白木屋ホールで陸軍祭の展覧会が開かれ、日本飛行学校からも出品しているので、期間中説明係として出張することになったのだ。

最初は嬉しかった。銀座へ行けるというので、本登勝代と手を取り合って喜んだ。立川の田舎に住んでいると、ときどき無性に都会が恋しくなる。そのうえ説明係をやると、少しはお金がもらえるという。

本登勝代は山形出身、敬元と同じように看護婦と助産婦の資格を取り、義兄の医院を手伝っていたが、女性初の二等飛行士木部シゲノの記事を読んで飛行家を志したという。最初は木部シゲノを頼って船橋の第一航空学校に入ったが、一年半ほど前から日本飛行学校に移り、二等飛行士を目指して練習を続けている。朝鮮出身の李貞喜が、七月に二等飛行士の免許を取ったあとやめてしまったので、いま日本飛行学校にいる女性は、助教官の敬元と本登勝代練習生の二人だけだ。

展覧会の説明係はあたりのやわらかい女の方がいいと、まず二人に白羽の矢が立てられた。しかし九月に三等飛行士の試験をひかえている勝代は、毎日白木屋に詰めるわけにはいかない。それに東北出身の彼女はしゃべるのは苦手、最初の二日間だけであとは来ようとしない。

敬元はしゃべるのは苦にならない。というよりは、そういう訓練が身についている。

ボクさんは育ちがいいから積極的で明るい。明けっぴろげでだれとでも対等に付き合う。尖端女性だ、モダンガールだ――。

最近はモダンガール略してモガといわれるが、自分がモガの典型のように周囲の日本人に見られていることを敬元は自覚している。そうした見方は、彼女自身が意識的につくり上げてきたものだが、今ではすっかり身について本性のようになっている。いや、案外これがほんとうの自分なのかもしれないという気もする。

しかし、一週間も続けるとさすがにうんざりした。展覧会直前の八月一九日、ドイツの飛行船ツェッペリン伯号がついに霞ヶ浦に到着、表敬訪問に東京上空にもその巨大な姿を見せたので、一般の空への関心は一挙に高まった。それだけに、白木屋の陸軍祭に来るお客の関心はもっぱら飛行機に集中している。買物ついでに立ち寄った有閑マダムや坊っちゃん嬢ちゃんたちに、飛行機の構造や有用性について噛んで含めるように説明しなければならないのだ。

この二、三日は手洗いに行くふりをして会場を抜け出しては屋上で一息ついている。通りを隔てた斜め向かいに丸善が見える。

電車がきしり
自動車が鳴り
自動車が鳴り

ごくつつましくマッチをすれば
　コンクリートの函はのぼって
　　青ぞら青ぞら　ひかる鯖ぐも
ほう何たる驚異
マッチがみんな爆発をして
ひとはあわてて白金製の指輪をはめた手をこする

宮沢賢治という詩人の「丸善階上喫茶室小景」という詩の一節だ。この詩のように、下界では電車がきしり、自動車が鳴り、マッチ箱が爆発したように人びとが右往左往している。なんと東京はせせこましく、せわしないことか。彼女は立川周辺の町並みや田園を飛びながら見下ろすことには慣れていたが、大都市のビルの谷間を俯瞰するのは初めてだった。ビルディングの黄色の煉瓦が波のように光り、ぼろぼろになった電線が揺れている。

ツェッペリン伯号から見下ろした東京の街はどんなだったろうか、とふと思う。八月一九日、ツェッペリン伯号がやってきたときは本当に大変な騒ぎだった。ラジオは刻々とその接近を伝え、新聞は号外を出して到着を報じた。敬元も飛行学校の連中と一緒に新宿の二幸前で、その到来を迎えた。

午後四時三五分、北東の空、垂れこめた雲煙の彼方に小さな真珠が一粒。

あたりにどよめきが起こった。やがて真珠はぐんぐん大きくなり、空を圧する大きさになった。全長二三六メートル、トンボのような歓迎の飛行機一〇機を周囲にまつわらせながら、悠々と近づいてきた。銀色に輝く流線型の機体はあまりにも巨大で、しかもこの上なく優美だった。思い出すたびに胸が熱くなる。

八月二三日、ツェッペリン伯号は太平洋へ向けて霞ヶ浦を飛び立った。そして八月二九日、出発地のレイクハーストに無事帰着したと新聞に出ていた。二一日と七時間で世界を一周したわけだ。世界早回りの新記録である。

水平線の向こうには何があるのだろう？　その強い好奇心は人間に船をつくることを考えさせた。

鳥の群れはなんと自由に飛びまわっていることか！　飛びたい飛びたいと人の心に燃えさかる憧れは、ついにその方法を発見させた。そして二〇日余りで世界を一周するまでになったのだ。

飛行機ならもっと早い、と敬元は思う。アメリカのチャールズ・リンドバーグが大西洋無着陸横断飛行に成功したのは二年前、一九二七年の五月だったが、彼はニューヨーク―パリ五八〇〇キロを三三時間三〇分で飛んでいる。それに対してツェッペリン伯号は、アメリカのレイクハーストからドイツのフリードリヒハーフェンまでの大西洋横断に五五時間二四分費やしている。

しかし偉大な科学の勝利であることには間違いない。科学は時間と空間の観念を変える。科学の精華である飛行機は国境を無にする。ツェッペリン伯号の船長エッケナー博士を迎えた日本人の熱狂ぶりはすごかったが、リンドバーグに対するフランス人の歓迎も大変なものだったらしい。偉大な科学の成果の前には、人間は国境を越えて手を握り合うのだ。

やがて世界は一つになり、戦争など過去のものになってしまうのではないか。

一〇年ほど前、アメリカの女性飛行家キャサリン・スティンソンが日本に来たとき、与謝野晶子がこんなことを書いていた。

「世には、飛行機を一国の軍用にのみ役立つべきものだと考えて、排他的侵略的な軍人の立場からばかりその必要を認める人達がありますが、それも思慮が浅いと言わねばなりません。飛行機を今日の軍用に供する精神は、他の今日の学問、芸術、経済の精神と同じく国境を超越するところにあります。軍国主義の助成ではなくて反対に人道主義の敵である軍国主義を征服し、地理的、歴史的、政治的の国境は存しながらも、倫理的には人類が相互の生命と幸福とを尊重し合う世界的統一的の協同生活を建設する手段として、飛行機を軍用とすべきものだと考えます」

私の郷土訪問飛行、「ウィルソンの飛行機」もそうなのだ。どうして故郷の人びとはそれをわかってくれないのだろう。

アメリカやヨーロッパでは、女性飛行士も国境を越えて人類が手を取り合うために活躍している。リンドバーグの成功後、何人もの女性飛行士が大西洋横断飛行に挑戦したが、去年六月、ついにアメリア・イアハートというアメリカの女性飛行士が大西洋横断飛行に成功した。

大西洋に比べたら朝鮮海峡などほんの小川のようなものだろう。それなのに日本の女性飛行士は、まだ誰も朝鮮海峡を横断していない。挑戦さえしていない。それどころか次々とやめていってしまう。米山イヨも、三等飛行士の免許を取ってしばらくして飛行機と縁を切った。

「三等の免許だけは石にかじりついてでも取らなくてはと頑張ったけど、飛行機では食べていけないし……」

去年の夏の競技大会で一緒になったとき、米山イヨは寂しそうに言っていた。その競技大会でイヨは三等に入賞したのに時間超過で失格、敬元が繰り上げ入賞になった経緯がある。あのとき失格にならず賞金を獲得していれば、イヨは飛行機から降りなくてすんだろうか。ときどきそんなことを考えて、敬元はイヨに申し訳ないような気になる。

三等飛行士の前田あさのも、郷土訪問飛行のあと飛行機を降りている。女性は営業活動ができる一等飛行士になれないので、二等飛行士の免許を取ったところで飛行機で暮していく見通しは暗い。だから三等の免許をとった段階で飛行機と縁を切る女性が多い。女性飛行士第一号と騒がれた兵頭精もそうだった。大阪の西田飛行機研究所に入って三等飛行士になった花田まつのもそうだった。

その気持ちは敬元にもよくわかる。毎日毎日、油服を身にまとって男に交じってプロペラを外したりエンジンを磨いたりの力仕事、疲れた身体に鞭打って精一杯やっても教官からは目から火が出るほど叱られる。大金を注ぎ込んで、いったい自分は何をやっているのだろうかと悔し涙に暮れたことも数え切れない。

そのうえ、男と同じように金と労力を使っても女性飛行士には先の見通しがないとなれば、馬鹿ばかしくなるのも無理もない。敬元もときどきいっそやめてしまおうかと思うことがある。

そのたびに敬元は、ハッと気を取り直す。ここでやめてしまっては元も子もない。彼女には大望がある。少なくとも木部シゲノを超える郷土訪問飛行をするまでは飛行機から降りるわけにはいかない。

それにしても朝鮮は、ひどい干ばつに見舞われているらしい。

白木屋の陸軍祭展覧会は、九月二日、無事終了した。翌日の三日も敬元は、展示品の引取りなどの後始末に白木屋に行った。終わったのは昼過ぎだった。示し合わせていた通り、中村正や並木米三など飛行学校の仲間たちとともに銀座にくり出した。

タイガー、ナナ、ニューヨーク、コロンバン、モナミ。銀座はカタカナの洪水だ。このところ新聞は不景気の話ばかり、七月に成立した浜口内閣の厳しい財政緊縮政策でますます景気は冷え込み、「大学は出たけれど」がはやり言葉になっているというのに、銀座は国籍不明の華やかさを増している。

昔恋しい銀座の柳
仇な年増をだれが知ろ

ジャズで踊って、リキュールでふけて
明けりゃダンサーの涙雨　（作詞・西条八十）

佐藤千夜子の歌う「東京行進曲」のレコードが、昼下がりの銀座通りにけだるく流れる。最近はどのカフェに入ってもこの歌を流している。

つば広帽子にビーチパジャマスタイルのモガがぞろぞろ歩いている。最近のモガは、以前のモダンガールほど颯爽としていないと敬元は思う。やたらにモガが増え、群れ合って歩いているせいだろうか。三年半前、敬元が初めて二人連れの断髪のモダンガールを見たとき、彼女たちはまるで波頭を蹴立てて時代を切り開くかのように昂然として見えた。最近はやりの「尖端女性」という言葉は、彼女たちにこそふさわしい。

突然、隣を歩いている中村正が敬元の腕を突っついて言う。

「木部シゲノが来るよ」

エッと敬元は棒立ちになってしまった。

乗馬服に鳥打帽姿の粋な眼鏡の若者が、イートン断髪《クロップ》の令嬢風の二人にはさまれてステッキを振り振り歩いて来る。近づいてきた顔は、確かに雑誌で見た木部シゲノだった。しかしどう見ても男としか見えない。

木部シゲノは、日本初の女性二等飛行士として講演会に引っ張り出されたり、映画会社が出演交渉に来るなどその人気は大変なものだった。ブロマイドまで売り出され、女学生が大騒ぎだという。そういえば、その秘密は彼女の男装にあると聞いていた。しかしここまで男になり切っているとは――。

確かに惚れ惚れするようなスマートな男ぶりだ。女学生が騒ぐのも無理はないと敬元は思った。スタイルだけではない。シゲノは自分のことを「僕」と言い、言葉使いも男なのだと中村正が教えてくれた。

「女房までいるらしいぜ」

並木米三が妙な笑いを浮かべて言う。敬元には何のことかわからない。

「女房？」

「木部シゲノに憧れた女が彼女の下宿に押しかけてきて、奥さんにしてくれと住み着いてしまったんだそうだ」

「ああ、今はやりのSね」

女学校では、下級生が上級生に憧れて手紙を出したり贈物をしたり、プラトニッククラブを交わすのが流行っていると聞いている。それをシスターの頭文字をとってSというのだと聞いた。

しかし並木米三は、

「そんな生やさしいもんじゃないらしいぜ」

と嘲るように言う。

「シゲノは女を喜ばせる術を知ってるんだそうだ」

あれは異常だよ、と男二人はうなずき合っている。

それだっていいじゃないか、と敬元は思った。なんで女は、女を愛してはいけないのだろう？

そのとき敬元は、李貞喜との生活を思い出していた。李貞喜は、二年前、飛行家になりたいと敬元を頼って朝鮮から出て来て、しばらく一緒に住んでいた。二人で大騒ぎしてキムチを漬けたり、牛肉が手に入ったときには好物のソルロンタンをつくったり……。本当に楽しかった。

その楽しさには、かつて経験したことのない胸のときめきが混じっていることを敬元は自覚していた。貞喜は一九一〇年生れで敬元より一三も若い。彼女のもとに来たのは女学校を出たばかりの一七歳だった。京城の上流階級出身で淑明女学校を出た貞喜は、絶対にお風呂に一緒に入ろうとはせず肌もみせなかったが、そのみずみずしい肌はおのずから匂い立ち、そばにいるだけで息苦しくなる。手を伸ばして抱き締めたくなる……。

しかし敬元は、そういう気持ちをねじ伏せ、ひた隠しにしていた。だから貞喜も知らない。彼女は敬元を姉のように頼りにし、敬元も妹のように可愛がった。日本での不慣れな生活の面倒をみ、彼女の飛行に同乗して操縦の指導をした。貞喜が初めて単独飛行したとき、敬元はどんなにハラハラして見守っていたことだろう。無事に降りてきたときには掌が汗でびっしょりになっていた。

それなのに貞喜は、二等飛行士の免状を取ると飛行機を降りてしまった。一等飛行士になれないのでは、これ以上やっても仕方ないと言うのだ。

──頑張れば必ず道は開ける。技術を磨き、男以上に飛べることを認めさせれば、一等飛行士への門戸だってやがて開かれるはずだ。

──たった二人しかいない朝鮮の女性飛行士ではないか。日本の女性以上に頑張って、朝鮮女性の優秀性を日本社会に見せてやろうではないか。

あれこれ言葉を尽くして説得してみた。貞喜はうなだれ泣き出し、しかし頑として意志は変えない。ついには敬元の方が根負けしてしまった。どうやら貞喜は、淑明女学校の同窓生崔承喜《チェスンヒ》の踊りを見て以来、飛行機よりも舞踊をやりたくなったらしいのだ。

崔承喜は両班出身だが、京城で石井漠舞踊団の公演を見て感動し、踊りなどキーセンのやることと大反対する母親を押し切って入団したという。彼女はたちまち才能を発揮し、石井みどり、和井内恭子とともに石井漠舞踊団を代表する踊り手になった。貞喜は、同窓の崔承喜が「天才少女現わる」と日本の新聞で絶賛されているのを知って、さっそく敬元にせがんで一緒に浅草に見に行った。そのとき崔承喜はシューベルトのセレナーデをソロで踊ったが、その優美で熱情的な身体の律動に敬元も魅了された。

それ以来李貞喜は、すっかり舞踊に魅せられてしまったようだ。最近崔承喜は石井漠と対立して退団、京城で舞踊研究所を設立したが、李貞喜はたびたび自由ヶ丘の石井漠舞踊団の稽古場を訪ねて入団を頼み込んでいたらしい。そして行ってしまった。

敬元の秘めた恋は終わった。お嬢さん育ちはしょうがない、しょせん自分とは住む世界が違うのだ。そう思ってあきらめるよう努めているが、今木部シゲノの女房の話を聞いて、胸の傷が疼きだす。

木部シゲノは、敬元が欲しくても手に入れられないものを全部持っている。朝鮮への郷土訪問飛行、日本を代表する女性飛行士としての人気、そしてなによりも恋人——。

一方では、その恋人でシゲノは飛行家としての将来を閉ざされるのではないかという気もした。日本の新聞や雑誌の記者たちは、女性飛行士をモダンガールだ尖端女性だともてはやすが、実は彼らはスキャンダルの種を鵜の目鷹の目で探している。恋愛沙汰は男性飛行士にとっては勲章だが、女性飛行士にとってはスキャンダルだ。男との恋愛でもスキャンダルなのに、まして女とでは……。

日本の女性飛行士は、あまりにも恋愛に無防備だと敬元は思う。これまで何人もの女性飛行士がそれでつぶされている。

飛行機で空を飛んだ日本女性の第一号は、一九一三年にカリフォルニアのシラー飛行学校に入った南地よねだが、彼女は指導教官の佐村某と恋愛、妊娠して飛行機を降りた。日本の新聞は、よねを酌婦上りだなどと口汚なく書きてたそうだ。兵頭精が飛行機と縁を切った直接のきっかけも、未婚のままの流産を新聞に書かれたことだった。

今井小まつも、最近、根岸錦蔵との愛情のもつれから飛行界を去ったという噂だ。

今井小まつは木部シゲノに続く二人目の女性二等飛行士だが、派手な話題をまくシゲノとは違って、三保の松原で根岸錦蔵とともに魚群探査事業をしていた。飛行機で海上を飛んで、魚群の位置を漁船に伝える仕事だ。敬元は、そうした小まつの地道な生き方に注目していた。もう飛行機が見世物になる時代は過ぎたのだ。航空ショーで宙返りしたり、飛んでいる飛行機の翼の上を歩いたりブランコにぶら下がってみせたりする飛行サーカスでは将来性はない。これからは飛行機の生産的活用の時代だ。魚群探査はその可能性の一つだろう。

今井小まつは、雲井龍子のペンネームで飛行関係の雑誌に文章を発表している。だいぶ前に彼女が雑誌『飛行』に書いた「可哀そうな第一羽衣号」には、さまざまな困難を超えて根岸錦蔵とともに飛行機を造り上げていく過程が生き生きと描かれていた。その文章からは、彼女の飛行機への情熱とともに年下の錦蔵への手放しの敬愛がうかがえた。

同志愛に結ばれた錦蔵とともに飛行機の生産方面への活用に取り組む――。なんと素晴らしいことだろう。敬元は、小まつと錦蔵に新しい男女関係の可能性をも見ていたのだ。

それなのに、最近小まつは、「私は生活のすべてが行詰まってしまいました。性格破産者です。信仰でもあれば救われるかも知れませんが、それも駄目です。私はいっそ長火鉢の前に座りたくなりました。無条件で男に惚れて、善い世話女房になりたいものです」などと雑誌に書いている。やはり男女のあいだに同志愛は成り立たないのだろうか。噂が事実とすれば、錦蔵との愛の破綻が小まつの飛行家としての挫折の要因ということになる。

相手が男にしろ女にしろ、女性飛行士には恋愛は禁物なんだと敬元は改めて思った。

「ボクさんの恋人は飛行機だもんなあ」

かたわらを歩いている中村正がぼそりと言う。まるで敬元の思いが通じているかのようだ。

「そうそう、わたしには女房はいらない。亭主はもっといらないわ」

おどけて言い返したものの、どす黒い染みのようにわびしさが胸に広がる。木部シゲノも寂しかったのかもしれない、とふっと思った。

## 3

この年、一九二九年秋から不景気はますます深刻になった。一〇月下旬、アメリカのウォール街で株が大暴落、その影響はまず生糸価格の暴落となって養蚕農家や製糸工場を直撃した。その直後、一九三〇年明け早々に金解禁が断行され、さらに追い討ちをかけた。

立川飛行場の周辺は桑畑が多い。家主の鈴木さんの話によると、飛行場北側の砂川村では養蚕農家の借金はかさみ、小さな糸屋や機屋がばたばた倒産に追い込まれているという。不況は他の産業にも広がり、新聞には毎日、失業者の苦境が伝えられている。労働争議も頻発しているようだ。

しかし、敬元の住む立川飛行場の南側では、不景気の影響はあまり感じられない。それどころか日本航空輸送会社の定期便が就航した関係で、いっそうの賑わいを見せている。

日本航空輸送会社は、本格的な航空輸送のために政府出資により作られた会社である。一九二九年四月一日、陸軍立川飛行場内の西側、日本飛行学校の南隣に東京飛行場を開設し、東京と満州の大連を結ぶ定期輸送を開始した。最初はサルムソン機による郵便貨物の輸送だけだったが、七月一五日からはオランダから購入した八人乗りフォッカー機とアメリカからのスーパーユニバーサル六人乗りによる東京―大阪―福岡間の旅客輸送が開始された。そして九月一〇日、国際線も開通し、福岡から朝鮮海峡を越え、蔚山、京城、平壌を経て大連に至る旅客輸送が始まった。

朝八時に立川を飛び立って、大阪着一〇時三〇分、福岡着午後一二時五七分。飛行機を乗り換えて二時三〇分福岡を出発、海峡を横断して朝鮮半島南端の蔚山に着くのが四時四六分。そこで一泊し翌朝七時に出発、九時三二分に京城に着く。大連には午後三時すぎに到着する。

蔚山まで九時間足らず――。銀翼を輝かせて飛び立つフォッカーを見上げながら、敬元は改めて飛行機の威力を痛感した。汽車と船だと釜山まで二日半かかるところを、飛行機は九時間に短縮したのだ。それだけに敬元の胸には焦燥がつのる。

いつになったら、私は郷土訪問飛行できるのか――。

せめてフォッカーに乗って、郷土訪問飛行に備えてコース研究をしておきたいと思うが、それもままならない。東京―京城一〇五円、蔚山までで八三円もかかる。この不況時代、五人家族が二カ月暮らせるという金額である。大阪までなら三〇円だが、これだって今の敬元には出せない。

彼女が白木屋の展覧会で一〇日間説明係をしてもらった謝礼は一〇円だった。

日本空輸の定期便は、この高額の運賃のうえにまだ一般には飛行機といえば落ちると思われていたから、最初は乗客ゼロのまま飛び立つこともしょっちゅうあった。会社は客集めに知恵をしぼったあげく、菊池寛、直木三十五、横光利一など有名作家を搭乗させ、空中体験記を新聞に書かせた。作家たちのいかにも気楽そうな着流しにステッキ姿の写真も大きく載せた。

そのせいかどうか、最近はいかにもブルジョア然とした家族連れや芸者を連れた旦那衆がやって来る。女たちの華やかな装いが飛行場周辺を彩り、わざとらしい嬌声が敬元をいらだたせる。先日はモダンな洋装の女性が中学生ぐらいの少年とともに乗ったが、斎藤茂吉という有名な歌人の夫人と息子だということだつた。夫人は大の新しもの好き、話の種に乗ってみようということらしい。金はあるところにはあるものだ。

日本航空輸送会社は政府出資会社だけあって、格納庫も堂々たるものだ。その北に軒を並べる日本飛行学校や朝日新聞社の建物がすっかり貧弱に見える。飛行学校の連中は、日本空輸の格納庫につけられた富士山に天女マークを「富士のてっぺんに天女の天下りか」などと嘲笑しては鬱憤ばらしをしているが、敬元の焦燥はそんなことでは収まらない。

お金がほしい。それ以上に仕事がほしいと切実に思う。不況は朝鮮でも猛威をふるっている。とても寄付を頼めるような状況ではないし、もう故郷の人びとに頭を下げてお金をもらうのは嫌だ。飛行士の免許を生かして、なんとか自分で食べていける方法はないものか。

飛行学校の助教官の仕事はただで操縦練習ができるという利点はあるが、その謝礼では家賃を払うのが精一杯だ。それも最近は、せっかく入学した練習生が途中で退学することが多くなっている。

一九二九年には藤塚二郎、早瀬美三男ら日本人四人と広東省出身の中国人華文治、劉天紹の六人が入学した。しかし日本人四人は相次いで退学してしまったし、三〇年初めに入学した津川了も三月には辞めてしまった。ブライアン英一、金子重三の二人も続けられるかどうかあやしい。深まる不況で後援が打ち切られ、高額の練習費が出せなくなってしまうのだ。ビラ撒きや空中撮影などの仕事も減って、せっかく免許を取っても民間飛行家の稼ぎの場がないということもある。

日本飛行学校は、一九二九年一一月、東京鈴ヶ森と伊豆下田間の定期飛行を開始した。三〇年に入ってからは、さらに静岡県水産課と契約して魚群探査事業も始めた。目先のきく事業家である校長相羽有が、航空輸送の本格化時代をにらんで始めたものだが、学校で養成した飛行家の働き場所を開拓するという目的もあった。しかし、それには一等飛行士の免許が要る。そして女は一等の免許は取れない——。

最近敬元は、大阪朝日新聞の航空記者・平井常次郎の『空』という本を読んだ。

その本で平井記者は、兵頭精、今井小まつ、木部シゲノ、大阪の西田飛行機研究所で三等飛行士になった花田まつの名前をあげ、「あけすけに言ってしまうなら、私は女流飛行家というものに、何等の存在価値を見出すことが出来ない」と言い切っている。彼女たちは、せっかく苦労して免許を取ってもすぐやめてしまう。その理由は、「体力が男子ほど旺盛でないからだ。気力が男性ほどつづかないからだ。その上に誘惑が多いからだ」という。

そして彼は、新聞雑誌にちやほやされていい気になっていないで、「定期空路で旅客貨物や郵便物の迅速なる空中輸送をするとか、或いは後進の航空術の教育指導に没頭するとか、或いは広告、魚群捜査、空中写真撮影など航空機の生産的活用に働く」ことを考えるべきだという。

なに言ってやがる、と敬元は思う。女性飛行士は「航空機の生産的活用」に働きたくても働けないのが実情ではないか。今井小まつ・根岸錦蔵の魚群探査事業が駄目になったのは二人の愛情のもつれが原因といわれていたが、それだけではないようだ。

最近聞いたところでは、相羽有が静岡県水産課と魚群探査の委託契約をしたため二人の事業としては不可能になったらしい。航空局にコネを持つ相羽有の横車にしてやられたわけだ。あの強引な相羽校長にかかったら、お坊ちゃん育ちの錦蔵などとても太刀打ちできなかったろうと敬元は思う。

その結果、錦蔵は魚群探査飛行の指導員兼魚群発見員として雇われることになった。独立した事業家を目指していた錦蔵としては屈辱だろうが、それでも彼は飛行機から降りなくてすんでいる。それに対して小まつは、愛する錦蔵から見放されただけでなく、飛行機からもはじき出されてしまったわけだ。

木部シゲノは、第一航空学校で敬元と同じように助教官をしているが、最近彼女は、故郷鎮南浦と内地のあいだに飛行機による鮮魚輸送の事業を始めようと奔走しているそうだ。銀座のモガ、というよりはモボだったシゲノも、腰を落ち着けて生産方面に生きることを考えているらしい。

しかし、かつて「男装の女流飛行家」と彼女をもてはやした新聞雑誌は、そうした彼女を冷たくあしらう。それには例の「女房」問題も影響しているだろうが、より根本的には日本社会が女性飛行家を一人前の職業人として認めようとしないためだ。朝鮮ほどではないとはいえ、日本でもいまだに「職業婦人」は蔑視の対象なのだ。

まして今は不況である。男性飛行家同士が互いに相手を蹴落として仕事にありつこうとしのぎを削っている。木部シゲノは鎮南浦の実家が運送業をしているので、鮮魚輸送事業は夢ではないかもしれない。しかし敬元にはそうした背景もない。しかも、朝鮮人である。女で朝鮮人で資金もないとなれば、どこに活路を見いだせばよいのだろう？　それを考えると暗澹とするばかりだった。

一九三〇年四月、敬元はさらに暗澹とする話を聞いた。安昌男が中国で墜死したというのだ。朝鮮初の飛行士安昌男は、「朝鮮民族の希望の星」である。敬元にとっても輝かしい希望の星だった。そもそも敬元は、安昌男が教官をしている小栗飛行学校に入るつもりで日本に来たのだった。

関東大震災で小栗飛行学校は焼失、そのうえ朝鮮独立運動の闘士と見なされて右翼の脅迫を受けたことから、安昌男は日本での飛行家としての生命を絶たれた。その後、大陸にいるらしいという噂を聞いた。敬元は彼が、三・一独立運動のあと上海で樹立された大韓民国臨時政府か、満州の間島省を根拠地とする革命運動に参加しているのではないかと思い、ひそかに安否を気遣っていたのだ。

しかし彼は、華北の軍閥馮玉祥の西北軍の飛行教官を務めていて、墜死場所は太原だという。太原とはどこだろうか。地図を広げてみる。

祖国朝鮮に向かい合って山東半島がある。一九二七年、二八年と日本が兵隊を送り込んだのはここらしい。中国の国民革命軍の北伐で邦人の生命財産が危険になったというのが口実だったが、いよいよ日本は中国大陸にも侵略の手を伸ばし始めたのだろう。済南というところで日本軍と国民革命軍の衝突が起こったが、その済南は山東半島の付け根の中央にある。そこからさらに西にたどると、緑に塗られた広大な平野が尽きて山岳地帯になる。山西省だ。その赤茶色に塗られた山岳地帯に太原はあった。

祖国を遠く離れたこんな山の中で、安昌男は死んだのだ。まだ三〇歳にはなっていなかったはずだ。乾き切った大地を染める血の色が生々しく思い浮かぶ。

去年の八月、敬元は初めて墜死を間近に体験した。しかもいっぺんに八人も。

一九二九年八月一四日朝八時前、敬元はその日の練習に備えて機体の整備をしていた。

隣の陸軍飛行場から、二機の重爆撃機が相次いで飛び立った。航空戦略発展を促すため、鈴木参謀総長じきじきの視察飛行である。さすがに八人乗りの重爆撃機は大きい。飛行学校の練習機に比べると鹿と象ぐらいの違いがある。エンジン音もすさまじい。

地上一五〇メートルぐらいのところに切れ切れの層雲があった。初めに飛び立った参謀総長の搭乗機は一気に雲を突き抜け、爆音を響かせてぐんぐん高度を上げていく。二機目も離陸してすぐ雲に入った。と思った次の瞬間、機体は背面錐揉《きりも》み状態になり、飛行場から三〇〇メートルほど北の陸稲畑に墜落。機首を土中に突っ込んで機体は真っ二つに裂け、操縦していた山本雄大尉、同乗の藤岡萬蔵少将以下七人は即死、重傷の深山少佐もその夜病院で死んだ。

日本の航空史上、最悪の飛行機事故である。翌日の『東京朝日新聞』には、「死体はいち早く衛戍病院に運び込まれたが、その跡にはまだ死体の肉片に混じって乗組員の靴がボロボロに残り、ワイシャツなどが散乱していた」などと書かれていた。

二、三日後に敬元が行ってみたとき、さすがに「肉片」はなかったが、暴風のあとのように陸稲が薙ぎ倒され、畑が大きくえぐり取られている。むき出しになった土に血の跡が残り、蠅が真っ黒にたかっている。あたりには強烈なガソリンの臭いに混じって死臭がたちこめていた。墜死事故の記事には必ず「惨死」という言葉が使われるが、確かに惨たらしい死に様をうかがわせた。

その前年の四月、日本飛行学校でともに練習した小西利明、姜世基が相次いで墜死したが、二人の「惨死」は敬元は見ていない。

小西利明は愛媛県出身、敬元よりあとから練習を始めたが、三等飛行士になったのは三カ月も早い一九二六年一〇月だった。一九二八年四月、郷土訪問飛行をすることになり勇躍郷里に戻ったが、四月九日、松山練兵場で試験飛行中、墜落して死んだ。故郷に錦を飾るはずの晴れ舞台が、葬儀の場になってしまったのだ。

姜世基は朝鮮忠清南道出身、李貞喜と同時に日本飛行学校に入った。新聞配達や納豆売りをして練習費を稼ぎ、五カ月間で三等飛行士の資格を取った。

彼の墜死は小西利明の死から一〇日も経たない四月一八日、所沢の陸軍飛行場で練習中だった。駆けつけた飛行学校の木暮主事によると、機体は一メートルも土中にめり込み原形をとどめないまでに粉砕されていたという。

二人とも二二歳か三歳の若さだった。若さのさかりでの死である。墜死とは、瞬時における完璧な生から死への反転だ。その生と死の鮮やかな対比に、じめじめした涙の入る余地はない。

瞬間に亡ぶいのちと瞬間にかがやくいのちもてる若き身

与謝野晶子にこんな歌がある。一九一三年三月二八日、陸軍の木村鈴四郎、徳田金一両中尉が日本で初めて墜死した直後につくったものだという。きっと与謝野晶子も、墜死という瞬時における生から死への反転に潔さだけを感じたのだろう。

しかしそれは、いのち輝く肉体が頭を割られ骨を砕かれ、細切れの肉片となって飛び散るということなのだ。場合によっては焼け焦げて肉片すら定め難い。

去年八月の立川飛行場での八人の死は、墜死がまさに惨死にほかならないことを敬元に痛感させた。日本人がいう「三三歳は女の厄年」は、案外当たっているのかもしれないと敬元は思った。敬元は二九歳ということになっているが、ほんとうはこの六月で満三三歳。数えでいうと去年が三三歳の厄年である。

今年になってからも惨死は相次いでいる。立川飛行場では一月に相田平八大尉が、四月に栗原勝治曹長が死んだ。そして敬元の希望の星だった安昌男も、遠い大陸の奥地で死んだのだ。

しかし、死は飛行家だけのものではない。今年二月一八日、敬元の借家の玄関が激しく叩かれた。すぐ近くに住んでいる飛行学校の木暮主事が三人の子供を連れて悲痛な面持ちで立っていた。四男重信が疫痢で重体になっている、ほかの子どもたちに伝染するといけないので預かってもらえないかというのだ。奥さんは五人目を妊娠中だ。

その日、重信ちゃんは死んだ。そして三男の昌勝ちゃんも様子がおかしい。一九日、敬元は木暮主事と相談して昌勝ちゃんを新宿の武蔵野病院に入院させた。しかし手当ての甲斐もなく、翌日昌勝ちゃんも死神に連れ去られてしまった。敬元は、シューベルトの「魔王」が耳元で鳴り響くような気がした。

その後奥さんは無事五男を出産、隆ちゃんと名づけられて元気に育っている。敬元は、隆ちゃんが自分の腕のなかで徐々に生気を失っていった昌勝ちゃんの生まれ変わりのように思える。それだけに、この子もいつ死神に連れ去られるかと不安でならない。

死神の訪れをじっと待つのは嫌だと敬元は思う。どうせ死ぬなら、自分から死神に立ち向かっていって人生を終えたいと思う。死の恐怖を感じながらも飛行機から降りようと思わないのはそのためだろう。

安昌男もそうだったのではないか。彼は日本の飛行界を追われたあとも、屈することなく飛ぶことを求め続けた。そしてあくまで飛行家として死んだのだ。本望だったのではないか――。

そう思ってはみるものの、敬元の胸にぽっかり開いた穴は簡単には埋まりそうもなかった。

## 4

夏に向かって、不況はますます深刻になった。経営者は首切り、操短、賃下げなど労働者の犠牲でしゃにむに生き残りをはかろうとする。それに抵抗する労働者の闘いも絶望的な様相を呈してきた。川崎のメーデーでは竹槍で武装した労働者の集団が警官隊と衝突する事件も起こった。

梅雨が明けると、住む家を失って野宿する失業者が公園にあふれ、ルンペンという言葉が新聞に登場するようになった。東海道線の線路づたいに徒歩で故郷に向かう失業者の悲惨な様子も伝えられたが、彼らが目指す故郷も深刻な農村不況に見舞われており、娘の身売りや親子心中が頻発していた。

国会はロンドン軍縮条約調印による統帥権干犯問題で大揺れ、東海道線の車内で軍人が抗議の割腹自殺を遂げるなど血なまぐさい事件も起こっている。

そんな最中の七月初め、敬元は、日本航空輸送研究所の井上長一に招かれて大阪の堺に赴いた。井上長一は飛行機による定期輸送の草分けで、堺の大浜を拠点に四国や九州の別府に定期便を運航していた。去年、川西航空や朝日新聞の東京―大阪線など民間定期便が日本航空輸送会社に吸収された後も、大阪から松山まで水上機の定期便を飛ばしている。

最近、夏になると堺の海岸は海水浴客で賑わう。その連中に飛行機の宣伝をしようというので、井上長一所有のヴィッカース・ヴァイキング飛行艇を浜寺海水浴場に運んで航空展示会をすることになった。その説明係として敬元に白羽の矢が立ったのだ。去年白木屋で開催された陸軍祭で、敬元の説明が好評だったためらしい。

説明係とはいうものの、ていのいいマネキンガールだということは敬元にはわかっていた。しかし食費にもこと欠く状況だったので、ともかく滞在費向こう持ちの仕事はありがたい。それに、日本航空輸送研究所には同胞の一等飛行士張徳昌が教官として働いている。彼に聞けば、安昌男の墜死のくわしい事情がわかるかもしれない。

しかし張徳昌も、安昌男については太原で死んだという以上のことは知らなかった。そして声をひそめて朝鮮語で言う。

「それより岸和田紡績の女子工員が大変だよ」

岸和田紡績は隣の岸和田に本社がある紡績工場だが、堺にも分工場がある。五月初め、その堺工場で待遇改善などを求めて争議が起こった。岸和田紡績は別名朝鮮紡績といわれるほど朝鮮人女子工員が多かったが、争議の中心になり、最後までがんばったのは彼女たちだったという。

彼女たちの労働条件はひどいものだった。とくに不況が深刻になった今年は、生きるのがやっとという状態に追い詰められていた。彼女たちは全協や朝鮮労働組合などの指導のもとにストライキで立ち上がり、工場を脱出して闘争本部に籠城、要求貫徹のために頑張った。しかし会社の切り崩しや暴力団の襲撃、警察の弾圧などにより、六月中旬、敗北のうちに闘争を終結した。

長い籠城生活で食糧も底を尽き、最後まで立て籠もっていた二十数人の朝鮮人女子工員はやつれ果てていたが、整然と隊列を組んで争議団本部を出た。

「みんな髪に赤いテンギを結んでいたよ」

それを言う張徳昌の眼はうるんでいた。

故郷のノルテギ遊びをする娘たちのぴーんと立ったお下げ髪の先の赤いテンギが眼に浮ぶ。敗れたりとはいえ、彼女たちは誇り高い朝鮮の娘として城を明け渡したのだ。敬元の胸にも熱いものが込み上げた。

「彼女たちはその後どうなったの」

「おおかたは解雇されて国に帰されたらしい。警察に逮捕されてひどい拷問を受けた女子工員もいるそうだ。ちょっと口には言えないような……」

敬元は、もう一〇年も前、大邱の裁判所で見た金マリアの魂が抜けたような顔を思い出した。

「なんとか助けられないの」

「それどころじゃないよ。このあたりだって特高がうようよしている」

張徳昌はあわててあたりを見まわし、いっそう声をひそめる。去年一一月、全羅道光州で日本人学生が朝鮮の女学生を侮辱したことから大規模な反日学生運動が起こったので、警察は在日朝鮮人の動向に神経を尖らせていた。そのうえに岸和田紡績の大争議である。大阪朝鮮労働組合の幹部は片っ端から捕まっているという。

張徳昌はこの五月に海防義会の五人乗りユンカース水上機を操縦して霞ヶ浦まで往復したばかり、飛行家として将来を嘱望されている。井上長一に可愛がられ、その養女幸子と結婚することになっている。かかわり合いたくないのだろうと敬元は思った。

浜寺海水浴場では、日本の女たちが気楽そうに波と戯れている。そうした女たちを相手に、飛行機がいかに安全で乗心地のいい乗物かを宣伝するのが敬元の役目だ。自分自身は運賃が出せなくてまだ定期便には一度も乗ったことがないというのに――。そう思うとなんだか馬鹿らしくなってくる。

海岸から紡績工場の高い煙突が見える。敬元の思いはその中で働いている朝鮮の娘たちの上に飛ぶ。彼女たちの運命は敬元自身のものだったかもしれないと思う。

敬元は、一九一七年九月に初めて日本に来たとき、関釜連絡船の中で出会った少女たちを思い出した。少女たちはだんだん小さくなる釜山港の灯を見つめ、肩を寄せ合って泣いていた。紡績工場に行くと言って大阪で降りたが、岸和田紡績に行ったのかもしれない。あれから一三年経つ。敬元は横浜に行き、笠原工芸講習所で二年半の工員生活を送った。そのまま働いていたら、この不況の中で首を切られたのは彼女だったかもしれないのだ。

夕方になって海水浴客が引き上げると、海岸は急に寂しくなる。

ヴィッカース・ヴァイキング飛行艇のそばで帰り支度をしていた敬元は、突然、「ヨボ……」と押し殺したような声で呼びかけられ、息が止まるほどびっくりした。黒い人影が立っている。敬元の手に紙袋のようなものが押しつけられた。

呆然と立ちすくんでいるあいだに人影は薄暗がりの中に消えた。夢を見ているようだった。しかし手の中には確かに袋がある。雑誌が入っているようだ。あわててカバンの中に突っ込んだ。

宿舎に帰って、あたりに人がいないのを確かめてから取り出した。『戦旗』と表紙に書かれた雑誌だった。折られたページを開けると、「ゴロツキのこんぼうにおどしつけられて本社工場からスカップに送られた朝鮮女工さんの手紙」と書かれている。堺分工場の闘争切り崩しのために、スカップとして送り込まれた岸和田紡績本社工場の朝鮮人女子工員の手紙である。スカップとはスト破りのことらしい。

「私たち女工は日本人だの朝鮮人だのと国はちがっていましても資本家にくるしめられているのは一つです。堺分工場の人たちがストライキであのドンヨクな寺甚と闘っているのに、そのストライキを裏切る争議破りに堺分工場にはいりたくありません。けれどもゴロツキや先生やカントクがコンボーでなぐりますので、仕方なくここにきました。私タチも出たくて〳〵たまりません。日本人にヤマトダマシイとかいうものがあるように私タチ朝鮮人の女工にも朝鮮ダマシイがあります。私共は資本家にシボられていることをよく知っていますと同時に資本家の奴はストライキでやっつけてやらねばいつまでも私タチを馬鹿にすることも知っております……」

従順を美徳として育ち、泣いて耐えるしか知らなかった朝鮮の娘たちが、こんなふうに「朝鮮ダマシイ」を語り、資本家の横暴を糾弾するようになったのか！　赤いテンギの娘たちは、争議に参加しなかった女たちの「朝鮮ダマシイ」にも火を点じていたのだ、と敬元は思った。この手紙の主は、今も岸和田紡績で働いているのだろうか。

しかしあの黒い影は、この手紙を私に読ませて、いったい何を期待しているのだろう？　そう思うと急に敬元は怖くなった。深入りしたくない。安昌男のように日本の飛行界から抹殺されて遠い異郷で死ぬのはいやだ。それにこの手紙には、もう一つ納得できないものがある。

手紙には、「私たち女工は日本人だの朝鮮人だのと国はちがっていましても資本家にくるしめられているのは一つ」とある。そこには朝鮮人を差別する日本人への怒りはない。かえって民族の違いを超えて労働者の連帯を求めている。そして共通の敵、資本家に対して共に闘おうというのだろう。

しかし、同じ労働者だといっても、朝鮮人と日本人がそう簡単に手を取り合えるだろうか？

日本人労働者も不況で苦しんでいるとはいっても、真っ先に首切られるのは朝鮮人である。その朝鮮人のために日本人は何をしてくれたか？　岸和田紡績の争議でも、最後までがんばったのは日本人女子工員よりも朝鮮人女子工員だというではないか。そう思うと、この手紙はほんとうに朝鮮人女性が書いたのかどうか疑わしくなる。

しかしソヴィエト・ロシアの解放された女性の姿は敬元もすばらしいと思う。最近の『女人芸術』に、ソヴィエト・ロシアの女性がトラクターを運転するなど生産の第一線で働いている写真が載っていた。神近市子という評論家によれば、「家族はもはや婦人の唯一の避難場所ではない。経済的に解放され、物質的には男子から独立し、国家によって労働婦人として、母として保護を加えられて、ソプェットユニオンの婦人たちは急速に一個の人間として成長しつつある」という。

それが本当なら素晴らしい。それに科学的社会主義を標榜するソヴィエト・ロシアでは飛行機の開発に力を入れているという。空軍には女性飛行士もいると聞いた。

朝鮮では、一九二七年、さまざまな女性団体が大同団結して槿友会が結成されたが、その中心メンバーの黄信徳は、日本女子大学に留学中、日本の社会主義者山川菊栄と交流があったという。槿友会は、去年一一月の光州学生の反日運動支援とともに、元山紡績など最近朝鮮でも頻発している労働争議に積極的にかかわっているようだ。朝鮮女性の解放を社会主義革命に求めているのだろう。

確かに朝鮮女性の解放は、日本から独立すれば獲得できるというものではない。女を家の中に閉じ込め、経済的無能力者にする封建体制が続くかぎり女性は解放されない。両班や地主が威張る社会では、貧しい農民の娘は奴隷のようにこき使われるだけだ。民族の解放と女性の解放、貧しい農民や労働者の解放の三つがともに達成されるためには、革命を起こしてソヴィエト・ロシアのようなプロレタリアートの国をつくらなければならないのだろうか——。

そんなことを考え続けていたある日、敬元は松林のなかに座って海を見ている四、五人の娘たちに気がついた。海水浴場の賑わいをよそに、彼女たちのまわりだけ寒風が吹いているかのように肩を寄せ合ってひっそり座っている。青白い顔にひっつめ髪、日本の着物を着ているが、朝鮮人女子工員だと直感した。

「アンニョンハセヨ」

近寄って声をかけると、彼女たちはビクっとして堅い表情で敬元を見上げた。白いワイシャツにネクタイ、乗馬ズボンという男のような格好の敬元が同胞女性だとはにわかに信じられない様子だ。名前を告げ、大邱出身であることなどを話しているうちにようやく打ち解けてきた。娘の一人は慶尚北道の出身で大邱に行ったことがあると言う。

やはり岸和田紡績堺工場の女子工員だった。工場の様子を聞くと、みんな口々にしゃべる。

——今日は月二回ある公休日だが、行くところもないので海岸に来た。たいてい休みの日はここに来ている。

——労働時間は一二時間の二交替制、食事はまずくて少ない。おなかが空いてたまらない。

――日本人女子工員との差別？　あるある、日本人の女子工員にはおかずの魚の身のところを出して、私たちには腐りかけた魚の尻尾や頭を出す。

――町の人は私たちを朝鮮ブタといって馬鹿にする。

しかし、争議について聞くと彼女たちはぴたりと貝のように口を閉ざしてしまった。それどころか恐怖の色を目に浮かべ、そそくさと立ち上がる。立ち去って行く彼女たちのやせた後ろ姿を見ながら、敬元はプロタリアートの革命の未来がいかに輝かしいものだとしても、それにいたる道は遠く、茨に満ちていると思った。

展示会が終わり、明日は東京にもどるという日の夜、敬元は地元の名士・柳原吉兵衛の招待を受けた。朝鮮初の女性飛行士・朴敬元を激励してくれるというのだ。

柳原吉兵衛は堺で大和川染工所を経営しているが、敬虔なクリスチャンで早くから内鮮融和に心血を注いできたという。とりわけ女子教育には熱心に取り組んできた。三・一独立運動の翌年、一九二〇年四月に挙行された王世子李垠と梨本宮方子の結婚を記念して李王家御慶事記念会を設立し、朝鮮の指導的女性を育成するため女子高等普通学校の優等生の表彰を行っている。

彼の経営する大和川染工所にも朝鮮人が多数働いているという。そこでは労働争議は起こっていないのだろうか。敬元の関心はそこにあった。

「そないなもんおまへん」

吉兵衛の答えは断固としていた。

「うちはキリスト教の人道精神にもとづき、ほんまもんの内鮮融和でやっとりますよって」

内鮮融和の将来を考えると、宗教的人類愛より発する精神的教育が必要だという。そのために彼は、工場の中にキリスト教にもとづく克己団という組織をつくり、労使協同で始業前に礼拝を行っているという。もちろん彼も参加する。

方面委員としても活躍している彼は、地域の細民の事情にも詳しい。堺の今池には朝鮮人が多数住み着いて朝鮮集落を形成しているが、その生活は悲惨極まりないものだという。一九二七年四月、朝鮮人のための堺夜学校が開設されたが、彼はその存続に力を尽くしている。

「迂遠のように思われるかも知らんが、いちばん大切なのは教育です。教育によって彼らに自力向上の意欲と力をつけてやることや」

吉兵衛は力説する。敬元も同感だった。彼女自身も自力向上を目指し、そのためには勉強しなければと努力してきた。岸和田紡績の女子工員たちも、負けるに決まっている争議で大きな犠牲を出すよりも、堺夜学校に通って勉強して一人一人自力向上の力をつけるべきではないのか。吉兵衛の話にやたら出てくる「内鮮融和」に釈然としないものを感じながらも、そんなふうに思えてくる。

敬元が、東京から大邱まで飛んで郷土訪問飛行したいと思っていることを話すと、吉兵衛は大きくうなずいた。

「そらええ、これからの朝鮮を指導する新女性はそれくらいの気概を持たなあかん。ぜひやんなはれ、応援しまっせ」

帰京の日、敬元は海岸に出て岸和田紡績の煙突に別れを告げた。あれ以来、雑誌をくれた影の男とも朝鮮人女子工員とも会うことはない。

東京に向かう東海道線の汽車の窓から、荷物を背負ってとぼとぼと線路ぞいに西に向かう人の列が見えた。家族連れもいる。都会で食えなくなった失業者が故郷に帰るのだろう。

敬元は、去年春の帰省のとき京釜本線で見た白衣の人びとを思い出した。日本の失業者は故郷に帰るが、朝鮮の人びとは、故郷さえ奪われて満州へ流れていく。

しかし日本の失業者が帰る農村の不況も深刻だという。故郷を失った彼らはどこへ行くのだろう？

敬元の横の席で、壮士風の二人の男たちが大声で歌い出した。

僕も行くから　君も行け
狭い日本にゃ　住み飽いた
浪の彼方にゃ　支那がある

# 第5章

# わが女流飛行家は何故伸展しないか

イギリスの女性飛行士ヴィクター・ブルースを迎えて（左・朴敬元、右・本登勝代）。
1930年11月24日（写真提供・小暮隆氏）

# 1

雨は上がった。

格納庫で待機していた朴敬元は、すぐに練習場に飛び出した。雲が切れ、青空ものぞいている。空気は清々しく澄んでいる。こんなときはエンジン音まで清澄優雅な音楽のように聞こえる。その音楽が最高潮に達したところで空に飛び立つ。

やはりサルムソンはすごい。ぐわーんと咆哮を上げて離陸したと思うと、一〇〇メートル、二〇〇メートル、三〇〇メートル……、みるみる高度を上げていく。

綿毛のような薄雲が機体のまわりにまつわりつく。天女の羽衣のようだと敬元は思う。薄い羽衣を身にまつわらせ、大空を舞台に自在に舞う天女——。

五分で一〇〇〇メートルに達した。二〇〇〇メートルは一二分だ。サルムソン2A2型、二三〇馬力、限定高度六五〇〇メートル。やはり中島式やニューポールなどの古い飛行機とはだんぜん威力が違う。五月二一日に初めて単独飛行して以来、敬元はすっかりサルムソンに魅せられてしまっている。朝鮮海峡を横断して郷土訪問飛行するには、やはりサルムソンでなければと思う。

空気が冷たくなってきた。吸い込むと歯にしみる。秩父の山並みはまだ雲に覆われているが、西の方は晴れて富士山がくっきり見える。

雨上がりの空はいい。さきほど雨を降らせた積雲も、どす黒い汚れをきれいさっぱり拭い去られ、白く輝きながらゆっくりと動いている。

小川の流れで洗われた羊のような雲。

去年ヴィクター・ブルースにもらったワーズワースの詩集にこんなような表現があった。辞書を引き引き拾い読みしただけなので、間違っているかもしれないが、敬元はこの表現が気に入っている。雨上がりの積雲は、本当に小川の流れで洗われた羊の群れのようだ。羊飼いの牧笛につれて従順に動く羊の群れ。

その背後から太陽が顔をのぞかせる。と、花火が打ち上げられたように一瞬光芒が走り、幾万という羊群の背はハイライトのように白く輝く。影になった部分との対照の妙！

その光と影の織り成す荘厳華麗な空のドラマを見るとき、敬元は、いつも蒼穹いっぱいにパイプオルガンが鳴り響くような気がする。そして思わず操縦桿を握ったまま祈りの姿勢になっている自分を発見する。やっぱり私は飛ぶのが好きなんだと敬元は思う。

朝鮮人を劣等視する日本人に朝鮮ダマシイを見せてやりたい。売国奴扱いする故郷の人びとを見返してやりたい。

それは嘘ではない。しかしそれ以上に、飛ぶことそのものが理屈抜きに好きなんだ、と改めて思う。

空を飛んでいると、地上での憂さはきれいさっぱり吹き飛んでしまう。地べたにしがみついて小さなことで泣いたり笑ったり、なんて卑小なんだろうと思う。

最近の敬元には、労働争議も首切られた朝鮮人女子工員問題も心にひびかない。それよりも、朝鮮海峡横断郷土訪問飛行を実現することで、頭はいっぱいだ。そのためには一日も早く、航空局からサルムソン払い下げの許可を得なければならない。

今井小まつにしろ木部シゲノにしろ、日本人女性飛行士はさっさと軍用機の払い下げを受けている。それなのに敬元はもう二年も「検討中」という返答ばかりだ。朝鮮人だからだ、とそのたびに敬元は歯ぎしりする。

このあいだ、新宿駅で航空局の新井三郎の姿を見かけたので、追って行ってサルムソン払い下げを必死に頼んだ。人込みの中での強談判に、温厚な新井航空官は困り切っていた。

しかし、木暮主事の話ではどうやら可能性が出てきたようだ。小泉逓信大臣が声をかけてくれたらしい。やはり相羽校長が言っていたように、有力者のコネがものをいうらしい。


地上に降りると、白い腕章をつけた北村兼子練習生が操縦練習を始めるところだった。今日は、上着もズボンも鮮やかなブルーで決めている。今日あたり単独飛行に入れそうだというので、新聞記者を意識してのお洒落だろう。敬元は、自分の油まみれのシャツとズボン姿と見比べて惨めな気持ちになった。

北村兼子の練習にはいつも新聞記者がくっついて来る。無理もない。彼女はまだ二七歳だというのにすでに著書が一〇冊以上ある新進気鋭の評論家だ。女性に珍しく大阪外語の英語科を出たうえに関西大学でドイツ法を学び、在学中から新聞などに評論を発表して才気をうたわれていた。その一方、男から男に渡り歩く悪女という、とかくの風評もある。

北村兼子は筋金入りの女権拡張主義者《フェミニスト》で、女浪人を自称して世界を股にかけて活躍している。一九二八年ホノルルで聞かれた汎太平洋婦人会議に、市川房枝、ガントレット恒らとともに出席したが、翌二九年にもベルリンで聞かれた万国婦人参政権大会に日本代表として参加している。

ツェッペリン伯号の世界一周飛行が発表されたのは、彼女がちょうどドイツにいるときだった。行動力のあるこの女浪人は早速搭乗を申し込み、予約席を確保した。搭乗体験記を日本の新聞雑誌に書く約束も取りつけた。

しかし、予約は取り消されてしまった。

「日本の二大新聞が一人の日本娘の乗船を阻止するために全力を出した」ためだと、北村兼子は著書『表皮は動く』に書いている。どうやら朝日・毎日の二大新聞社がこのニュースバリューのある世界一周飛行の日本での独占取材を争い、そのはざまで女浪人は排除されてしまったらしい。

一九三一年の年明け早々、この女浪人は突然日本飛行学校に入学して世間を驚かせた。操縦を習ってヨーロッパ訪問飛行をするのだという。大阪に住居のある彼女は帝国ホテルに宿をとり、毎日六時半に起きて立川まで通ってくる。そして、訪欧飛行のための搭乗機の製作を三菱航空機会社に発注し、八月実施を発表した。

八月までに三等飛行士の免許が取れるかどうかもわからないのに、と敬元は唖然とした。

「だれか優秀な一等飛行士に同乗してもらうわ。プトナム夫人の大西洋横断飛行だって、操縦桿を握ったのは男性飛行士やったやろ。そやけど栄光は彼女の上に輝いた……」

北村兼子はけろりとして言ってのける。確かに一九二八年、今やジョージ・プトナムと結婚してプトナム夫人となったアメリカのアメリア・イアハートが女性初の大西洋横断飛行をしたとき、フレンドシップ号の操縦桿を握っていたのはベテラン飛行士のウィリアム・スタルツとルイ・ゴートンだった。それでもイアハートはアメリカ中の絶賛を浴び、今ではアメリカを代表する女性飛行士として活躍している。

北村兼子がプトナム夫人なら、私はブルース夫人でいく、と敬元は思った。

イギリスの女性飛行士ヴィクター・ブルースが日本にやって来たのは、去年一九三〇年一一月だった。彼女は、九月二五日、ブラックバーン・ブルーバード機でロンドンを出発、ペルシャ湾からインドのカラチ、ハノイ、上海、京城などを経由して一一月二一日大阪に到着した。一万八〇〇〇キロの単独長距離飛行である。

ヨーロッパから日本への長距離飛行は、一九二〇年にイタリアのフェラリとマジェロがローマから三カ月以上かけて飛んで来たのが最初だが、一九二四年にはフランスのド・アジーがパリから、去年の八月には吉沢清治がベルリンから、東善作がロンドンから飛んで成功していた。しかし女性飛行士は初めてである。

外国の女性飛行士が日本に来るのは、一九一六年のアメリカのキャサリン・スティンソン、一九年のルス・ロー以来三人目、十余年ぶりのことだった。しかもスティンソンもローも、船で来日して上陸してから飛んでみせただけだったが、ブルースはたった一人で、ロンドンからはるばる六二日間をかけて飛んで来たのだ。

ちょうど彼女が飛来したころ、日本の新聞は殺伐としたニュースに満たされていた。

一九三〇年一〇月、台湾の山岳民族霧社の人びとが日本の過酷な植民地政策に抗して武装蜂起した。日本は軍隊を派遣して鎮圧に努めているというニュースに、敬元は朝鮮の三・一独立運動のときのような残酷な弾圧が行われているのではないかと胸を痛めた。

満州の間島地区では、五月三〇日、朝鮮共産党員による反日暴動が起こったが、一〇月にも日本人警官が中国人に射殺されるなど不穏な状況が続いていた。

内地では不況はますます深刻の度を加え、大争議が相次いで起こった。

九月下旬、東洋モスリン亀戸工場二千余人の女子工員は、会社が発表した五〇〇人の人員整理に反対してストライキに突入。暴力団やスカップ、親を使っての泣き落としなどの会社側の切り崩しに抗して籠城を続けたが、一〇月二四日の大示威行動では、暴力団や警官隊と衝突して市街戦の様相を呈し、多数の逮捕者と怪我人を出した。一一月二一日、惨敗のうちに争議は終結した。

富士瓦斯紡績川崎工場では、一〇月に入って首切りをめぐる争議が再燃。泥沼状態が続くなかで、一一月一六日、一三〇尺の工場煙突に一人の労働者が登り、煙突のてっぺんに赤旗を掲げて立て籠もった。「煙突男現る」と新聞は大々的に報じ、連日見物人が押しかけた。

この「決死的闘争」に労働者側は勢いづき、会社側はあわてた。行幸中の天皇の帰京が迫っていたからだ。赤旗が天皇の目に触れるようなことがあっては恐れ多い。結局会社側が譲歩の姿勢を見せ、「煙突男」田辺潔は滞空一三二時間余で地上に下りた。

ヴィクター・ブルースの来日はその直後のことだった。暗いニュースに飽き飽きしていた日本社会は、青い鳥に乗ってやってきた「空の女王」を大歓迎した。

一一月二四日、ブルース操縦するブルーバード機は大阪を飛び立ち、終着点立川飛行場の上空に姿を現した。空には新聞社や飛行学校の歓迎機一四機が舞い、地上には歓迎の人波がつめかけていた。英国旗を手にした立川小学校の生徒も並んでいた。

敬元は、日本飛行学校のアプロ機で歓迎飛行に加わった。女性飛行士がやって来るというのに、歓迎飛行をした女性は彼女一人だった。後輩の三等飛行士本登勝代も参加するはずだったが、飛び立ってすぐエンジン故障で桑畑に不時着してしまったのだ。

午後一時五〇分、ヴィクター・ブルースは無事立川飛行場に下り立った。敬元は彼女とともに歓迎の人波に固まれ、もみくちゃになった。

翌日の各新聞には、ブルースを真ん中に、左に飛行眼鏡をつけた敬元、右に危うく命拾いした本登勝代が並んでいる写真が大きく載った。固い表情の本登勝代に対して、敬元はいかにも屈託なげに笑っている。キャプションには、「女流飛行家を代表して歓迎飛行を試みた朴敬元嬢」とある。

代表するもなにもわたし一人しかいないのに――。敬元は苦笑いした。

このとき日本で飛んでいる女性飛行士は、敬元だけといってよかった。

本登勝代は、前年三等飛行士の免許を取ったあと、飛行学校から足が遠のいている。遠来の女性飛行士歓迎のため、相羽校長に急遽呼び出され事故にあったのだ。

木部シゲノは第一航空学校の助教官をしているものの、輸送業を軌道に乗せるのに奔走している。

根岸錦蔵と別れた今井小まつは、静岡で喫茶店「つばさ」を開店して繁盛しているという。

米山イヨは東亜飛行学校の先輩旦代次雄と結婚し、一児の母になっている。名古屋飛行学校に入って一九二九年に二等飛行士になった鈴木しめは結婚、籔内光子も花嫁修行中という。

イギリスではこの半年前の五月、アミー・ジョンソンがロンドンからインド、インドネシアと飛んで、オーストラリアまでの世界初の単独飛行に成功していた。フランスのルナ・ベルンシュタインも、訪日長距離飛行の計画を発表している。ドイツにはマルガ・フォン・エッツドルフあり、アメリカにはアメリア・イアハートがいる。

数からいっても、この年アメリカの女性飛行士は三八五人、それに対して日本は、免許を持っている女性が二等三等合わせて一二人、今飛んでいるのは朝鮮生まれの敬元一人というお寒い状況だった。

「日本の飛行界にはもっと多くの女性がいると思っていましたが、私の予想は裏切られました。……今度日本を訪れるときには、もっと多くの女性飛行士に歓迎していただきたいものです」

ヴィクター・ブルースは、横浜開港記念館での講演でこんなふうに日本の女性飛行界の奮起を促した。

敬元も同感だった。日本の女性飛行士が伸びない原因は、もちろん彼女たちに仕事を与えない日本社会にある。膨大な練習費を注ぎ込んで免許を取っても、それを生かす場がないのでは馬鹿らしくなるのは当然だ。しかし、ただ待っていても社会は変らない。女性飛行士に対する社会の見方を変えるのは女性飛行士自身なのだ。彼女たちは、どうしてもっと辛抱して変える努力をしないのか。

ヴィクター・ブルースは、日本を去るにあたって敬元の手を握って言った。

「アジアの女性のために頑張ってください。あなたがイギリスに飛んで来るときは、私が歓迎飛行してお迎えしましょう」

彼女はポケットからワーズワースの詩集を取り出し、記念にとサインして敬元にくれた。

飛び去って行くブルーバードの機影を見送りながら、敬元は一万八〇〇〇キロの彼方のイギリスを思った。ヴィクター・ブルースは、何度も不時着しながら六二日かけてヨーロッパからアジアにやって来た。今度はアジアからヨーロッパに行く番だ。

ブルースは、「アジアの女性のために頑張ってください」と言った。日本の女性のため、ではなく。これだ、と敬元は思った。朝鮮人である敬元は、日本の女性のために頑張ろうとは思わない。「日本の女性飛行士の代表」と言われることにも抵抗がある。しかし、アジアの女性のためならば――。

アジアの女性を代表してヨーロッパに飛んで行く。敬元の胸は大きくふくらんだ。ブルーバードは、やはり幸福の青い鳥だ。

しかしそのためには、まず朝鮮海峡横断郷土訪問飛行をしなければならない。ブルースが飛んだ一万八〇〇〇キロに対して、福岡―蔚山はたった二四〇キロ。立川―京城にしたって一五〇〇キロにすぎない。日本と朝鮮のあいだも飛べずに、アジアを代表する女性飛行家とはとても言えない。

そんなふうに、敬元が改めて決心を固めたところに北村兼子が突然操縦練習を始め、ヨーロッパ訪問飛行計画を発表したのだ。

操縦練習を始めて六年、二等飛行士になってからでも四年になる自分がまだ朝鮮まで飛べないのにと思うと、敬元は、北村兼子のいかにもブルジョア娘らしいモガぶりが腹立たしい。

しかし一方では、彼女の広範な知識ときらきらした才気に魅せられてもいた。北村兼子を通して敬元は、はじめて女権拡張主義《フェミニズム》という思想や世界的な婦人参政権獲得運動について知った。

最近日本で、市川房枝らの婦選獲得同盟を中心に婦人参政権獲得運動が展開されていることは、敬元も知っていた。その運動の成果として、先ごろ女性に公民権を与える法案が衆議院を通過、しかし貴族院で否決されたことも小耳にはさんでいた。しかし、それがどういう意図と目的を持つものなのか、これまで知らなかったし、知ろうともしなかった。朝鮮人である自分には関係ないことだと思っていたからだ。

しかし北村兼子は、参政権こそは独立した一個の人間、自由人としての基本だという。女性は、現在の束縛からの解放を求める。しかし解放というのは、ただ野放図に束縛を脱することではない。社会に束縛は必要だ。ただ、「私たちは自ら作った社会、法律、道徳、風俗によって束縛されたいのである。これが私のいう解放である。男性の勝手に作られた現代に適しない束縛の中に生存することは自由人ではない。独立した人間ではない。私たちは現在の道徳を改造し法律を訂正したい」、そのためには参政権が不可欠だと『表皮は動く』の中で彼女は書いている。

自分たちのつくった道徳、自分たちが納得できる法律ならば、束縛も束縛ではない。これは敬元にも納得できる。飛行機で空を飛ぶことは自由の象徴だが、その背後には気流や浮力など自然の法則の束縛がある。それに従わなければたちまち墜落する。

しかし北村兼子は、朝鮮人についてはどう考えているのだろうか。女性に選挙権がないように朝鮮人にも選挙権はない。三・一独立運動のあとの文化統治のなかで、朝鮮人にも選挙権を与えて自治を認めよという議論がある。彼女もそうなのだろうか。自治と独立とはどう違うのだろうか。

敬元には新たな疑問が沸いてくるが、迂闊には聞けない。

戦争をやめさせるためにも婦人参政権は不可欠だと北村兼子は言う。女性は本性として平和的だから、女性が政治や外交に進出すれば戦争で事を決することはなくなるというのだ。そして、婦人参政権獲得のためには全女性が一丸となって取り組むべきだとする。

「裏店のおかみさんから農村の娘さんから貴婦人も深窓の貴女も、村を離れたことのない山奥の原始的の樵婦も、洋行帰りの新知識あるミスも、ミセスも、女給も、女工も、女官吏も、女教員も、あらゆる階級の人を女性運動の中に網羅したい」

しかし、同じ女性だからといって貴婦人と女工が一緒にやれるものだろうか。首切られる紡績工場の女子工員が、首を切る会社の社長夫人と手を取り合えるだろうか。

敬元のこうした疑問を、北村兼子は一蹴した。

「ボクさんもプロレタリアートの連帯万歳というわけか。輝かしい労働者のユートピア、ソヴィエト・ロシアでどんなことが起こっているか知ってる？　一斤のパンを買うために主婦は半日行列に並ばんならんのよ」

そうなのか。社会主義革命に至る道はあまりに遠く険しいが、その先には輝かしい希望があると思っていた。しかし、その先にも希望がないとすれば――。そういえば最近は、槿友会も活動停止になっているようだ。

では、朝鮮女性と日本の女はどうだろうか。同じ女性だということで連帯できるだろうか。早い話が、この北村兼子と自分はどうだろうか。敬元は考え込む。

北村兼子は帝国ホテルを常宿として、自分の飛行機を三菱につくらせることができる。それに対して自分は……。しかしそれは、彼女が日本人で自分が朝鮮人だからとは必ずしもいえない。日本人だからといって北村兼子のような行動に出る女性は滅多にいない。女浪人を自称するだけあって、北村兼子は日本人の枠を超えているところがある。

そうかと思えば、彼女はなかなかの愛国者でもある。日本の軍備が大艦巨砲主義に固執していることを真剣に憂慮している。飛行機の登場で戦争は立体化しているのに、日露戦争の経験を信仰していてはやられてしまうというのだ。

「日本の主要都市は河に沿い海に臨んでいるから、空中戦のいい目標よ。いくら消灯しても住民区は隠せない。日本家屋は焼夷弾にお誂え向きだし……」

日本が空襲を受ける？　敬元には思いもよらないことだった。彼女はかつて故郷の人びとの上をかすめ飛んで威嚇した陸軍の飛行機を思い出し、日本人が逃げ惑うことになったらさぞ痛快だろうと思った。

この点では、北村兼子とは絶対に一致できない。しかし、彼女がこのあと女性飛行士として生きようとすれば、一等飛行士になれないという壁にぶつかることは敬元と同じだ。それに対して、朝鮮人でも男であれば、張徳昌のように一等飛行士として活躍できる。

女権拡張主義者の北村兼子は、当然女性も職業を持つべきだとする。そして職業婦人の未来に立身の展望を与えよと主張する。せっかく職業戦線に進出した女性が、「職業婦人として働くと一年にして倦怠を覚えて有閑夫人を羨むようになる。汗を流して働くよりも有力な男を見つけて有閑的に身をかわすが賢いと感じる。……職業婦人の堕落するのは前途に立身の希望がないためである。学校は職業教育を授けるとともに社会は婦人向上の途を開いてやる責任があろうと思う」

女性飛行士もその通りだ。

最近聞いたところでは、今井小まつも結婚したそうだ。しかも相手は、あの西原借款で有名な怪人物、西原亀三だという。小まつの姉は西原亀三に嫁いでいたが、最近病没したため彼女が後添いにおさまったらしい。亀三は彼女より二六歳も年上だ。「世話女房になって長火鉢の前に座りたくなりました」と、いつか小まつは書いていたが、結局そうなってしまったのか。

女が、男に頼らないでも生きられるように、一人の職業人として認められるようにという点では、朝鮮人、日本人の別なく一致できる、少なくとも北村兼子は同志である——。そう敬元は思った。

それに、小泉逓信大臣と近づきになれたのも北村兼子のお陰かもしれない。

## 2

敬元が小泉逓信大臣に初めて会ったのは、一九三一年四月三日だった。この日小泉逓信大臣は、帝国ホテルに女性飛行家を招待して午餐会を催した。招かれた女性飛行家は日本飛行学校の敬元、北村兼子、本登勝代の三人に、去年九月に日本軽飛行機倶楽部に入って操縦練習をしている上仲鈴子である。日本軽飛行機倶楽部は、兵頭精を育てた伊藤音次郎が一九三〇年四月に設立した飛行学校だ。

そのほかに、東京航空輸送会社のエアガールとして採用されたばかりの本山英子、工藤幸枝、和田正子の三人も招待された。彼女たちの方が、小泉逓信大臣には本命だったろうと敬元は思っている。

東京航空輸送会社は、実はこれまで日本飛行学校事業部で経営していた下田への定期便を独立させるために昨年一二月に設立された会社で、経営者は日本飛行学校校長の相羽有である。事業家・相羽有は、いよいよ本格的に航空輸送事業に乗り出したのだ。

しかし不況で定期便は閑古鳥が鳴く状況、飛行学校の生徒も減るばかりだ。アメリカ式経営の信奉者である相羽有は、不景気だからこそ積極的な宣伝が必要だとする。そして〝女を使え!〟である。そのために考えたのが東京航空輸送会社の定期便にエアガールを採用することだった。

アメリカでは、民間資本による航空輸送が本格化しているが、エアガールと称するサービス係の女性が乗り込んで好評を博している。看護婦の資格を持った女性をエアガールにして気分の悪くなった客の面倒をみることを売物にしている航空会社もある。

いずれも実際的な役割というよりは、女が日常的に乗っていることで飛行機の安全性について一般の信頼を高め、男客を惹きつけようというのだろう。資本主義とはそういうふうに女を利用するものか、と敬元はまずは感心してしまった。

一九三一年二月五日、東京航空輸送会社のエアガール採用試験が行われ、五名採用というのに一四一人の若い女性が押しかけた。敬元は北村兼子とともに口頭試問の試験官を務めた。

この一次選考で、横浜のフェリス女学院を出た本山英子ら一〇人が選ばれたが、新聞は「モダン天女」と彼女たちを紹介し、華やかな話題をまいた。相羽校長の目論見はまんまと当たったのだ。

彼の目論見にはさらに奥があった。最終選考で本山英子、工藤幸枝、和田正子の三人が採用され、四月から定期便に搭乗することになった。それを前に相羽有は、小泉又次郎逓信大臣に試乗を願い出たのだ。所管の大臣が率先搭乗すれば、日本の民間航空の発展と女性の社会進出に大きな意味を持つというのが理由だったが、本音は東京航空輸送会社の宣伝である。

半官半民の日本航空輸送会社と違って、東京航空輸送は設立されたばかりの小さな一民間会社である。所管大臣が試乗するなどはふつうは考えられない。しかも東京航空輸送会社は死亡事故を起こしたばかりだった。二月一二日、鈴ケ森の沖合を試験飛行中、水上機のエンジンが火を噴いたのだ。その結果、エアガール採用試験の一次合格者一〇人の中から辞退者が出ている。

にもかかわらず、小泉逓信大臣は相羽有の願いを受け入れた。

「突如、真に突如として逓信大臣が我が社の旅客機に搭乗するという通報に接した。しかも令嬢を同伴して下田へ、さらに清水へ、また沼津へ、全コースを一巡しようというのだ。なお数日後より就役しようとするエアガールも乗り組ませよ……新しき空の女性たちを祝福してやろうという流石は人情大臣と謳われるだけあって頼もしきこと限りなし、我が社員一同は感奮して勇気百倍した」

『スピード』一九三一年五月号の「我らの航空大臣小泉逓相を迎えて」と題する文章で、相羽有はそんなふうにその感激を書いている。

三月二九日、小泉逓信大臣は一人娘の芳江をともなって東京航空輸送のAB1型水上機に搭乗した。翌日の『東京日日新聞』は、「エアー嬢の門出を祝い、小泉さんが初乗り」と写真入りで大きく報じた。またまた相羽有のねらいは大当たりしたのだ。

「又さん」と呼ばれ、「人情大臣」と評される小泉又次郎は、生家が横須賀で荒くれ男を使って建築業を営んでおり、彼自身も全身に入墨を施しているという型破りの大臣、そのうえ無類の女好きでもある。

彼の妻は花柳界出身だったが、結婚後も彼の周辺には脂粉の匂いがつきまとっていた。彼がしょっちゅう娘の芳江を同伴しているのは、女に目がない夫を案じて妻が娘にお目付け役をさせているのだと言われている。

相羽有は、又さんの侠気と女好きにうまくつけこんだわけだ。三月二九日、エアガール本山英子のサービスで空の旅をした小泉逓信大臣はしごく満足の様子だったという。

敬元はこうした状況を苦々しく思っていた。男たちはエアガールを「空の尖端女性」ともてはやすが、しょせんは男の気をひく〝花〟として宣伝材料に使っているにすぎない。

「若き女性の空界進出！　それは尖端的であり、ウルトラであり、モダニストである。そして旧殻を脱しつつある全日本女性の溌剌たる姿でもある……が、併し、ポストガール、エレベーターガール、ガソリンガールの出現と同じく資本主義経済組織の魔手が領域を拡大したにすぎないのだ」

『スピード』一九三一年四月号の「女性と飛行機」特集で、中原深蔵という人がこんなことを書いている。敬元もまったく同感だ。

この特集には彼女の文章も載っている。

「エーヤ・ガールと云う新しきネームが出来上りました。一九三一年のトップに――。沢山の女性がエーヤ・ガールを望んで来ました事は誠に嬉しい事と思いますが、然し大部分の方は、唯飛行機という名前に憧れて誠心から飛行界の生活を理解していないでしょう。先日一寸した飛行機の事故が起ると直ぐエーヤ・ガールを辞退した方がありましたのは此の事を裏書していると思います。こんな気持でエーヤ・ガールを志願して来られた方があったのは何よりも残念に思います。

これから航空界にエーヤ・ガールやパイロットとして立たれる方は、もっともっと意志を強固にして一旦決めた以上は、何処までもやり通す様にしてほしいものです。

唯何事も一時の憧れだけでは到底成功出来ません」

エアガール採用の口頭試問に立ち会って、敬元には娘たちの志望動機があまりにもいい加減で真剣味がないと感じられた。

「一度空を飛んでみたいと思って……」

「モダンな尖端的なお仕事ですから……」

「毎日朝から晩までソロバンはじく生活はもううんざりです……」

日本初のエアガールに志願するだけあって、みんななかなかのモガぞろい、たいていは女学校出で、中には師範学校や専門学校に通っている娘もいる。敬元は去年浜寺海水浴場で会った朝鮮人女子工員のやせた肩を思い出し、腹が立って仕方なかった。

しかし、彼女たちに腹を立ててみても始まらない。モダンだ尖端だと鳴り物入りで娘たちを集め、〝花〟としてだけもてはやす男たちの方が問題なのだ。

女性飛行士に対しても同じことだ。最近、新聞や雑誌では女性飛行士をコンパクト・パイロットと呼ぶ。お化粧する飛行士という意味だ。女性飛行士を侮辱していると敬元は腹を立てている。ひどいのは、月刊飛行雑誌『航空時代』一九三〇年九月号の右京無来名による短編小説「軽飛行機とコンパクト嬢」だ。ヒロインの二等飛行士香川春代は明らかに敬元をモデルにしている。

香川春代は、コンパクト・パイロットという呼び方を「女を侮辱する」と怒ってはいるものの、「コンパクトさん」と呼ばれて、「『アイよ』甘えたようなしなを見せて、春代は格納庫の方へ駆

け て 行 く ……」などと描かれているのだ。

四月三日、小泉逓信大臣が帝国ホテルに敬元たちを招待したのも、同じ根っこから出ていると敬元は思う。女好きの大臣は、コンパクト・パイロットや〝花〟としてのエアガールを集めて楽しもうという軽い気持ちだったのだろう。

北村兼子はすでに小泉逓信大臣と面識があり、三月二九日には東京航空輸送機への試乗を見送りに行って一緒に写真に写っている。彼女は、午餐会の席では大臣の女好きを利用しつつ、言うべきことは言うというしたたかさを発揮した。コケティッシュな笑みを浮かべて大臣にしなだれかかり、甘えた声を出す。かと思うと、女遊びは女性の人格を冒瀆するものだと大臣に食ってかかり。婦人参政権の必要性や女性にも一等飛行士の道を開くべきだと演説をぶつ。

男を手玉にとるバンプ。

そう言われるのも無理はないと敬元は思った。しかし非難する気にはなれない。だれにも所有されず、どこにも帰属せず、女浪人として生きていくにはきれいごとではすまないだろう。

「昨年秋、ブルース夫人がロンドンから飛んできたとき、女流飛行家を代表して歓迎飛行した朴敬元さんです」

相羽有は、そんなふうに敬元を大臣に紹介した。エアガールの本山英子と先日の飛行について楽しげに話し合っていた大臣は、ちらと敬元に目をくれただけで相変わらず本山英子にご執心の様子だ。

本山英子は、採用された三人のエアガールのなかでも飛び抜けてシャン、横浜フェリス出身だけに洋服の着こなしも洗練されており、おかっぱ頭は西洋人形のように愛くるしい。三月二九日の大臣の試乗に相羽有が彼女を乗り込ませたのはそのためだ。

敬元は屈辱を感じた。今日は帝国ホテルでの大臣を囲む午餐会というので、彼女も精一杯お洒落をしてきたが、羽根付きの帽子は北村兼子からの借り物だ。

北村兼子が言っていた。

「又さんは若い子が好きなの、うちらみたいな大年増は彼の好みやない」

初代朝鮮統監で安重根に殺された伊藤博文も、一五、六歳の若い娘が好みだったという話を敬元は思い出した。

「ブルース夫人が日本に来たときは、病気で寝込んでおって会えなかったが、イギリスから一人で飛んで来るとは、やっぱり西洋の女は偉いものじゃのう」

突然、大臣が敬元に話しかけてきた。

やっぱり西洋の女は偉い――。ヴィクター・ブルースの来日以来、何度も聞いた言葉である。そのたびに敬元は腹立たしい思いをしていた。ブルース夫人が飛べたのは社会の支援あってのことだ。

「わたしはブルース夫人一人をほめるよりもイギリス社会をほめるべきだと思います。ブルース夫人は確かに立派ですが、彼女が日本まで飛べたのは社会の援助があってこそです。日本のように女性飛行家の存在を認めない社会では飛べるはずがありません」

思わず熱が入ってしまった。大臣はフンフンうなずいてはいたが、いささか鼻白ろんだ様子だった。

しまった、と敬元は思った。サルムソンを早く払い下げてもらうには、大臣に口を利いてもらうのが一番だ、そのためにはせいぜい愛想よくして口をつつしむように――。相羽有にそう言われて、敬元もそのつもりでいたのだ。

小泉逓信大臣と高麗神社参拝。1931 年 7 月 18 日

しかし、本山英子のまえで自分を無視するような侮辱は許せない。自分は朝鮮唯一の女性飛行士であり、アジアの女性飛行士を代表してヨーロッパまで飛んで行くのだから。

午餐会の後しばらくして、小泉逓信大臣から話を聞きたいから訪ねて来るようにという連絡があった。北村兼子がとりなしてくれたらしい。伏見善一がにやにやしながら言う。

「大丈夫かな、大臣は手が早いので評判だから、気をつけたほうがいいよ」

しかし大臣は、しごく真面目に敬元の話を聞いてくれた。

「郷土訪問飛行はもうすませたのかな」

大臣が聞いた。

敬元は、もう二年以上もサルムソンの払い下げを待たされていることや、郷土訪問飛行には多額の費用がかかること、故郷では後援者が見つからないことなどを話した。

「内地も大変だが、朝鮮はもっと大変じゃ」

大臣はそう言って腕組みする。そんな彼に、敬元はふっと父親のような暖かいものを感じた。

「なんとか考えてみるが、帝国飛行協会の阪谷男爵にも相談するといい。わしからも言っておく」

帝国飛行協会会長の阪谷芳郎は、中央朝鮮協会の会長でもあり、内鮮融和に努力しているという。三・一独立運動に際しては武断政治から文化政治への転換を斎藤実総督に進言したと言われている。

又さんを訪ねてよかった、と敬元は思った。

五月のある日、敬元が飛行学校に行くと、北村兼子が雑誌を手にしてかんかんに怒っていた。

『航空時代』五月号の「女流飛行家の行方」に、彼女についてひどいことが書いてあると言うのだ。

『航空時代』は、四月号から「女流飛行家の行方」と題する連載を始めていた。著者は夢野寛とあるがもちろんペンネームだろう。

「時代の尖端をゆく女性として、世間からやんやと騒がれてゐる女流飛行家——その生活は、いかにも華やからしく見えるけれど、今日までに、蒼空に生み出された、幾人かの女流鳥人が歩いてきた跡をふりかへるとそこには、ただ、いのち短い恋に似た、あるわびしさと、はかなさが残るだけ」

四月号ではこう前書きしたうえで、木部シゲノと薮内光子を取り上げていた。以前読んだ平井常次郎の『空』もそうだったが、これも一方的に彼女たちを批判するひどいものだった。なぜ彼女たちが挫折せざるをえなかったのか、筆者にはちっともわかっていないと敬元は思っていた。

五月号では前田あさのと今井小まつが取り上げられているが、前書きにこんなことが書いてある。

「この春先から某飛行学校で練習をはじめた一女性などは、その道にかけて海千山千のしたたか者、売名と世渡りのためなら何でも犠牲にするのでなかなか知られている。

この女性、さんざん女浪人とか称していたが、食いつめた揚句、考えついたのが、スピード時代にふさわしい女流飛行士であった。或いは女流飛行家屋と言った方が適当かも知れないくらい、まだ二時間か三時間しか練習していないのに、一かどの飛行士気取りで、飛行関係の会合と言えば、どんなときにでものさばり出し、一言なかるべからずと言う厄介さ……」

確かにひどい。北村兼子が怒るのも無理はない。黙っていてはいけないと敬元は思った。北村兼子に対するこの発言もひどいが、連載での女流飛行家の取り上げ方そのものが侮辱的である。これをほうっておいては女性飛行界全体が誤解され、これから進出しようという女性を意気沮喪させてしまう。

「もう慣れっこよ、こんなものにいちいち反論していたら身がもたへん」

北村兼子は、皮肉な笑いを浮かべて首を振る。それなら私が書こうと敬元は思った。

その夜、敬元は机に向かって、まず大きく書いた。「わが女流飛行家は何故伸展しないか！」すんなりと「わが女流飛行家」という言葉がついて出た。私は朝鮮人なのに、という思いが頭をかすめたが、すぐに消えた。彼女は一気にペンを走らせた。

「日本における女流飛行家はどうして発展せぬかということは、私が申すまでもなく、すでに一般社会に知れ渡っていることと思います。それは第一は費用の問題、第二には職がないことです。もし今日までの女流が立派に男子と同じく職があるとすれば、今日の航空界において男子に劣らぬ女流が出現していたにちがいない。

（略）飛行機そのものを習得するとすれば、よほど裕福でなければならないこと、練習費が高い。一人前の飛行士になるにはどの位の費用がかかるかといえば、約弐千圓はかかる。それだけの練習費をも顧みずして進んで飛行家になった女流が今まで幾人かいたことは申すまでもないが、さてそれならそれまで折角営々勉励して獲得した手腕を彼女達は如何に利用したか。彼女たちがなぜ失望して方向転換せねばならなかったか。そして今はどこで何をしているか。又どうして航空界から引退したか、そのよって来る事情を少し考えて見たいと思います。

それは苦心惨憺してここまで来た彼女らに仕事を与えなかったことが大きな原因であった。そして今までの女流達が姿を潜めたために、これから巣立たんとする未来の女流にどんな影響を及ぼしているかは自ら明かであろう。何故ならば今まで人力と金力を多大に浪費して来た先輩の女流らに何らの曙光がなかったのを彼女らが見る。あるいは彼女らの努力が足らなかったか、もしくはこの社会が彼らの存在を認めなかったのか。（略）

私は言います。職業若しくは社会の援助を彼女たちに与えたならば、欧米諸国の女流達に決して劣らないであろうことを」

ここで敬元は、先日小泉逓信大臣を鼻白ませた持論、ヴィクター・ブルースは確かに偉大だが、それはイギリス社会が彼女を援助したからだという意見を書いた。

「何よりも私が残念に思うことは、外国の女流に先手を打たれたことです。わが航空界も今日のような制度でなく、もう少し女流の存在を認めてくれたなら外国の女流飛行家よりももっともっと先に欧米諸国を訪問していたにちがいない。わが女流飛行家たちはブルース夫人が日本へ訪問されたという新聞記事に目を通してどんなに残念に思っていることか。

しかし私のくやしいことは、先輩の女流がもう少し努力して航空時代が到来するまで辛抱して欲しかった。彼女らが航空界から引退しなければならない事情があったとしても、又堪えきれない苦痛が山程あったとしても、何としても忍びに忍んでこそ、初めて成功を克ち得るのではないかと思うのです」

書いているうちに涙が出てきた。

「私は今日まで、男の中に立ちまじって、全身全力を捧げて汗と油で研ぎ上げてきました。私はどうしてこのままで止められようか？

これからはどこまでも自分の目的を達するまで、又自分の命の続く限り、最後まで頑張っていく決心です。人は何と言おうが耳を貸さず、言いたい人には言わせておく。時に人の言葉を気にかけて、自分が航空界に身を投じた最初のことを思う。

爾来、幾星霜、過去を顧れば苦しい錬磨の連続。楽しい日は幾日あったろう。滾々と尽きせぬ涙と失望のどん底、悲嘆と辛苦の錬獄から、再び勇気を奮い起こして男と肩を並べつつ油服を身に纏って、その日その日の飛行場生活。こうして幾年幾月を重ねてきた自分であったろう。今日もやっぱり苦痛の味は変わっていないのに、この苦痛を忍んで何を目的に自分は進もうとしているのか？」

ここで敬元は考え込む。本当に、自分は何を目的に飛行機を続けようとするのか？

朝鮮ダマシイ？　それはここに書くわけにはいかない。それよりも、本当に朝鮮ダマシイを見せることが自分の目的なのだろうか?

大邱にはもう二年も帰っていない。一昨年の春、郷土訪問飛行の後援者探しに失敗して以来、故郷の人びととは疎遠になっている。

朝鮮では、一昨年は干ばつ、去年は豪雨、この四月は暴風で南部の海岸地帯で三〇〇人以上が死んだそうだ。後援者が見つからないのは、深刻な不況とうち続く天災のせいとは思うものの、故郷の人びとにとっては自分はただのパンチョッパリ、朝鮮ダマシイなどと意気込むのは自分の独りよがりに過ぎないという気もしている。

北村兼子に感化されて、朝鮮ダマシイを見失っているのだろうか。

かといって、女権拡張のためとも言い切れない。同じ女といっても、サルムソンの払い下げ一つとってみても自分と日本の女性飛行家とのあいだには差別がある。

しかし、飛びたいという彼女たちの気持ちは痛いほどわかる。自分と彼女たちに共通するものは、この飛びたいという空への渇望だ。

何のために? 何を求めて?

堂々めぐりの考えのすえに、敬元はこう書いた。

「何ものも欲しくない。ただ自分の足跡を残したい一心だけだ」

これがいちばんぴったり来る。

「今までのぞいたこともなく想像出来ない、遥か彼方の空! そこが自分の目標ではないか。早く進んで行きたい。私が日頃片時も忘れたことのないこの望みが、こうして力強く私を打ちます。早く早くそして女流の為の旗手として先ず自分が先頭で働こう」

最後に日本の女流飛行家への呼びかけで締め括った。

「私どもの進む道は平面の一直線ではない。平凡な人間でさえその日その日の生活に苦しむ。しかも大きな目的を持ち、これから空の果てまで伸展して行こうとする私共が百人の苦労を負い、百人の勉励を背負わなくては、どうして技術の向上が図れよう。現在の女流諸嬢よ！　虚偽を捨て、仮面を剥ぎ、実地境に突き進んで未来の女流飛行界を私どもの腕によって開拓しようではないか」

書きながら敬元は、自らのうちに新たな力がみなぎってくるのを感じた。彼女はこの原稿を日本飛行学校で出している『スピード』に載せてもらうつもりだったが、たとえ載らなくても書いてよかったと思った。

## 3

七月二六日、北村兼子が死んだ。

六月に入って単独飛行を許された北村兼子は、三菱に発注した飛行機完成の目途もついたとして、訪欧飛行の出発を八月一四日と発表した。そのために飛びまわっていたが、腹痛で入院したときには盲腸炎に腹膜炎を併発、手遅れの状態になっていたのだ。

七月二八日、青山斎場で盛大な葬儀が行われた。三菱航空機の船越社長は、彼女が乗るはずだった飛行機の模型を霊前に捧げ、果たせなかった志を悼んだ。

飛び立って飛行機で死んだのなら、まだしも彼女も本望だったろうに、と敬元は涙が止まらなかった。しかし、心のどこかで北村兼子は罰が当たったのだという気もしていた。敬元はときどき彼女の操縦練習に同乗して指導したが、腕の未熟さもさることながら、もっと謙虚になるべきだと思った。

北村兼子の操縦は騒々しい。飛行機の爆音は機械文明の花だと称して回転数をむやみに上げるせいだ。最近の都会にはあまりにも機械音が増え過ぎた、騒音防止法をつくれという声が上がったとき、彼女はこれに猛反対をした。

「都会に住んで騒音を厭うのは水泳して濡れを嫌うものである。よろしく山の手なり川の脚なりに退却するがいい、それでもやかましいなら郊外へ、山奥へ引退すべきである。農業立国でさえトラクターが轟音を立て電気犂が捻りを立てる支那、ロシア、米国のような国際的大地主でない日本が自作農で生活し切れなくなって工業立国に転換しようとする時に音響を敵視してどうする。私たちは有閑者の懶惰的生活に媚びるために科学的音響を慈善的に遠慮すべき必要を認めない」

立川飛行場のすぐそばに豚を飼っている農家がある。飛行機の爆音で豚が育たないとたびたび抗議を受け、敬元たちはなるべく近づかないよう気をつけていた。しかし北村兼子は、わざと低空飛行して豚を大騒ぎさせたりする。こんなところで豚を飼うほうがまちがっていると言うのだ。

敬元は、ときどき肉や臓物を分けてもらう農家の主人の皺を刻んだ顔を思い浮かべ、北村兼子に腹を立てた。

「飛んでいるとき、わざとらしく耳を押さえて恨めしげに見上げる人を見たら、かえって爆音を上げてやりたくなる……」

北村兼子はこんなことも言っていた。女性は本質的に平和主義だから、婦人参政権が獲得できたら戦争はなくなると彼女は言っていたが、怪しいものだ。

しかし急に死なれてみると、北村兼子の存在がいかに大きかったかを敬元は痛感した。彼女に連れられてダンスホールにも行ったし、映画も一緒によく見た。国民飛行倶楽部にも誘われて入会し、森律子などの有名女優とも知り合いになった。彼女のお陰で、ずいぶん世界が広がったと思う。国際情勢や世界の女権拡張運動についても少しはわかるようになった。

敬元は急に独りぼっちになったような心細さにとらえられた。一昨年は李貞喜、去年は安昌男、今年は北村兼子――。つぎつぎに大切な人がいなくなる。

しかしこうした敬元の気持ちをよそに、八月の日本には、外国の飛行家の飛来が相次いだ。去年秋のヴィクター・ブルースに続き、イギリスからアミー・ジョンソン、ドイツからマルガ・フォン・エッツドルフと女性飛行家も立て続けにやって来た。

アミー・ジョンソンはオーストラリアまで初めて単独飛行し、本国ではヴィクター・ブルース以上の人気を博している。七月二八日、彼女はイギリスのライム飛行場を飛び立ち、八月六日立川に到着した。ヴィクター・ブルースが六二日間かかったのに対して、ジョンソンはたったの九日と七時間二五分、日英連絡飛行の新記録である。

このときも敬元は、たった一人の女性飛行士として歓迎飛行をした。北村兼子が生きていれば一緒に歓迎飛行できたはずだ。英語が達者で外遊体験のある彼女が迎えれば、アミー・ジョンソンもさぞ喜んだろうにと、敬元は残念でならなかった。

エッツドルフはベルリンのテンペルホーフ飛行場を八月一八日出発、シベリアまわりで八月二九日、立川ではなく開場したばかりの羽田の東京飛行場に降り立った。

立川の東京国際飛行場は陸軍第五飛行連隊の間借りだった。国際交流が頻繁になり、立川では都心から遠いし手狭だというので、二年前から羽田沖を埋め立てて空港建設工事が進められていたが、いよいよ完成して八月二一日開場。エッツドルフは新空港に着陸した外国人飛行士第一号となった。

アメリカからも飛んできた。アミー・ジョンソンが到着した同じ八月六日、あとを追うように突然ハーンドン、パングボーンの二人が立川飛行場に着陸した。彼らは太平洋無着陸横断飛行に挑戦しようとしていた。

八月二六日、アンとチャールスのリンドバーグ夫妻がアラスカをまわって水上機で霞ヶ浦に到着した。あの大西洋無着陸飛行の英雄リンディが来たというので、日本社会は熱狂して彼らを迎えた。

世界はどんどん狭くなっている。

しかし北村兼子亡き今、日本からヨーロッパへの飛行計画はない。北村兼子の遺志をつがなければ――。九月に入って、敬元はようやく気を取り直した。

それが通じたのだろうか。航空局から呼び出しがきた。いよいよサルムソンの払い下げの許可が出たというのだ。やはり小泉逓信大臣の口利きが効を奏したらしい。

ああやっと……。あの威力あるサルムソンが私のものになる。天にも昇る喜びとはこのことだった。

しかし、すぐ飛べるわけではない。修理をして航空局の堪航検査を通らなければ飛ばすことはできない。修理費は航空局から出る修理補助金を当てにするとして、朝鮮まで郷土訪問飛行するためにはガソリン代、カストル代、地上勤務員の費用など三万円は見なければならない。

敬元は払い下げ認可の報告とお礼を兼ねて、小泉逓信大臣を訪ねた。そして、改めて後援者の件を依頼した。

「心当たりがないわけでもないので、さっそく当たってみよう」

人情大臣は、請け合ってくれた。そして、サルムソンの修理補助金をもらうために早く修理見込書を提出するようにと言う。お役所仕事は書類がないと何事も進まないのだ。

所沢の陸軍飛行学校から払い下げ機が届くやいなや、敬元は自分で整備に取りかかった。日本飛行学校の仲間たちも練習の合間をみて手伝ってくれた。

敬元はもう一刻も待てない気持ちだった。彼女にとって、もはや朝鮮海峡横断郷土訪問飛行はゴールではない。アジアの女性を代表して、そして北村兼子の遺志をついでヨーロッパへ飛ぶためのいわば小手調べのようなものだ。冬になる前に、朝鮮海峡に寒風が吹きすさび洛東江に氷が張る前に、ぜひ決行したいと思う。

満州の雲行きも、敬元には心配だった。満州には日本人によって故郷を追われた朝鮮人が多数流入していたが、七月、吉林省万宝山で現地中国人と朝鮮人とのあいだに衝突が起こった。中国人によって朝鮮農民多数が虐殺されたと伝えられたため、朝鮮では中国人に報復する事件が頻発した。日本人や在日朝鮮人のあいだにも反中国の空気が高まっていた。

そして九月一九日朝、敬元は号外の鈴の音で起こされた。昨夜、満州の奉天郊外の柳条湖で「暴戻《ぼうれい》な支那兵」によって満鉄線が爆破され、それを契機に日支両軍の衝突が起こったというのだ。二一日には、関東軍支援のため朝鮮の第二〇師団が鴨緑江を越えて満州に派遣された。

立川第五連隊の動きもあわただしくなった。いよいよ戦争が始まるのだろうか。

敬元は不安だった。戦争になっても飛べるだろうか。

ツェッペリン伯号の世界一周のとき、相羽校長は飛行機の発達は国境を無にするから戦争などなくなると言った。しかし北村兼子は、飛行機こそは来るべき戦争の主力だと言っていた。

確かに飛行機は、戦争によって発達したといえる。欧州大戦が始まったのは一九一四年、飛行機はまだ無害な可愛い赤ん坊のようだった。しかし戦争の四年間は、その赤ん坊を最も危険な殺し屋に育て上げてしまった。戦争になれば、女が国境を越えて飛ぶのは難しくなるような気がする。

一〇月六日、ハーンドン、パングボーンの二人のアメリカの飛行士は、ついに太平洋無着陸横断飛行に成功した。彼らは八月に日本に来て以来着々準備を整えていたが、一〇月四日青森県淋代を飛び立ち、四一時間一〇分でアメリカ西海岸のウェナッチ飛行場に到着した。

最後に残っていた太平洋の空がこれで征服されたのだ。日本とアメリカだけでなく世界中が沸いた。いよいよ地球は一つになっていくように見えた。

しかし敬元には、その二日後の一〇月八日、関東軍によって行われた中国の錦州への爆撃の方が気がかりだった。こんなことをすれば欧米列強が黙っていないのではないか。いずれは大きな戦争になってしまうのではないか。北村兼子が生きていれば、教えてもらえるのだが――。

敬元はサルムソンの整備にいっそう熱を入れた。

――もうすぐよ、あおつばめ。

敬元は、自分のものになった飛行機に話しかける。もうずっと前から自分の飛行機の名前は「あおつばめ」と決めていた。ブルース夫人のブルーバードにあやかって青鳥にしようかとも思ったが、子どものころお手玉で歌った緑豆将軍の歌を思い出してやめた。

鳥よ、鳥よ、青鳥よ

緑豆の畑に下り立つな
緑豆の花がホロホロ散れば
青舗売り婆さん泣いて行く

この青鳥は、朝鮮民族の英雄緑豆将軍・全琫準を殺した日本軍を指すと言われている。故郷の人びとは青鳥の飛来を喜ばないだろう。しかし燕なら、幸福のパカチの種を運ぶ燕なら、きっと歓迎してくれる。

敬元の郷土訪問飛行が今度こそ実現しそうだというので新聞記者がときどき取材に訪れる。

一〇月二三日の『東京日日新聞』府下版には、「朴さんの首途に　練習生達の温かい手伝い」と題してこんな記事が載った。

「小泉逓相の後援で朝鮮訪問飛行を計画中の立川町日本飛行学校朴敬元飛行士は目下同校で使用機サルムソンの整備中であるがいよいよ十一月二十日頃完成する見込みである、この朝鮮飛行の首途に地元の立川町及び民間飛行関係では大々的の見送りを行う筈であるが学校では仲間の練習生達が機の整備を手伝い晴れの壮挙決行の日を待っている」

この記事のせいで、敬元は思いもよらない不愉快な思いをすることになった。整備を手伝ってくれていた練習生の態度が急によそよそしくなったような気がした。どうしたのだろう?

「ボクさん、よかったね、いいパトロンが見つかって」

大家の鈴木さんにこう声をかけられて、敬元はあっと思った。彼の言うパトロンが、たんに支援者という意味でないことはその顔つきからわかった。

みんな私が小泉逓信大臣の妾だと思っている——。怒りが込み上げてきた。男たちは、そんなふうにしか考えられないのか！

しかし放ってはおけない。こんな噂が広がったら、せっかくの郷土訪問飛行の意味がなくなる。故郷の人びとに日本の大臣の妾となって飛んで来たなどと思われたら——。

このところ、自分でも朝鮮ダマシイがぐらついていると思うことがあるが、それでも日本の大臣の妾になるくらいなら死んだ方がましだと思う。小泉逓信大臣に援助を仰ぐのはあくまで女性飛行家としての志に対してである。

敬元は、『東京日日新聞』の記者に訂正してくれるよう申し込んだ。

「いいじゃないか。パトロンなしでは飛べないぐらいみんなわかっているさ。女優だってなんだって女はみんなそうじゃないか」

にやにやして記者は取り合おうとしない。彼も私が妾だと思っているのだ。そう思うと敬元は、足元が崩れるような気がした。スキャンダルでつぶされていった先輩の女流飛行家たちのことが頭に浮かぶ。北村兼子に対する男たちの嘲笑も思い出される。

敬元の剣幕に恐れをなしたのか、記者は、訂正ではなくて後追いという形で記事を書いてくれると約束した。

一週間後の一〇月二九日、ふたたび『東京日日新聞』に敬元のことが出た。今度は大きな彼女の顔写真がついている。見出しは、

「調子がよければ――来月末飛んで行きます。
だれの援助も拘束もうけぬ呑気さで
郷土訪問に勇む朴敬元嬢」

記事中には、「朴さんはきのう次の如く語った」として、敬元の談話が引かれている。

「この飛行は郷里やその他の後援を受けないので何日の何時に飛んで行かなくてはならないという拘束がないので至極呑気にやります。十一月二十日頃には飛行機が出来上がるので野外飛行を練習して調子がよければそのまま飛んで行くかも知れません。先ず東京―大阪間を一気に飛び……」

後援を受けないことをわざわざ言い立てるなんて、かえって逆効果ではないだろうか。敬元は後悔の臍を噛んだ。

一一月一五日、立川の第五飛行連隊にも動員がかかり、満州派遣部隊が出発して行った。いよいよ戦争も身近に迫ってきたようだ。

一一月一八日、サルムソンの整備が完了、修理見込書ができ上がった。明日提出すれば、正式に「あおつばめ」は朴敬元所有の飛行機として登録され、標識が付けられる。

その夜、敬元は突然猛烈な腹痛に襲われた。医者の診断は、北村兼子と同じ盲腸炎だった。

私も罰が当たったのだろうか――。

劇痛に身悶えしながら敬元はそんなことを考えていた。耳元でシューベルトの「魔王」が鳴り響いていた。魔王の顔は、北村兼子になったり小泉逓信大臣になったりした。

翌日、日本飛行学校主事・木暮武美によってサルムソンの修理見込書が提出された。一一月二〇日、敬元の「あおつばめ」は「J―BFYB所沢244号」という標識をつけられ、朴敬元の所有機として航空局に登録された。

一一月二三日、敬元は、見舞いに訪れた木暮主事からそのことを聞いた。一一月三〇日に、航空局の畠山技官が飛行学校に来て、堪航検査のための発動機分解検査をする予定だということも聞いた。

医者の話では、手術しないでも治るかもしれないということだった。早く退院して、小泉逓信大臣を訪ね後援者の件について話を詰めねば、と敬元は思った。妾だ何だと下司の勘ぐりをしたい奴にはさせておけばいいのだ。

一二月初め、敬元は退院した。そろそろ小泉逓信大臣を訪ねようと思った矢先の一二月一一日、第二次若槻内閣が総辞職した。浜口内閣以来二年半にわたって逓信大臣を務めた小泉又次郎も辞任した。

翌日、犬養政友会内閣が誕生した。

# 第6章 乳の流れる郷へ

「日満親善・皇軍慰問」飛行に飛び立つ朴敬元。1933年8月7日
（写真提供・及位野衣氏）

# 1

雨は相変わらず降り続いている。さっきよりもいちだんと雨足が強まったようだ。予報では、この雨は今夜中に上がって、明日は晴れるということだ。

とうとう明日になった。明日は早起きして羽田に向かう。そして――。

眠らなければ、と朴敬元は思った。無理にも眼を閉じる。しかし、雨音が耳についてはなれない。

濁流がさかまく。浮き沈みする茶色の牛。大きな木がくるくるまわりながら流れてゆく。藁屋根も見える。その上に助けを求める白衣の人びと――。

「朝鮮南部の慶尚道で河川が氾濫、そうとう被害が出ているらしい」

午後、出発のあいさつに新聞社を訪ねたとき、記者が話しているのが聞こえた。台風が直撃して豪雨を降らせているらしい。東京地方に降っている大雨はその余波だという。

「朝鮮のほうでしっかり暴れてくれたから、こっちでは大した悪さもせんだろう」

記者たちは、笑いながらそんなことを言い合っていた。笑いごとではない。敬元のふるさと大邱は慶尚道にある。そして明日、彼女はそのふるさとに向けて出発することになっている。

夕刊には、なにも出ていなかった。よっぽどひどくて、通信も途絶しているのだろうか。慶尚道が水害をうけたとすれば、洛東江が氾濫したのかもしれない。

めぐりくる春ごとに
豊かさを増す洛東江
亀浦《クポ》の原をうるおして
あふれあふれて流れるよ
流れるよ　エーヘーヤ

滾々と流れる水が
野に原に広がれば
万の命　億の命の
乳となるよ
乳となるよ　エーヘーヤ

その万の命、億の命をはぐくむ洛東江が、おそろしい奔流となってふるさとを襲ったのだろうか。オモニは無事だろうか。

ともかく、明日だ。明日は朝一〇時に羽田を飛び立って、満州の新京へ向かう。大阪、福岡の太刀洗でそれぞれ一泊するので、朝鮮海峡を越えるのはしあさっての八月九日になる。大邱には降りずに蔚山から京城に直行するが、洛東江の流れは眼下に見えるはずだ。ああ、早く飛んで行きたい。

新京到着は八月十一日十二時五分の予定。全航程約二二〇〇キロの長距離飛行である。

「日満親善・皇軍慰問日満連絡飛行」

帝国飛行協会の北尾亀男主事が考え出した名目だ。

一昨年一九三一年九月に始まった満州事変は上海にも飛び火した。廟行鎮攻撃での三兵士の爆死が「肉弾三勇士」の美談としてもてはやされるなかで、気がついてみたら「満州国」が建国されていた。結局日本は、韓国併合から二十年余たって、ついに満州を支配下に収めてしまったのだ。以来、日本で食えない失業者や農民が怒濤のように満州へ流れ込んでいる。

五月に新京に行ったとき、すさまじい勢いで街づくりが進められているのを見た。子どものころ、日本人が入ってきて大邱の街がみるみる変えられていったが、新京ではもっと大規模に行われている。そういえば「新京」という町の名も、満州国の首都に定められたときに長春から変えられたものだ。韓国併合のあと漢城が京城に変えられたのと同じだ、と敬元は思った。

あのころ、亡国の民となった朝鮮の人びとのあいだには、ウォントンハダの声が渦巻いていた。ウォントンハダ。恨めしい、くやしい、無念だ――。その声は三・一独立運動となって噴出した。それに対する日本の過酷な弾圧。そのなかでウィルソンの飛行機を待ち望んだ故郷の人びと――。

思い返せば、それが敬元を飛行士への道に駆り立てたのだった。

満州は「五族協和の新天地」と言われている。「王道楽土」とも言われている。そうだろうか。満州の中国人のあいだにはウォントンハダはないのだろうか。

新京の関東軍軍司令部の入口を出たとき、彼女を見た中国人の刺すような目を思い出す。あれはウォントンハダの眼だ、と敬元は思う。彼女を日本人と見てのウォントンハダの眼だ。

そこに、明日、「日満親善・皇軍慰問」のために飛んで行く――。

それしか方法はないのだ。仕方ないじゃないか、と敬元は思う。

飛行士を志して一三年、日本飛行学校に入って九年、二等飛行士になって五年――。その間、朝鮮海峡横断郷土訪問飛行は片時も敬元の念頭から離れたことはない。何度か実現できるかと勇みたっては裏切られた。とくに一昨年の暮は待ち望んでいたサルムソンの払い下げが実現し、今度こそと思ったが、結局駄目になった。

一九三一年一二月、小泉逓信大臣が辞職したとたん、航空局に提出したサルムソンの修理見込書は宙に浮き、堪航検査は中断、修理補助金も出ない。後援者も降りてしまう――。

郷土訪問飛行をすませたらアジアの女性飛行士を代表してヨーロッパへ、などとふくらんでいた敬元の夢はいっぺんにぺしゃんこになってしまった。彼女の郷土訪問飛行など、型破り大臣の女道楽の一つぐらいにしか見られていなかったのだ。そのことを敬元は、いやというほど思い知らされた。

「身のほど知らずが……」

面と向かって嘲笑されたこともある。さらに悪いことには、小泉元逓信大臣の妾という噂だけは残った。一九三二年二月の衆議院選挙のときなど、「朴敬元嬢元逓相の応援演説?」と嘲笑的に『東京日日新聞』に書かれたりしたものだ。

その結果、ほかに後援者を求めることもままならない。「あおつばめ」の整備も最初からやり直さなければならない。修理補助金が出ないので、カメラを売ったり借家から間借り生活に変えたりしたが、整備は遅々として進まない。飛ばせるためのガソリン代もないといったありさまだった。

去年八月、李王職の康氏が思いがけなく敬元の下宿を訪ねてきた。李王垠殿下からの金一封を届けに来てくれたのだ。どうして殿下の耳に届いたのか詳しい事情はわからなかったが、たぶん中央朝鮮協会会長も務める阪谷飛行協会会長が、敬元の窮状を見兼ねて殿下に話してくれたのだろう。

お陰で整備をすませることができた。しかし去年暮の堪航検査の結果は不合格だった。整備のやり直しにまた半年を費やした。この間、日本飛行学校に学んだ同胞の男性飛行士が二人も朝鮮海峡横断郷土訪問飛行を実施している。京城出身の尹昌鉉と尹公欽だ。

尹昌鉉は法政大学に在学中の一九三一年七月に日本飛行学校に入学し、一一月に二等飛行士になった。そして一九三二年五月一五日、立川から飛び立ち、朝鮮海峡を飛び越えて京城に到着。みごと故郷に錦を飾った。

尹公欽は尹昌鉉に一カ月遅れて入学し、一九三二年六月初めに二等飛行士の免許取得。一カ月後の七月初めに助教官の中村正が同乗して飛び立った。彼は二等飛行士の免許取得以前に故郷の後援で搭乗機「白号」の整備をすませ、航空局の堪航検査も通っていたのだ。しかし彼の朝鮮海峡横断郷土訪問飛行は、広島に不時着して挫折した。

二人の出発にあたって敬元は歓送飛行をした。尹公欽が出発するときは、花束を贈呈して前途を祝した。しかし、胸の中は煮えくり返るようだった。二人とも操縦練習を始めて一年足らずで郷土訪問飛行している。男である彼らはスキャンダルにさらされることもないし、故郷の人びとの後援もうけられる。女は損だ、とまた改めて敬元は思った。

そのあとすぐ敬元は、名古屋新聞が九月一五日の日満議定書調印、満州国承認を記念して民間飛行家による日満連絡飛行を計画していることを知った。これだ、と彼女は思った。これなら飛行費用の負担はほとんどなくてすむし、成功すれば賞金が出る。

それに、いまや満州の時代なのだ。「新天地満州」へ向かうとうとうたる流れの中で、朝鮮はもはや目的地ではなくて経由地にすぎない。日本空輸の定期便が毎日大連まで飛び、九月には満州航空会社も発足する。そうなれば日本空輸は新義州で満航と接続し、新京からさらに北のハルピンまで内地とつながる。

今ごろ朝鮮まで飛んだって何の意味もない。日本の女性飛行士はまだ一人も朝鮮海峡横断飛行をしていないとはいえ、女が飛んだという目新しさだけでは意味ないと敬元は思っていた。早速彼女は、名古屋新聞に日満連絡飛行参加を申し込んだ。

ところが、何ということだろう。一等飛行士の免許がないものは参加できないというのだ。ここでも、一等飛行士になれるのは男だけと定めた逓信省航空機乗員規則第八条が行く手を阻む――。

今年になって敬元は、さらに我慢できない話を聞いた。日本婦人航空協会という団体が日満親善のために日本の女性飛行士による日満連絡飛行の計画をしており、上仲鈴子に白羽の矢を立てたというのだ。

上仲鈴子は岐阜県出身、一九三〇年一〇月に日本軽飛行機倶楽部に入り、翌年五月、三等飛行士、一〇月に二等飛行士になった。一昨年小泉逓信大臣が空の女性を帝国ホテルに招待したとき、彼女も招かれて敬元と同席した。

現在日本の女性二等飛行士は、敬元と上仲鈴子、それに日本飛行学校に入って一九三二年九月に免許をとった正田マリエの三人しかいない。そのなかで敬元の飛行歴はほかの二人より段違いに長い。それなのに敬元より四年も後輩の上仲鈴子が満州まで飛ぼうというのだ。

日本婦人航空協会は、内田外相の親戚に当たるという坂本能登喜・幸子夫妻が設立したもので、日本の女性飛行界の発展を目指して『婦人と航空』という小新聞をときどき出していた。一九三三年初め、この会は日本の女性飛行士による日満親善連絡飛行を計画し、女子教育者の山脇房子や嘉悦孝子の協力を得て都内の女学校に募金を呼びかけていたという。

それを教えてくれた新聞記者によれば、婦人航空協会が上仲鈴子を選んだのは、航空官の山田道行海軍大佐の推薦だという。上仲鈴子の母校日本軽飛行機倶楽部の伊藤音次郎は、彼女の技術では満州まではとても無理だと一度は断ったが、大阪までの単独往復飛行など十分練習させることを条件に引き受けたという。

古参の敬元をさしおいて、そんなにまでして上仲鈴子に日満連絡飛行をさせるのは、理由はただ一つ、彼女が日本人で、自分は朝鮮人だからだと敬元は思った。

「やっぱり日満親善というからには、生粋の大和撫子でなけりゃならん、ということらしいね」

その記者は気の毒そうに言う。

もう二年ほど前になるか、敬元は『航空時代』の女性飛行家に対する嘲笑的な連載に腹を立て、「わが女流飛行家は何故伸展しないか！」とまなじりを決して文章を書いたことがある。あのときは、自分が日本の女性飛行界を背負って立つ気だった。なんて愚かだったのだろう。

どんなに敬元が「わが女流飛行家」と意気込んだところで、日本人にとっては彼女は劣等民族の朝鮮人なのだ。しかも、記者の言う「生粋の大和撫子」の「生粋」には、「純情可憐な処女」というニュアンスも感じられる。小泉逓信大臣とのことでケチのついた大年増の敬元などにやらせるわけにはいかないというのだろう。

最近敬元は、会う人ごとに「ボクさんは今年は厄年だね」と言われる。『航空時代』一九三三年五月号の「大空を行く彼女たち」に敬元が取り上げられているが、そこでも「今年は三十三歳、女の大厄年に直面しているわけであるが、彼女、さすがは時代の先端を行く飛行士だけあって、そんな迷信にはビクともしていない」と書かれている。

ビクともしないもなにも、敬元は本当はもう数えの三七歳だ。とっくに厄年は過ぎている。上仲鈴子はまだ二一歳。彼女より一六歳も若い。

記者のいう「生粋の大和撫子」に、敬元は二重三重に傷つけられた。

四月一六日、フランスの女性飛行士マリーズ・イルズが東京にやって来た。パリから一万七五〇〇キロを一人で飛んで来たのだ。敬元は真っ先に歓迎飛行に飛び立った。そして箱根上空でマリーズ・イルズを迎えた。上仲鈴子なんかに負けてたまるかという気分だったのだ。

帝国飛行協会主催でマリーズ・イルズの歓迎会が催された。そこで敬元は、阪谷会長や総務理事の四王天中将に上仲鈴子の日満連絡飛行についての不満をぶつけてしまった。

「日本人は口では内鮮融和をいいますが、心の中では朝鮮人を差別しています」

こんなことまで言ってしまった。阪谷会長も四王天中将も困り切った様子だった。


雨はまだ降り続いている。

早く眠らなければ——。しかし、あせればあせるほど眼が冴えてくる。

慶尚道の豪雨は、まだ降り続いているのだろうか。オモニはもう眠っているだろうか。

六月に大邱に帰ったとき、四年ぶりに会ったオモニはすっかり小さくなっていた。弟のサンフンが医学専門学校を出て遠い威南利原の公医として赴任したので、オモニは寂しそうだった。

敬元が大邱に帰ったのは、「日満親善・皇軍慰問日満連絡飛行」のコース研究と、関係者の協力要請のために京城、新京を訪ねたついでだった。

この三カ月、本当に目のまわるような忙しさだった。

五月四日、空軍創設二五年とかで天皇が立川第五飛行連隊にやって来た。物々しい警戒のなか、町民こぞって沿道に並んで天皇を出迎えた。翌日の新聞によれば、近在からも「天皇陛下」を一目見ようという人びとが集まり、立川始まって以来の人出だったという。

敬元は飛行学校主事の木暮一家とともに並んだ。何度か朝鮮人の爆弾の的になりながら、しぶとく危機を逃れる天皇の顔をぜひ見てやろうと思ったからだ。

朴烈と金子文子は実際に爆弾を投げたわけではないが、一九三二年一月には韓人愛国団の李奉昌が桜田門で観兵式から帰る天皇に二個の爆弾を投げた。一個は命中せず、第二弾は不発、天皇はかすり傷も受けなかった。李奉昌は捕らえられ、一〇月に死刑になった。朴烈と金子文子が処せられた刑法七十三条違反、大逆罪である。

頭を下げたまま上目遣いに見た天皇は、眼鏡の神経質そうな青年だった。これが朝鮮、台湾、さらに満州にまで支配の手を伸ばしている大元帥陛下なのか、日本人が神のごとく崇める現人神なのか。敬元はなんだか気抜けしてしまった。

相羽有同道で帝国飛行協会に呼び出されたのはその直後だった。そして総務理事の四王天中将から、帝国飛行協会として敬元の訪満飛行を後援すると聞かされた。それからは一挙に歯車が回り出し、敬元はその歯車に乗せられて二十日鼠のように目まぐるしく動くことになった。

五月一九日、初めて日本空輸の定期便に乗って京城に飛んだ。総督府や『東亜日報』、『毎日申報』、『京城日報』など各新聞社を訪ねて協力を要請したあと、五月二六日、新京着。

飛行場には飛行学校の同窓生尹昌鉉が迎えに来ていた。彼は法政大学卒業後、関東軍特務部で働いている。彼の案内で関東軍軍司令部を訪ね、島田隆一中佐に挨拶。

翌日島田中佐は、満州国、関東軍、満州協和会、朝鮮総督府などの関係者を集め、敬元の日満連絡飛行への協力を要請した。敬元もその席に同席したが、恐ろしげな男たちの視線に身のちぢむ思いだった。彼らも当然「生粋の大和撫子」を好むだろう。

「わが大日本帝国の大陸政策進展にあたり、朝鮮半島の兵站基地としての重要性はますます高まるはずである。朝鮮女性が日満の架け橋となることは内鮮満一体化に資すること疑いなし……」

島田中佐がこんな説明をすると、全員うなずいて協力を約した。根回しはもう出来ていたのだろう。

「朝鮮半島の兵站基地としての重要性」、「内鮮満一体化」――。そういうことか、と敬元は思った。

五月三一日、新京を発つ敬元に、島田中佐は四王天中将宛ての手紙を託した。どうやら根回しの主は四王天中将であるらしい。

その四王天中将が、ちょうど敬元が大邱にいるとき、愛国飛行機献納・防空思想普及のため大邱にやって来た。講演会の席上、彼は敬元の「日満親善・皇軍慰問日満連絡飛行」計画を披露してその意義を強調した。さかんに「内鮮満一体化」が出てくるので敬元ははらはらしたが、集まった人びとは敬元に大きな拍手を送ってくれた。

後援会ができないことで故郷の人びとを恨み、今にみてろなどと思ったことが敬元には申し訳なく思えた。近所の人も喜んでくれた。しかしオモニは、なぜそんな遠いところへたった一人で飛んで行くのか、飛行機が落ちたらどうするのかと、いつまでもくどくど繰り返していた。

大丈夫よ、オモニ。落ちはしないから――。

五月初め、マルガ・フォン・エッツドルフが墜死したと聞いたときは愕然とした。二年前エッツドルフは、開港したばかりの羽田飛行場に外国人飛行士第一号として元気に降り立った。そのときは敬元も歓迎飛行をし、歓迎会にも出た。そのエッツドルフが墜死した――。

それはもちろん衝撃だったが、敬元にとってはそれだけではなかった。彼女自身が「東洋のエッツドルフ嬢」と呼ばれることがあったからだ。エッツドルフが落ちて死んだなんて、縁起でもない。

しかし、最近聞いたところでは、エッツドルフは墜死したのではないらしい。誇り高いドイツ貴族の娘である彼女は、事故を起こしたのを恥じてピストル自殺を遂げたのだという。それなら私は安全だと敬元は思った。常奴《サンノム》の娘の自分はそんなことで自殺などしない。

李貞喜は大丈夫だろうか、とふと気になった。李貞喜は敬元のもとを去って石井漠舞踏団に入ったが、キーセンのようなことはやめろと家族に猛反対されて挫折、そのあと上海に行った。しかしそこでもうまくいかなかったらしく、一カ月ほど前に京城に戻った。敬元の訪満飛行のことを聞いて先日手紙をくれたが、なにやら自暴自棄になっている様子だ。

京城に到着するのはしあさって、いや、もう十二時を回ったからあさってだ。八月九日午後二時五分の予定だ。李貞喜は汝夷島の飛行場に出迎えに来てくれるだろうか。

雨音はまだ続いている。本当に朝には上がるのだろうか。とにかく眠らなければ――。

明日にそなえて万平ホテルに宿をとったのがかえってまずかったのかもしれない。慣れない部屋で寝つけない。ホテルの前の舗道をたたく雨音は、立川の大地に降る雨よりも甲高くて耳につく。

この飛行が無事終わったら――。

やはり潮時かもしれない、と敬元は思う。

最近日本では、「非常時」という言葉がやたら使われる。確かにテロが相次いだし、去年の五月一五日には青年将校のクーデターで犬養首相が殺された。今年三月には満州問題で国際連盟を脱退、「赤化事件」で教員や司法官が大量に逮捕されたりしている。

日本が戦争に突き進んでいるのは確かだ、と敬元は思う。一握りの戦争好きの軍人が引っ張っているというよりは、国民全体が戦争へ、戦争へと流れているように見える。先日、二等飛行士の村松定延と話してわかったことがある。日本は朝鮮と違って、一度も他民族の支配を受けたことがないのだ。戦争すれば必ず勝つ、そのたびに領土は広がる——。日本の国民は大方はそんなふうに考えているらしい。

確かに最近は、不況に苦しんだ二、三年前が嘘のように景気がよくなっている。満州事変による軍需景気と、あの広大な満州国が手に入ったためだろう。

そのなかで飛行機は、どんどん戦争の道具になっていく。満州事変以来、飛行学校の空気も変わってきた。操縦練習の合間の男たちの話題は満州の前線の飛行隊の活躍ぶりばかりだ。去年、民間飛行家三〇〇人がいっせいに陸軍航空隊に志願したが、その音頭を取ったのは日本飛行学校の相羽有や木暮武美だったらしい。『航空時代』や『スピード』などの航空雑誌にも、陸海軍航空隊の活動や少年航空兵に関する記事が多くなった。

一般国民の愛国飛行機献納運動もさかんだ。国民からの募金で軍用飛行機を製作し、軍に贈ろうというのだ。満州事変が始まって半年間に三三機の愛国飛行機が贈られたが、その第一〇号は朝鮮人の献金によるものだった。私の郷土訪問飛行にはちっとも寄付が集まらなかったのに、と敬元は複雑な思いだった。

あさって、八月九日からは関東防空大演習が始まる。それを聞いたとき、やはり北村兼子は先見の明があったのだと敬元は思った。北村兼子は、日本の都市は空襲に弱いのにその対策がないと歯がゆがっていたが、いよいよその対策が始まるらしい。

新聞によれば、敵機にみたてた海軍機五〇機が帝都を「空襲」、これを陸軍飛行三個中隊が迎え撃つ。そして夜は灯火管制、昼間は青年団や婦人会を動員して防空演習を行うというのだ。立川では八月三日に予行演習が行われ、下宿山保館の小父さんも在郷軍人とかで軍服を着て張り切っていた。

民間の飛行界も、空への関心を喚起するチャンスだとはしゃいでいる。とてもそんなものには付きあばかしい。みんな戦争ゴッコに浮かれている、と敬元は思う。とてもそんなものには付き合えない。勝手にしろ。

しかし、勝手にしろとばかりは言っていられない。敬元の出発が今日、八月七日になったのは関東防空大演習のせいだ。八月九日から一二日まで羽田飛行場は立ち入り禁止、八日はその準備で忙しい。だからその前に、というのだ。

潮時だと思う。

日本飛行学校も立川を去る。戦争で航空隊の活動がさかんになったので、立川は軍専用飛行場になることになり、日本飛行学校はじめ民間航空は、すべて立川から立ち退くことになったのだ。

初めて空を飛んだのは一九二六年二月。あのときの教官は小川完爾だった。よく怒鳴られたが、小川教官に教わったことは多い。彼は本物の飛行士だ。北海道に出張中で、晴れの訪満飛行出発を見てもらえないのが寂しい。

初めての単独飛行。横滑りの練習でブリルになり、もう少しで死にかけたこと――朝鮮海峡横断飛行の夢をかけて油にまみれ、涙と汗をしぼった苦闘の思い出はすべて立川に結びついている。立川の空からの景色は、田んぼの畦道の一本一本まで脳裏に浮かべることができる。

さようなら、立川。

そして、アバヨ、日本。

この飛行が終わったら、帰ろう。ふるさとへ。朝鮮へ。

五月に、この「日満親善・皇軍慰問日満連絡飛行」が決まったあと、後援してくれる帝国飛行協会や拓務省、逓信省などのお偉方たちに振袖姿でお礼参りをするように言われた。そして寄ってたかってお仕着せの振袖を着せられ、写真を撮られた。あのときの胸苦しきは、胸高の帯のせいだけではなかった。

猿まわしの猿。

このあとも飛び続けることは、もっと上手に猿まわしの猿として踊り続けるということなのだ、「内鮮満一体化」踊り――。

訪問着姿で、「日満親善・皇軍慰問飛行」関係者に挨拶回りをする朴敬元。1933 年 5 月

朝鮮に希望があるわけではない。初めて日本空輸の定期便でその上を飛んでみて、その禿山のつらなりに改めて国土の荒廃を思った。毎年のように干ばつや洪水に見舞われ、ますます荒れる大地に、それでも人びとはしがみついて生きている。その人びとの上に、日本の大陸政策のための「兵站基地」としての負担がさらに加わろうとしている。

奪われし野にも春は来るか。

詩人李相和はこう歌った。春はますます遠いように思える。

それに、チョッパリの国でモダンガールだ尖端女性だともてはやされた自分を、故郷の人びとが受け入れてくれるとも思えない。

しかし、帰ろう。

めぐりくる春ごとに
豊かさを増す洛東江
亀浦の原をうるおして
あふれあふれて流れるよ
流れるよ　エーヘーヤ
エーヘーヤ
エーヘーヤ

……………

## 2

八時すぎ、降り続いていた雨が上がった。青空も見えてきた。洗い上げられた緑が夏の陽ざしにまぶしい。

九時ごろから、羽田の東京飛行場には見送りの人びとがぽつぽつ集まってきた。女性飛行家の晴れの門出だけあって、女性の姿が多い。乾きかけた滑走路のそこここに、色とりどりの日傘の花が咲く。

突然、陽がかげった。

滑走路に影が走る。円形待合所の屋根の三角旗がばたばたとはためいている。ちぎれ雲が矢のように飛ぶ。

来るかな、と思ったときには、もう海防義会の格納庫が雨のベールに包まれていた。雨足に追われて、日傘の群がばらばらと軒下に駆け込む。

「こりゃあ……、駄目ですかね」

日本飛行学校主事の木暮武美は、校長の相羽有と顔を見合わせ、二人そろって窓際の席を振り返る。

さっきまでつぎつぎにあいさつに来る人びとににこやかに応対していた彼女も、ガラスに顔を寄せて窓の外をじっと見つめている。新調の緑がかった飛行服に着替え、出発の準備はすっかり整っている様子だ。ふだん、真っ黒に日焼けした顔しか見たことのない木暮には、今日の彼女は顔色がやけに青白く、別人のように見える。化粧のせいだろうか。

時計を見ると九時一八分。出発は一〇時の予定だからまだ四〇分ある。しかし出発となれば、メッセージの伝達やら花束贈呈やらの儀式もある。決行か中止か、早く決めねばならない。

相羽校長を見やって木暮は立ち上がり、場長室に行った。相羽も後からやって来た。たばこをくゆらす福士場長のかたわらで、満州航空東京支社長の安辺浩が電話をかけている。気象通報を確かめているのだ。

「この雨は通り雨だからすぐやみますが、遠州灘の陸地ちかくに低気圧が居座っているようですね」

受話器をもどして安辺が言う。

昨日の天気図では、千島と琉球に高気圧が張り出していて、それにはさまれて本州中部から小笠原にかけて気圧の谷がのびていた。予報ではこの気圧の谷は東に動いて洋上に抜け、今日は東海道は晴れるはずだった。ところが、千島の高気圧が強くて動けず、かえって西に動く気配すらあるという。

「どうしますか」

福士場長が、たばこを灰皿に押しつけながらぽつりと言う。迷惑そうな様子がありありとみえる。

　無理もない、と木暮は思う。日本の歴史始まって初の関東防空大演習があさってに迫っている。九日から一一日までの三日間、「帝都空襲」を想定して軍官民あげての防空大演習が実施されるのだ。東京飛行場は重要な拠点となる。新任場長の福士としては、つつがなく役目を果たすことで頭がいっぱい、一民間飛行学校の、それも朝鮮人の女の訪満飛行などにかかずらわっている暇はないというところだろう。

　七月に打ち合わせをしたときには、天候の都合などで七日が無理なら八日と決めたが、防空大演習の前日八日は避けてほしい、行くのなら今日、さっさと行ってほしい――。これが福士場長の本音だろう。

　その心を読んだように、相羽校長が言う。

「本人は行きたがってますからなあ」

　相羽としても、飛行学校の羽田移転を目前にして福士場長の心証を悪くしたくはない。三年前羽田に開設された東京飛行場は、今や日本唯一の国際飛行場として脚光を浴びているが、もとはといえば相羽が穴森神社の大鳥居そばの建物を借り受けて、日本飛行学校の看板を掲げたところである。台風による大水で格納庫も飛行機も流されてしまったため、立川の陸軍飛行場に間借りして飛行学校を再建したが、今回立川は陸軍専用飛行場となり、民間の立ち退きが命じられた。相羽は、開拓者特権を振りかざして航空局と交渉を重ね、ようやく東京飛行場の一画に移転先を確保したばかりなのだ。

移転にともなって、やらねばならないことは山ほどある。朝鮮初の女性飛行家による「日満親善皇軍慰問飛行」は宣伝効果満点だ。しかし、延期して改めて朝鮮総督府や満州国の当局と飛行日程などを交渉しなおすのはうんざりだった。

木暮は、近くに住んで彼女の長年の望みを知っているだけに、今度こそは飛び立たせてやりたいと思う。明日に延ばすといっても、明日八日は仏滅だ。河内機関士から、七日は仏滅だと彼女が気にしていたと聞いたので暦を調べたが、仏滅は今日七日ではなくて八日になっていた。あれで彼女は、案外迷信深いところがあるのだ。

今日が駄目になれば、改めてというのは難しいだろう。彼自身も非常に忙しくなる。飛行学校移転にともなう実務は結局彼の肩にかかっている。相羽有のアイデアと政治力、進軍ラッパの勇ましさには敬服するが、めんどうな実務を担当するのはいつも木暮なのだ。妻の出産も迫っている。

「見送りの人もたくさん集まっていますしね……」

これで決まった。

外を見やると、雨は上がってふたたび陽がさしている。防空演習の準備のためか、陸海軍機はさきほどの雨の中でも飛び立っていったし、新聞社の飛行機も離着陸している。

案ずるより生むがやすしだ、と木暮は思った。箱根が雨で越えられず、引っ返すことになったとしても、とにかく飛び立たせてやりたい。出発は、三〇分遅らせて一〇時半ということにした。

サロンにもどってみると、彼女の姿が見えない。さっきまで座っていたテーブルには、食べ残しのカレーライスの皿が載っている。窓から見ると、滑走路に駐機した「あおつばめ」のそばに、華やかな一団に囲まれた飛行服姿がみえた。

「決行、決行」

相羽有は大声で叫びながら、ドアに巨体をぶつけるようにして出ていった。

木暮は、大阪に着くまでに腹が減るだろうな、と食べ残しのカレーライスを見て思った。しかしその横に『東京朝日新聞』の朝刊が広げられているのには気づかなかった。

「南鮮に狂う暴風　死者五十三　被害家屋二千六百余」

こんな見出しが見えていた。

## 3

帝国飛行協会会長・阪谷男爵が送別の辞を読み上げた。四王天中将も激励の言葉を述べた。

朴敬元が謝辞を述べた。

日本飛行学校校長相羽有の長女で東京女学館小学部五年のみどりが、「祝・日満親善皇軍慰問飛行」という赤いリボンのついた花束を彼女に捧げた。

朴敬元は、愛機サルムソン2A2型「あおつばめ」号に乗り込んだ。「あおつばめ」の後部座席には、荒木陸軍大臣から託された菱刈関東軍参謀長へのメッセージが積み込まれている。逓信大臣・南弘から満州国交通部総長・丁鑑修、拓務大臣・永井柳太郎から満州国国務総理・鄭孝胥にあてたもの、牛塚東京市長から、彼女が訪問する予定の新京・奉天・ハルビン市長にあてたメッセージもある。

操縦席に立った敬元は、手にした日の丸を高く掲げ、見送りの人びとに笑顔を見せた。人びとのあいだから拍手が起こる。

もう一度大きく日の丸を振って、彼女は操縦席に着く。

「あおつばめ」はするすると動き出した。

見事な離陸である。ときに一九三三年八月七日午前一〇時三五分。

朝日、報知などの新聞社、日本空輸、日本飛行学校、亜細亜飛行学校の飛行機が、歓送のために次々に飛び立った。

「あおつばめ」は、飛行場の上空を二周したあと、機旨を西に向けた。大阪到着は午後一時の予定である。今日は大阪で泊って、八日朝九州太刀洗に飛ぶ。ここでもう一泊。九日午前八時、いよいよ玄海灘に飛び立ち、蔚山を経て京城に着くのが午後二時五分。宇垣総督夫人、今井田政務総監夫人の出迎えを受ける。

翌一〇日午前八時京域発、平壌、新義州を経て奉天に午後三時三七分着。最終目的地の新京には八月一一日午後一二時五分、到着の予定だ。

全航程約二二〇〇キロの長距離飛行である。見送りの人びとは、「あおつばめ」の消えていった空をもう一度見上げ、そのはるかな道程に思いを馳せつつ飛行場から散っていった。

阪谷男爵は懐中時計を眺め、そそくさと待たせておいた車に乗り込んだ。七月末に死去した関東軍総司令官・武藤元帥の国葬が日比谷公会堂で行われるのだ。男爵にとってはこっちのほうがよっぽど大事だ。間に合えばよいが、と彼は思った。

二等飛行士の上仲鈴子は、ボクさんが満州に行けて本当によかったと思った。彼女は自分が日本婦人航空協会の訪満飛行に選ばれたことで、ずっと朴敬元にすまないという気がしていた。彼女の訪満飛行は、大阪まで単独飛行するなど準備をしていたのに、最近日本婦人航空協会の理事長が詐欺で訴えられ実現が怪しくなっている。それでよかったのだと上仲鈴子は思っている。自分にはまだその力はない。しかしボクさんなら――。

　ただ気になるのは、出発前、操縦席のボクさんに地図を手渡すとき、一緒に渡そうと用意していたお守りのマスコットを忘れてきたことだ。せっかく買ったの

日満親善飛行に
朴孃出發す
けさ羽田で盛んな見送り

『朝日新聞』1933年3月8日

に残念だ。

花束を贈呈した相羽みどりは、ボクさんの顔がいつもと違うように見えたのは、口紅をつけているせいだろうか、と考えていた。その兄の相羽正は、ボクさんは前の席に乗り込んだが、墜落したとき前では危ないのではないかと思った。

父親の相羽有は、一一時半、箱根の航空無線連絡所から「一一時一七分、南方に爆音を聞けり」の報があったと聞き、ヤレヤレこれで片づいた、大阪到着は二時すぎだな、と思いながら、子どもたちとともに帰宅した。

大阪飛行場では、日本空輸大阪市支所長の石田房雄が、朴敬元一〇時三五分羽田出発の電話を受け、その旨を相愛会の幹部に伝えた。在日朝鮮人の融和団体である相愛会では、朝鮮初の女性飛行家の晴れの飛行を激励するため関西の同胞を飛行場に集めていた。堺の柳原吉兵衛も駆けつけて来ることになっていた。

朴敬元の出発を聞いて、集まっていた朝鮮人のあいだから歓声が上がったが、石田房雄は、遠州灘に低気圧が張りついているのに無理をしなければいいが、と思っていた。

朴敬元の出発の報は、京城にも伝えられた。正午に届いた電報でそれを知った朝鮮飛行学校の鎮校長は、立川で朴敬元と一緒に操縦練習をしたことのある金東栄機関士に命じて歓迎会の準備にとりかからせた。

京城府樓上洞の李宅では、八月四日朝、服毒自殺をはかった李貞喜が昏睡から覚め、詰めかけた新聞記者から朴敬元の出発を知らされた。

大邱では、商工会議所副会長の吉田由巳が、朴敬元出発の報にこれで大邱名物がもう一つできるわいと思った。大邱出身の幕内力士大邱山こと俐某が満鮮巡業で故郷に錦を飾ったばかりだったのだ。計画中の大邱飛行場が完成したら、朴飛行士に初飛行させるのもよいな、と彼は考えた。

新京の島田関東軍中佐は、正午過ぎ東京の安辺満航支社長からの電報で朴敬元出発を知った。彼は、大日本帝国領事館内朝鮮総督府付き事務官・堂本貞一を呼び出し、各地での歓迎プログラムや満州国内での飛行計画の確認を始めた。


日本飛行学校の練習機で歓送飛行に飛び立った一等飛行士の中村正は、六郷橋の上空で「あおつばめ」の右後方につけた。

操縦席から朴敬元が振り返って、白い歯を見せた。手を振っている。

彼も、じゃあと手を上げ、二、三度翼を振って大きく右に旋回した。振り返ってみると、川崎の工場地帯からもくもくたちのぼる煙の向こうに、黒いトンボのような「あおつばめ」の影が遠ざかって行く。西を見ると、灰色の雲が低く垂れ込めている。

このぶんでは箱根越えは駄目だろう。無理しないで引き返してくれればいいが。

やっと一人になった。

翼の張線が、風に高く鳴っている。

ちぎれ雲が、機体の左右を矢のように流れる。

海岸線が見えてきた。東海道線の線路を横切って海に出る。片瀬海岸にはビーチパラソルの花が咲いている。江ノ島が見える。

江ノ島を越えたところで進路を西にとり、白い波のうちよせる海岸沿いに小田原まで飛んで箱根を越えるのが通常のコースだ。しかし明後日に迫った関東防空大演習のため、辻堂海岸の海軍飛行練習場を大きく迂回するようきびしく命令されている。

伊豆半島は雲に覆われていて見えない。出発前、ちょうど日本空輸の定期便が到着したので、人を走らせて箱根の様子を聞いてもらった。雲が厚くて箱根を越えられず、下田まわりで飛んできたそうだ。しかし、初島の上空からみると熱海峠の上あたりに雲の切れ間が見えたという。

ともかくも第一目標の箱根越えを目指す。無理なら南に下って、熱海から三島へのコースをとることにする。

まもなく小田原だ。雨雲が低くなってきた。駅を過ぎたら高度を上げて、雨雲の上に出よう。乱層雲を抜ければ、雲の切れ目が見つかるだろう。

小田原が見えてきた。ゆっくりと高度を上げる。顔にあたる雲が冷たい。雨も降ってきた。高度四〇〇、五〇〇……。

依然として雲の中だ。なにも見えない。灰色の冷たい雲が機体のまわりで渦を巻いている。息が苦しい。

ふっとまわりが明るくなった。乱層雲を抜けたようだ。高度計は六〇〇を指している。一息ついて、時計を見る。一一時一二分、出発から約四〇分たったわけだ。地図をとって、小田原のところに11:12と書き入れる。

しかし、箱根方向に雲の切れ目は見えない。頭の上には、中層雲の積雲がびっしり蓋をしたように連なっている。これでは箱根越えはとても無理だ。

ゆっくり左に旋回して、南に進路をとる。高度を上げる。七〇〇、八〇〇……。

積雲が渦を巻いて押し寄せる。吹きちぎられた雲の雑兵たちが冷たく沸騰して顔に襲いかかる。雑兵たちはたちまち大軍となって機を取り囲む。いつものことだ。ちょっと辛抱すれば抜けられる。そうすれば青々とした空が広がっているはず――。

ひょうひょうと張線がうなりを上げる。

機体が急に左に傾く。機首が下がる。今度は右――。突然がくんと高度が下がる。下降気流か？

前にも何度もこんなことはあった。もうだめかと観念したこともある。そのたびになんとか切り抜けてきたじゃないか。

しっかりしろよ、敬元。

頼むよ、あおつばめ。

機は今、どっちを向いているのか？　北か南か、上か下か。コンパスの針はただぐるぐると回っている。

むくむくした白い塊がつぎからつぎに押し寄せる。苦しい。息ができない。窒息しそうだ。

行かなければ――。

どうしても行かなければ――。

乳の流れる洛東江へ――。

白い雲の大群は、地鳴りのような声を上げて四方八方から「あおつばめ」を取り囲む。

いや、違う、地鳴りではない。

マンセー、マンセー。

雲ではない。白いチマチョゴリに白いバジチョゴリの人びとだ。白い人びとがびっしりと機を取り囲み、「マンセー」を叫んでいる。

笑っている。白い人びとが笑っている。踊っている。

白い人びとがウィルソンの飛行機を迎えて踊っている。歓喜にあふれで、両手を高々と上げて――。

マンセー。

マンセー。

# 玄岳の慰霊碑

終章

墜落した「あおつばめ」
（写真提供・小暮隆氏）

別荘地の家並は、またいちだんと立て込んだようだ。杣道《そまみち》の入り口にも大きな青い屋根の瀟洒《しょうしゃ》な家が建っている。しかし、歩く人もないのか杣道には夏草が生い茂っていた。山百合が重たげに頭を垂れている。

伊豆半島の尾根にある玄岳《くろだけ》の中腹である。谷を巻いて細々と杣道が続く。やがて道は藪に覆われ、踏み跡もさだかには見えなくなった。背丈より高いススキをかき分けかき分け登ると、たちまち全身がびしょ濡れになる。朝方まで雨が降り続いていたのだ。今は雨は上がっているが、雲は低く、ときおり霧が視界を閉ざす。

一九九三年八月七日。

この道をたどるのは四度目だが、こんなにお天気が悪い日は初めてだ。最初にここを訪ねたのはちょうど一〇年前の今日だった。その日は一点の雲もない快晴だった。

一九八三年八月七日、日本婦人航空協会と韓国女性航空協会の共催で「朴敬元墜死五十年祭」が営まれた。熱海の医王寺で慰霊の式典、そのあと昼食をとりながら懇親会。終わってから、熱海市が用意したマイクロバスで玄岳に向かった。杣道の入口に着いたのは午後二時。容赦なく照りつける真夏の太陽のもと、黒衣の人びとは汗を拭き拭き一列になって歩いて行った。その日のために地元の人が草刈りしてくれていたので、今日のように藪を分ける苦労はなかった。目を上げると山の頂がくっきり夏空に稜線を刻み、ふりかえる伊豆の海はきらきら光っていた。

しかし、朴敬元の墜死現場を訪れるには、今日のような暗欝な日のほうがふさわしい。六〇年前の今日、山の霧はもっと深かったろう。

六〇年前、一九三三年八月七日、朴敬元が操縦する「あおつばめ」は、午前一一時一七分、箱根の航空無線の南方に爆音を響かせたあと、行方不明になった。「あおつばめ」の航続時間は六時間、午後四時にはガソリンが尽きるはずなのに、夕方になっても消息はわからない。

この日、箱根から伊豆半島は終日密雲に閉ざされていた。日本空輸の定期便も箱根越えをあきらめ、下田まわりで飛んでいた。「あおつばめ」も下田をまわって、海のどこかに不時着しているのではないか。

伊豆半島・玄岳。1988年11月

伊豆大島あたりまで捜索機が出たが、なんの手掛かりもない。三保の松原に住む根岸錦蔵は駿河湾を飛び、むなしく戻った。

翌八日の早朝、熱海の南の多賀村の人びとは、前日とはうって変わってくっきり晴れ上がった玄岳山頂近くに白く光るものを見た。

「あんな高いところに、テントを張った馬鹿がいる」

最初村人は、山を見上げてそんなことを言い合った。しかしすぐに、きのうラジオで言っていた朝鮮の女性飛行家ではないかという声が出た。

小松村長の家に人が走った。

午前六時半、半鐘が打ち鳴らされた。消防組、青年団、在郷軍人会、それに隣の網代からも応援部隊がくりだし、二百余名が玄岳に向かった。当時はもちろん車の道はなく、今たどっている柚道も拓かれていない。人びとは藪を切り拓きながら急斜面を登っていった。

「あおつばめ」は、茂った木々を薙ぎ倒して機首を下に墜落していた。真二つに機体が折れ、二五度の急斜面にエンジンやプロペラが散乱していた。

朴敬元は、操縦席でハンドルを握ったまま冷たくなっていた。左胸の強打による即死である。血に染まった腕時計は、一一時二五分三〇秒を指して止まっていた。箱根の航空無線の南方通過を確認されて八分後である。

伊豆の玄嶽で
朴孃墜死す
我女鳥人初の犠牲

『朝日新聞』1933年8月9日

密雲にはばまれて箱根越えをあきらめた朴敬元は、雲の切れ間を探しながら山に沿って南下した。渦巻く雲の中、突然前方に山塊を発見し、いそいで左旋回しようとして失速・墜落した——。

当時の新聞にはそう書かれている。

パイロットの高橋潤さんも、わたしが持っていた「あおつばめ」の墜落写真を見るなり、「失速ですね」と言った。彼は、もう五〇年近くも飛び続けているベテランパイロットだ。

朴敬元の飛行時間は二三〇時間――。

「それじゃあ、夏の伊豆半島を越えるのは無理ですよ」

高橋さんは言う。夏は、伊豆半島の尾根の東側に下降気流が発生することが多く、当時の飛行機では老練なパイロットにとっても難所だったそうだ。

それにしても、羽田を飛び立ってわずか五〇分である。二二〇〇キロの壮途のほんのとば口で、朴敬元は死んでしまったのだ。

「朴敬元嬢惨死」

八月八日の夕刊は、彼女の死を大きくそう伝えた。


ようやくその惨死の現場の入口に着いた。「朴敬元慰霊碑」と書かれた古びた木札が樹木にくくりつけられている。道はない。石だらけの急斜面を木の枝につかまりつかまりよじ登る。

「昭和八年朴敬元嬢遭難慰碑」と書かれた石柱が建っている。すぐそばに、根元ちかくから二股に分かれ、少女の足のようにすんなり伸びたカエデが生えている。若木なので、「あおつばめ」が墜落したときにはまだ生えていなかったろう。

一〇年前の五十年祭のときは、三〇人ぐらいの人がここを訪れた。韓国女性航空協会会長の金璟梧さん、副会長の鄭淑子さん、日本婦人航空協会の及位理事長らが碑に花束をささげ、お茶をたむけた。

今日はわたし一人である。花束もお茶も用意して来なかった。時計を見ると午前一一時五〇分。なんとか朴敬元が墜落した一一時二五分までに現場に着きたいとあせったが、間に合わなかった。茂った木々にまといつくように霧が降りてきた。まるで深海の底にいるようだ。六〇年前の今ごろ、朴敬元もここにただ一人、「あおつばめ」の操縦席で冷たい霧に抱かれていたのだろう。即死だったというから、もうすっかり血の気の失せたその顔のそばに、霧を含んだ花束がいよいよ鮮やかさを増していたのではないだろうか。

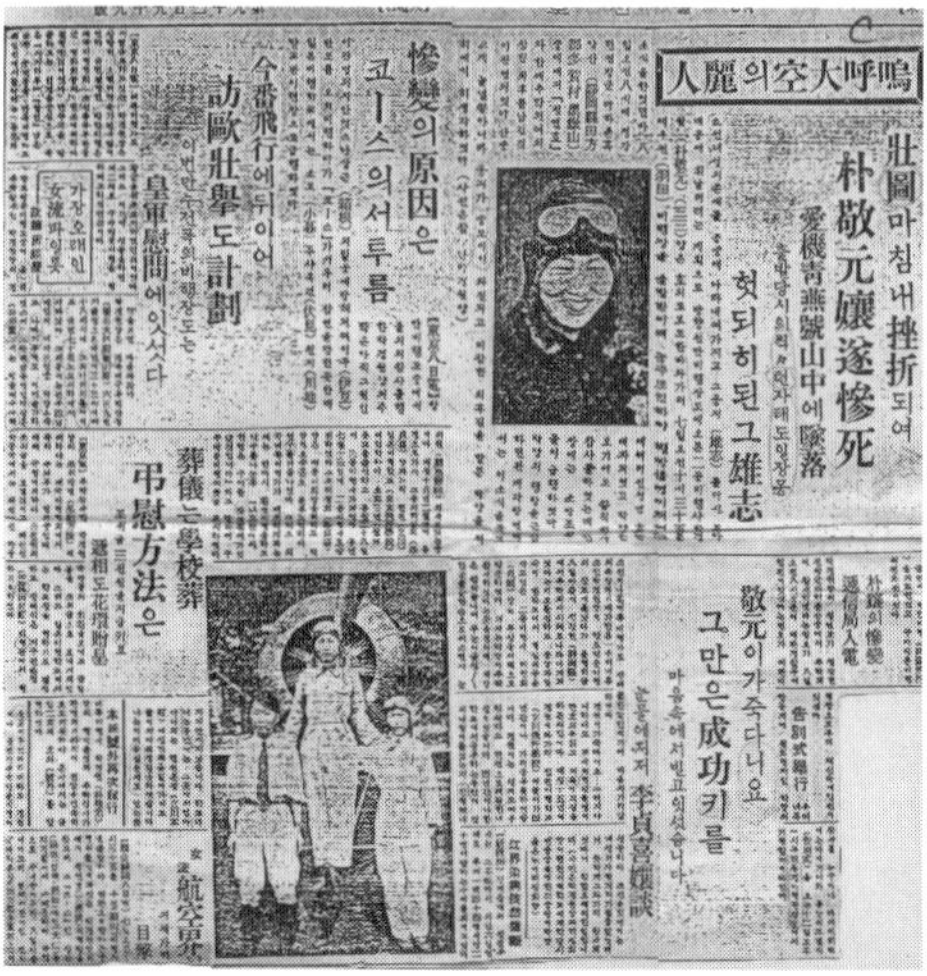
嗚呼大空의麗人

壯圖마침내挫折되여

朴敬元孃遂慘死

愛機靑燕號山中에墜落

헛되히된그雄志

慘變의原因은

코―스의서투름

今番飛行에뒤이어

訪歐壯擧도計劃

皇軍慰問에잇섯다

葬儀는學校葬

弔慰方法은

敬元이가죽다니요

그만은成功키를

李貞喜孃談

『毎日申報』1933年8月9日

朴敬元のなきがらは、翌日八日の夕方、地元の人びとの肩に担がれて山を降りた。途中、月が昇った。満月だった。月光が朴敬元の白蠟のような顔を皓々と照らした。

その夜彼女は、またたく漁り火の見える小高い丘で荼毘に付された。

悲報は、八月八日正午過ぎ、故郷大邱に伝えられた。朝鮮初の女性飛行家朴敬元の訪満飛行出発は、朝鮮で発行されていた『東亜日報』、『毎日申報』、『京城日報』などにも大きく伝えられていた。

「人々は、彼女の壮志を仰ぎ見るように首を長くして待っていた。まして彼女を生んだ大邱では、十一万府民がじっと空を見つめていたのだ。そこに悲報が届くや、誰も彼も言葉を失い、『まさか』というだけだった」（『毎日申報』八月一〇日）

明治町の朴敬元の母のもとや、三笠町の鄭鳳来宅には新聞記者が押しかけた。母張斗禮は茫然自失して言葉もなく、つめかけた近所の人が、「ほんとなんですか。なにかの間違いですよね」と、記者をくり返し問い詰めた。（同）

朴敬元告別式。日本飛行学校主催、帝国飛行協会講堂。1933年8月11日

京城では、自殺未遂から回復しつつあった李貞喜が、「朴敬元惨死」の報に泣き崩れた。『京城日報』（八月九日）は飛行学校時代の二人の写真を載せ、「奇しき宿命の戯　死を求めて生き　栄光は空し」と生死逆転した二人のかつての交流を書いている。

八月九日、無事であればいよいよ念願の朝鮮海峡横断飛行をして故郷の空を飛ぶはずだった朴敬元は、遺骨となって東京に戻った。

八月一一日、帝国飛行協会講堂を式場に、日本飛行学校による盛大な告別式がいとなまれた。参列者は、官民航空関係者百五十余名。

祭壇には、出発の直前に撮った朴敬元の遺影が掲げられていた。写真の彼女は、飛行服に飛行眼鏡姿で「あおつばめ」の操縦席に立ち、日の丸を手にしてにっこり笑っている。

その背後には、荒木陸軍大臣、南逓信大臣、永井拓務大臣、今井田朝鮮総督府政務総監、小磯関東軍参謀長などからの花輪が林立していた。関東軍、満州国協和会からの花輪もあった。午後二時半、告別式終了。

日本飛行学校主事・木暮武美のこの日の日記には、「午後四時五十分東京着ニテ遺族、金張の両氏到着ス。式場ニ案内シ両人共立川行キ山保館ニ投宿ス」とある。

「遺族、金張の両氏」の張氏はおそらく母親張斗禮、金は立川の御国飛行学校に学び朴敬元と面識のあった金東栄だろう。二人の到着は告別式に間に合わなかったのだ。

翌一二日、二人は木暮武美の案内で立川町関係官公署に御礼まわりの後上京し、逓信・陸軍・拓務省、日本空輸、朝日新聞社などをまわった。八〇歳を過ぎた高齢の張斗禮にはさぞや過酷な一日だったろう。午後八時二五分、木暮武美に見送られて二人は東京駅を発ち、帰朝の途についた。朴敬元の遺骨も一緒である。

八月一四日午前一〇時四七分、朴敬元は変わり果てた姿で大邱に帰って来た。大邱駅には、母校明新女学校の後身復明普通学校の生徒が出迎えており、母校で追悼会が催された。

復明普通学校では、八月一一日の東京での告別式にあたって、職員一同の名で弔辞を寄せていた。

「君ガ残サレシ雄図ハ幾多後輩ヲ刺激シ、吾半島ノ女子ノ為ニ万丈ノ気ヲ吐カレシモノニシテ、君今ヤ黄泉ニ在リト雖ドモ、其精神ハ永久ニ滅ビズ……」

故郷に戻った朴敬元の遺骨は、徳山町の仏教布教院に安置されたと、『東亜日報』八月一六日付けにある。

日本飛行学校主事・木暮武美にとって、この夏は公私ともに目のまわるような忙しさだった。飛行学校の羽田移転にともなう作業に加え、朴敬元の訪満飛行とその墜死。そのうえ、朴敬元墜死の現場の後始末をすませ、遺骨を持ち帰った翌一〇日未明、妊娠中の妻が突然産気づいた。予定日よりかなり早かったが、午前七時すぎ無事男子出産。「ボクさんの事故でびっくりして早く出てしまった」と言われるその六男は、一四日澄夫と命名された。

朴敬元の遺品や下宿の始末もしなければならない。九月三日、木暮武美は日本飛行学校の別会社東京航空輸送の仕事で伊豆の下田に出張していた。四日、そこに朴敬元の弟相勳の上京が伝えられた、彼の日記にはこう書かれている。

「朴氏ノ弟相勳氏荷物受取リノ為上京ノ報アリ午前九時五十分下田発ニテ直チニ帰校ス。午後五時着、相勳ト面会シ荷物ノ取リマトメ、残務整理ニ付キ打合ワセヲナス。

朴氏ハ六日夕東京発ニテ荷物取リマトメ携行帰朝ス」

これで、朴敬元の九年に及ぶ日本での生活は、完全に終止符が打たれた。以後、木暮武美の日記に朴敬元の名前が登場することはない。木暮家ではそのとき譲り受けた朴敬元の遺品の机を後々までも愛用した。五男隆さんによれば、引出し付きの立派なものだったという。

一方、日本飛行学校校長・相羽有は、雑誌『スピード』編集長の山口安之助に命じて、朴敬元の追悼録を編ませた。

一一月、『故二等飛行機操縦士　朴敬元嬢追悼録』と題して刊行されたそれは、B6判一四四ページ、彼女の訪満飛行計画の経過と「あおつばめ」に積み込まれていた各界からのメッセージ、八月一一日の告別式での弔辞に加え、朴敬元の遺稿「わが女流飛行家は何故伸展しないか!」、「青空礼讃」の二篇、さらに関係者六八人による追悼文が収録されている。

追悼文を寄せた六八人のおおかたは、彼女の訪満飛行を支援した航空関係者、軍人、ジャーナリストだが、中にはフランス大使ド・マルテルや女優の森律子、白木屋百貨店専務などの文章もあり、朴敬元の死が幅広い層に衝撃と哀悼をもって受け止められたことをうかがわせる。

この本の「はしがき」で、相羽有はつぎのように述べている。

「この小冊子を編纂いたしましたる次第は、朴飛行士の冥福を祈りたいとともに、航空界の進歩のために不運の裡に斃れた、しかし日満鮮の親善融和のために貴き犠牲の楔となったことを永く後の世に伝えんとする趣意でございます」

朴敬元の死は、墜落現場の地元にも衝撃を与えていた。多賀村村長・小松勇次や村会議員・松本隆法は『追悼録』に一文を寄せ、哀悼の意を表しているが、さらに翌一九三四年七月二九日、『静岡国民新聞』にこんな記事が載った。

「昨年八月七日天晴れ女流飛行家として輝かしい前途を祝福されながら日鮮満飛行の壮途に上った朴敬元が伊豆田方郡多賀村の山中において悪気流のために山腹に衝突して女流飛行家最初の犠牲者となってからすでに一ケ年の歳月が流れたが当時の村長及び有志はこれが記念碑を立てることになり製作中のところこの程大体出来上り来る八月七日建碑式を行う事となった。

碑は高さ一丈の伊豆の自然石に『朝鮮朴敬元嬢の霊祠』とあり当日は日本飛行学校よりサルムソン機を派遣追悼飛行を行い嬢の英霊を慰める事となった」

「昭和八年　朴敬元嬢遭難慰碑」1981 年建立。1988 年 5 月 5 日撮影

今、冷たい霧が樹間に漂う墜死現場には、「昭和八年　朴敬元嬢遭難慰碑」の石柱が建っている。これは一九八一年に地元の上多賀町会が建てた新しいものである。

その左上に大きな木が生えている。かなりの老木らしく、大人二人がかかえもありそうな太い根元はうろのように抉られているが、その左脇に平たい大きな石が立てかけられている。それが朴敬元墜死一周年の一九三四年八月七日に建てられた慰霊碑である。

わたしがそれに気がついたのは、三回目にここを訪れたときだった。それまではただの岩だと思ってまったく注意を向けなかった。それぐらい目立たないのだ。

日本婦人航空協会理事長・及位野衣さんが、木部シゲノ、佐藤（旧姓本登）勝代さんらとともに初めて玄岳を訪れたのは一九七四年二月だった。前年、日本婦人航空協会と韓国女性航空協会が姉妹提携したのを機会に、韓国女性航空協会会長・金璟梧さんから朴敬元墜死状況についての問い合わせがあり、急遽現場訪問ということになったのだ。

そのときは、一メートル以上もある立派な自然石の慰霊碑が礎石の上に立っていた。その年八月七日、日本婦人航空協会と韓国女性航空協会の主催で一年遅れの朴敬元遭難四十年祭が行われたが、そのときにも立っていた。

熱海市の郷土史家・冬木亘さんの「朴敬元碑秘話」（『熱海新聞』一九八二年七月）によれば、碑の建立者は地元の名士で多賀村の村長を務めたこともある西島弘。朴敬元墜死一周年にあたって、彼は真鶴半島でみつけた立派な小松石に碑文を彫らせ、近くの道路工事で働いていた朝鮮人四人に玄岳の墜死現場まで運び上げさせたという。

碑面には、上部に大きく「鳥人霊誌」とある。日本飛行学校校長・相羽有の題字である。

その下にこんな文字が刻まれていた。

「嗚乎故二等飛行機操縦士朴敬元嬢此ノ地ニ逝ケリ惨哉嬢ハ朝鮮大邱府徳山町ノ産嚢ニ日本飛行学校ニ業ヲ終ヘ斯界ニ雄飛スルコト七年常ニ報国ノ大志ヲ懐キ茲ニ郷土訪問在満将士慰問日満親善ナル大使命ヲ帯シ昭和八年八月七日午前十時頃勇躍羽田飛行場ヲ発翔シタルニ間モナク函嶺

ノ密雲ト悪気流ニ悩マサレ此ノ地ニ殉職セリ芳齢三十三歳本邦女流飛行家最初ノ犠牲ニシテ後進飛行家ニ大ナル教訓ヲ与ヘラレリ
惟フニ嬢ノ天資闊達明快親愛ノ志深カリケレバ其ノ威霊ヤ燦タル女神トナリテ永遠ニ航空界ヲ守護アラセラレ賜フナラン
恭敬以テ拝記ス
昭和九年七月
東海樵翁」

「東海樵翁」とは、西島弘の号である。

「鳥人霊誌」1991 年 11 月撮影

その慰霊碑が無残に崩壊しているのが発見されたのは一九八三年、わたしが参加した五十年祭のときだった。自然に崩壊したのか、人為的に破壊されたのかはわからない。韓国側では人為説を取り、日本側とのあいだに気まずい空気が流れた。修復費用の負担をめぐって、地元と日本婦人航空協会とのあいだで感情的なやり取りもあったと聞いた。

以後、完全に修復する費用の出所のないまま地元で応急的に破片をつなぎ合わせ、木の根元に立てかけたままになっている。碑面は一部欠落し、傷跡が縦横に走って三分の二程度しか判読できない。このままでは豪雨でもあれば再び崩壊し、土石に埋もれてしまうことは目に見えている。

しかしわたしは、その方がいいのかもしれないという気もしている。

碑文にある「常ニ報国ノ大志ヲ懐キ……在満将士慰問日満親善ナル大使命ヲ帯シ」、あるいは「本邦女流飛行家最初ノ犠牲」の文字——。これらは朴敬元について言われる「民族魂の喪失者」を証するものであり、さらに「侵略の先兵」の証左ともなる。

冬木亘さんは、「当時の国情として、朝鮮人に対する人種差別、侮辱意識が関係者にあったことは否定できない事実であろう」としたうえで、私費をはたいて慰霊碑を建立した西島翁について、「その人間愛の深さ貴さに頭が下る思いである」と書かれている。（「朴敬元碑秘話6」）

確かにそれは言える。この西島翁にしろ、短時日の間に六八人もの追悼文を集めて『朴敬元嬢追悼録』を編んだ相羽有にしろ、当時の日本人が一人の朝鮮女性の死に対して示した好意としては破格のものがある。

しかし慰霊碑は、朴敬元の「在満将士慰問日満親善ナル大使命」を称え、『追悼録』は「日満鮮の親善融和のため」の「貴き犠牲」として朴敬元を後世に伝える。

支配民族日本人が当時の価値観のなかで朴敬元を称えれば称えるほど、彼女は「民族魂の喪失者」、「侵略の先兵」に追いやられてしまう——。

やはり、朴敬元は、ここで死ぬしかなかったのではないか。霧に濡れた冷たい慰霊碑の文字を手でたどりながら、わたしはそう思う。

朴敬元が死んだ一九三三年といえば、日本が柳条湖事件をきっかけに中国大陸への侵略を開始して二年目、「満州国」をでっちあげて一年目。国民の大方は「満州国」建国によって長い不況を脱し、軍需景気に浮かれていた。軍国主義は、庶民のあいだにも確実にその影を広げつつあった。

とりわけ朴敬元の死の翌々日に実施された関東防空大演習は、草の根の軍国主義化を一挙に進めた。それだけでなく、軍のマスコミへの介入があからさまになる契機ともなった。「関東防空大演習を嗤う」を書いてこれを批判した『信濃毎日新聞』主筆桐生悠々は、「反軍的」だとして退社に追い込まれている。朴敬元は、その関東防空大演習に押し出されるようなかたちで飛び立ち、そして墜死したのだ。

それは日本だけではなかった。朴敬元の死の直前、史上最も民主的で男女平等に貫かれているといわれる憲法を持つドイツに、ヒトラー率いるナチスの政権が誕生した。広がるファシズムの影のなかで、ミリタリズムとナショナリズムが世界を覆い始める。

そのなかで、一九二〇年代にはモダニズムの文化潮流や国境を無にするインターナショナリズムの象徴として縦横に世界を翔けた飛行機は、ミリタリズムとナショナリズムの象徴になっていく。朴敬元の死の直後、彼女が七年半の研鑽の日々を過ごした立川飛行場が軍専用になり、数多くの外国人飛行家を送迎した「日本の空の玄関・立川」が閉鎖されたのはその象徴といえる。
しかし、朴敬元の死後一、二年、日本の女性航空界はかつてない隆盛を迎え、女性二等飛行士が続出している。戦前の日本で空を目指した女性をリストアップしてみると、飛行学校に入ったが免許取得に至らなかった人やパラシュートやグライダーで空を飛んだ女性、それにアメリカのシラー飛行学校で操縦練習をした南地（佐村）ヨネや、朴敬元など植民地下の朝鮮女性三人も含めれば、四八人の名前が上がった。（巻末参照）
その中で二等飛行機操縦士の免許を取った女性は、朴敬元の墜死以前には八人。木部シゲノ、今井（西原）小まつ、籔内光子、鈴木（近藤）しめ、李貞喜、上仲（中村）鈴子、正田（秋谷）マリエ、それに朴敬元である。
それに対して彼女の死後は、一九四〇年までの七年間に一三人の二等女性飛行士が誕生している。松本（西崎）キク、長山（馬淵）きよ子、梅田（久富）芳枝、馬淵てふ子、木下（古閑）喜代子、西村（田中）皐子、久岡（横山）秀子、及位（野衣）ヤエ、西尾恵美子、金福男、松平和子、島田てる子、芦沢（浜田）京子である。（かっこ内は現在の姓名）
これでいうと、「本邦女流飛行家最初ノ犠牲」としての朴敬元の墜死は、かえって日本の女性航空界を活性化したように見える。
それかあらぬか、一九三四年七月、松本キク、馬淵てふ子、上仲鈴子、正田マリエ、長山きよ子、梅田芳枝の六人の二等飛行士によって日本女子飛行士クラブが結成されたが、その意図は朴敬元の数年来の願いに通じるものだった。

「現在の女子飛行士は余りにもその地位を認められていない。即ち女のくせにと言う世人一般の先入意識とでも言おうか、そうした空気の中で、どうして我々の地位向上がはかられよう。

個々の力は小さい。けれどもその小なる者が一団となり結束したときに、一つの偉大なる力を発揮し得るものである。(略)

『我等の地位向上を計ろう、そして日本航空界の発展は先ず女性から』を標榜し、献身的努力を捧げようと結束して、我等の地位向上を計るべく、技術の練磨に、実力の涵養に専念つとめることが、与えられた我等の使命なのである」

日本女子飛行士クラブ幹事の長山きよ子は、『航空時代』一九三四年八月号で結成の趣旨をこんなふうに書いている。そして、女性は一等飛行士になれないという壁の打破を目的に掲げた。

ここには、朴敬元がその遺稿「わが女流飛行家は何故伸展しないか！」で述べたのとまったく同じ思い、同じ姿勢がある。長山きよ子は一九一一年静岡に生まれ、日本女子体育専門学校を出て広島の女学校の体育教師をしていたが、一九三二年、第一航空学校に入った。二等飛行士になったのは一九三三年一〇月である。朴敬元と会う機会はなかったが、その遺志を受けついだといえる。

さらにその年秋、松本キク、馬淵てふ子の二人によって、朴敬元が果たせなかった訪満飛行が実施された。

松本キクは一九一二年埼玉県生まれ、地元の小学校教師の仕事に飽きたらず一九三二年安藤飛行機研究所で操縦練習を始めた。一九三三年八月、二等飛行士の免許取得。

馬淵てふ子は一九一一年秋田県生まれ。長山きよ子と同じ体育専門学校出身で、横浜のフェリス女学院の体操の教師をしながら操縦練習を始めた。二等飛行士になったのは一九三四年三月だった。

一九三四年一〇月下旬、二人はほぼ同時に「皇軍慰問・日満親善」満州訪問飛行に飛び立った。床次逓信大臣によって、松本キクの乗機は白菊号、馬淵てふ子のは黄蝶号と命名されていた。このあでやかな名前を持つ二機は、追いつ追われつしながら満州に向かった。一一月四日、松本キク、ゴールの新京に到着。翌五日、馬淵てふ子到着。

この一日の差は決定的だった。松本キクは大歓迎を受け、彼女の乗機にちなんで、新京に「白菊小学校」、「白菊通り」が誕生した。パリにある国際航空連盟は、日本女性初の海外飛行として松本キクを一九三四年のチャンピオン・アビエーターにノミネートし、ハーモン・トロフィーを授与した。

ようやく日本にも、本格的な女性飛行家時代が到来したかにみえた。

しかし、二人の訪満飛行は単独飛行ではなく、それぞれベテラン男性が同乗していた。操縦練習を始めて二、三年の彼女たちが、朴敬元が九年かかっても果たせなかった夢をあっさり達成した背景には、軍官民上げてのバックアップ体制があったのだ。

「白菊」と「黄蝶」の追いつ追われつとして演出された二人の「皇軍慰問・日満親善」飛行は、「飛行機」と「大陸」に対する一般の関心を高めるのに役立ったはずだ。結果的にみると、彼女たちは、飛行機をミリタリズムとナショナリズムの道具として大陸へ向かう軍国日本の、まさにチアガールだったといえる。

朴敬元の訪満飛行もそうだったろう。

彼女の場合は、さらに「朝鮮」が加わる。「朝鮮出身の女流飛行家」の訪満飛行は、朝鮮民衆の反日感情をなだめ、「内鮮満一体化」のためにうってつけだ。一九三三年になってにわかに朝鮮総督府や関東軍が彼女の飛行を支援した背景には、その読みがあったはずだ。軍国日本の大陸への進軍に、朝鮮二〇〇〇万の民衆を巻き込むためのチアガールである。

そしてチアガールは、しょせん本番が始まるまでの景気づけにすぎない。本番が始まると、彼女たちは退場しなければならない。

朴敬元の死後隆盛を迎えたかに見えた日本の女性航空界は、松本キク、馬淵てふ子の訪満飛行成功をピークとして以後活力を失ってゆく。日本女子飛行クラブも、長山きよ子の事故、馬淵てふ子の引退などで自然消滅する。女性は一等飛行士になれないという壁は、依然として厚いままだった。

それは女性飛行士たちの努力不足というよりは、日本の国策が、女性飛行士にチアガール以上の役割を許さなかったためだ。

一九三七年七月、日中全面戦争が始まった。「挙国一致」のための国民精神総動員運動が開始された。軍服のカーキ色と国防婦人会のかっぽう着の白ばかりが町中に目立つようになった。市川房枝ら女性の地位向上を求めて婦人参政権運動に取り組んでいた女性運動家たちも、苦渋のなかで国策協力を選択する。

そのなかで松本キクは、陸軍省に従軍志願書を提出した。彼女の自伝『紅翼と拓魂の記』によれば、「戦場の患者をいち早く後方に輸送する任務の、患者輸送機の操縦士なること」を望んだのだ。そのために命を懸けても悔いはないと考えていた。

しかし陸軍省の答えは、却下、だった。「女子《おなご》の出る幕ではない。敵地で不時着か墜死でもした時の事を考えてみるがいい、敵に何といわれる。日本も手不足になって、空にまでついに女子が出動したのかと——その影響を思ってみることだ」

日本のミリタリズムとナショナリズムにとって、もうチアガールの出番は終わったということだ。空を飛ぶことは男の領分だったが、それ以上に戦争は男の領分である。女子《おなご》の出る幕ではない——。

最終的に女性に空への扉が閉ざされるのは、一九四〇年である。戦線の拡大につれて飛行機の軍事的価値はますます高まり、飛行士の需要は増える一方だった。しかし女性飛行士は、貴重なガソリンを無駄使いする有害無益な存在とされたのだ。

「いまやガソリンの一滴は血の一滴に等しい時に〝女流飛行家〟は非国策的だというのである。（略）一人の二等飛行士を育てるまでに最低四、五〇〇ガロンのガソリンを浪費せねばならぬのだから、油節約の上からも女性は地上に還って貰わねば……」（『大阪時事新聞』一九三九年一〇月二九日）

一九三七年一〇月に二等飛行士になった及位ヤエは、女性飛行士廃止措置によって、三九年、国策会社大日本航空のエアガールになった。エアガールの日本における初採用は、相羽有の東京航空輸送会社だったが、大日本航空も飛行機の大型化にともない、三八年から旅客サービス用のエアガールを乗り込ませることになったのだ。

「お客にサービスするのは性に合いませんでしたが、どうしても飛行機に乗りたかったので……」

及位ヤエは、そう語っている。日本は、苦労のすえにライセンスを取った女性飛行士に操縦桿を握るのを許さず、お茶出しのサービス嬢として使ったのだ。

松本キクの転身はもっと徹底していた。一九三八年三月、彼女は結婚して満州埼玉村開拓団の一員として渡満した。前年、関東軍作成の「二十ケ年百万戸移住計画」が閣議決定され、満州移民が国策となった時期だった。移民定着のための「大陸の花嫁」も国策となっていた。

飛行士から「大陸の花嫁」になるのは一八〇度の転換と見えたが、松本キクにとっては同じ「お国のため」だった。一九四三年、『大陸建設の礎』と題する彼女の満州体験記が刊行されたが、そこには国策に生きるものの誇りと気概が溢れている。

戦争は、世界戦争に発展した。アジアの大陸で、太平洋の島々で、ヨーロッパの陸と海で、熾烈な戦いがくり広げられた。そのなかで飛行機は、もっとも恐るべき兵器として戦争の前面に躍り出た。一九四三年一二月、飛行機が初めて空を飛んで四〇周年記念の晩餐会がワシントンで催されたが、飛行機の発明者ライト兄弟の弟オーヴィルはスピーチを拒否、「悪い奴が飛行機を歴史上最も致命的な武器として使用している」と嘆きをもらしたという。

飛行機がもっとも致命的な武器として人びとを殺戮し、町や森を焼いたこの戦争で、欧米の女性飛行士は、男たちの反対を押し切って飛び続けた。

日本の同盟国ドイツでは、女性飛行士は戦闘には参加しなかったが、工場から前線の近くまでの軍用機の輸送などで働いた。有名なグライダー操縦士ハンナ・ライチェは、ドイツ空軍の最新鋭機のテストパイロットとして活躍し、ヒトラーから鉄十字賞を授与された。

アメリカやイギリスでも、女性飛行士はＷＡＳＰ（女性操縦士隊）やＡＴＡ（空輸補助部隊）女子部を結成し、軍用機移送業務で働いた。欧米でも飛ぶこと・戦うことを男の領分とする観念は根強く、戦争が始まると女性飛行士の排除が言われたが、彼女たちの強い要望によってしぶしぶ認めたのだ。

かつて日本に飛来して朴敬元が歓迎飛行したイギリスのアミー・ジョンソンは、ＡＴＡ女子部員として軍用機移送に携わったが、一九四一年一月、みぞれ降る濃霧の日、テムズ河口に墜落して行方不明になった。死体は回収されなかった。

ソ連では、女性飛行士が実戦部隊を結成して戦闘に参加した。ドイツ空軍のパイロットと空中戦を展開し、八機撃墜した女撃墜王《エース》も現れた。一九四二年、クリミア戦線で結成された第533夜間爆撃隊二百五十余人のほとんどは二〇歳前後の若い女性だったが、戦争終結までに二万四〇〇〇回出動し、二万三〇〇〇トンの爆弾をドイツ兵の頭上に降らせた。

日本の女性飛行家たちは、こうした同盟国・対戦国の女性飛行家の活躍に切歯扼腕した。女も一人の国民としてお国のために働きたい――。

この思いは、戦時下日本の多くの女たちの胸にあった。しかし日本では、女性はあくまで「銃後の女」が基本だった。国内での軍需生産や前線の兵士への精神的支援、「皇国臣民」の育成などが任務とされていた。

これに飽き足らず、従軍看護婦などを志願して前線への従軍を望む女たちも数多くいた。まして女性飛行家たちは、すでに飛行界という男の領分に参入し、男とともに油にまみれ、危険を物ともせずに空を飛んでいたのだ。「女よ、地上へ帰れ」と空から引きずり下ろされて、ただ「銃後の女」として男を支えるだけで満足していられるはずはない。

黄蝶号で松本キクと追いつ追われつの訪満飛行をした馬淵てふ子は直後に飛行機から降り、事故で体が不自由になった長山きよ子と一緒に住んで、フェリス女学院の教師を勤めていた。太平洋戦争開戦直後の一九四二年一月、彼女は『紅翼会回覧誌』にこんなことを書いている。

「今ラジオで『皇軍マニラ市内に近づけり』の報を元気な声で放送しております。あゝ男に生まれていたらなアと、思うのは無理でしょうか？

左手にレバー、右手にハンドル！　逃げまどう敵兵を、猛焔の街を心ゆくまで眺めたい、と、思いません？

いまに、いまに、きっと、お役にたつ時が来ると信じて、おとなしく？　毎日を過ごしております」

『紅翼会回覧誌』は、一九四一年四月、及位ヤエが音頭をとって結成された女性飛行家の親睦会、紅翼会の機関誌である。めったに集まれない会員も多いところから手書きの『回覧誌』とされ、満洲在住の松本キク、米山イヨの所をも経めぐった。

「あゝ男に生まれていたならなア」という馬淵てふ子の嘆きは、他の女性飛行士にも共通するものだった。一九三八年、グライダーの操縦練習を始め、二等滑空士の免許をとった日向美智子は、その焦燥のなかで東亜滑空研究会を設立し、女子挺身隊員らにグライダーを指導した。彼女は、ドイツのハンナ・ライチェに憧れていたのだ。

エアガールとなった及位ヤエは、結局サービス係では満足出来ず、一九四四年航空本部長に頼み込んで熊本の陸軍特務航空輸送部訓練部に入所した。二等飛行士の松平和子も一緒である。若い二人は「薫」隊を名乗り、航空士の訓練に励んだ朴敬元が生きていたら、どうしただろうか。

わたしはつい、それを考えてしまう。

刻々に深まる戦時体制のなかで、彼女もやはり、馬淵てふ子のようにと、切歯扼腕しただろうか。ハンナ・ライチェに憧れた日向美智子のように、彼女も、欧米の女性飛行士のように空を飛んでお国のために働きたい、と願っただろうか。

そんな馬鹿な――。

そうは思うものの、あっさり否定してしまえないものがある。

朴敬元は朝鮮人だ。朝鮮人の彼女が、彼女の国を支配する日本のために働きたいなどと思うはずはない――。そう言い切れるだろうか。

あの戦争は、まるで大きな石臼だった。その石臼は米に混じる小石を挽き砕くように、日本人のあいだにあった戦争反対の意志や「天皇陛下万歳」批判をうち砕いた。そして、「挙国一致」という大きな団子にこね上げてしまったのだ。

ある場合には、朝鮮人の抗日・反日意識すら挽き砕いた。作家の李光洙改め香山光郎のように、少なからぬ朝鮮文化人が、姓を奪い、同胞の若者や女性を強制的に奪い去る日本に身をすり寄せた。それだけでなく、日本のために命を差し出すよう同胞に呼びかけさえしたのだ。日本留学中、社会主義者の山川菊栄を訪ねて朝鮮民族と女性の解放を社会主義の未来に重ね合わせていたはずの黄信徳すら、戦争協力を呼びかけている。

敗戦間際に特攻出撃して死んだ若者の中には、少なくとも一一人の朝鮮人青年がいた。その一人、高山昇こと崔貞根は、「俺は天皇のためには死なない」と日本への批判を口にしながら、沖縄沖を飛行中、アメリカ軍の船団を見つけると、形相を変えて突っ込んでいった。そして死んだ。彼の敵は日本、敵の敵アメリカは祖国を独立させてくれる味方であるはずなのに――と、朝鮮人を父親に持つ作家飯尾憲士は、苦渋をもって『開聞岳』に書いている。

空を飛ぶ、ということは、そういうことなのではないか。

馬淵てふ子は、書いていた。

「左手にレバー、右手にハンドル！　逃げまどう敵兵を、猛焔の街を心ゆくまで眺めたい、と、思いません？」

中国戦線で「匪賊退治」に大きな「功績」を上げた飛行第五連隊の藤田大尉は語っていた。

「匪賊がウンとおったので嬉しくなり、どうしてやろうかと考えた。町の北側に河があって、そこに一本の橋がある。あそこへ追いまくってやれというので、北側から爆撃を一発食らわすと、だんだん河の方へ逃げて行く。（略）そこを潜るようにして飛ぶ、そうすると乱れて橋のところに押し寄せるが、一本橋だから渡り切れない。（略）そこのところを又しゅうしゅう潜り込みをやる。と、又だだだだと落ちる。（笑声）あまり面白くなって随分低空で飛んだ」（「殊勲の愛国飛行機を語る座談会」『航空時代』一九三五年七月号）

このとき彼は、もう一機の日本軍機とともに中国人を追いまわし、一〇〇〇人以上殺したという。そして、「匪賊」攻撃は「猟をするように」面白いと言う。

「パイロットに一番大切なのは謙虚さです」

現在、日本の女性パイロットの第一人者である鐘尾みや子さんは言う。パイロットは空を飛ぶのではなく、飛ばせてもらうのだ、とも——。

わたしは鐘尾さんに、フランス製の木製飛行機ロバンで玄岳の上を飛んでもらったが、伊豆半島の西側から尾根の上に出ると、機体は大きく揺れた。パイロット泣かせの乱気流によるらしい、ロバンは駒鳥、その乱気流の中を必死に羽ばたいて飛び続けた。本当に、飛ぶのではなく飛ばせてもらっているのだ、という気がした。空に対して謙虚であるべきだ、という鐘尾さんの言葉が腑に落ちた。

しかし、地上に対してはどうだろうか。空の高みに上がったとき、人間は、地上を這いずるものに対して神のごとく傲慢になるということはないだろうか。空飛ぶ兵器を手に入れたとき、眼下にあるものに対して猛禽のごとく攻撃的になるということはないだろうか。

朴敬元は、飛行士だった。飛行士は翼を欲しがるものだ。

翼を奪われた日本の女性飛行士は、空飛ぶ兵器を縦横に駆使する男性飛行士をうらやんだ。そして、機銃を乱射し爆弾を落とし、「逃げまどう敵兵を、猛焔の街を心ゆくまで眺めたい」と思った。

もしも、朴敬元もそう思うようになったとすれば——。彼女の「ただ自分の足跡を残したい」

という自己実現の欲求がそこに帰着するとすれば――。

霧はいっこうに晴れない。

真夏の真昼だというのに、夕暮れ時のように薄暗い。籔を分けるときに濡れた衣類が、べっとりと肌に冷たい。

やはり、朴敬元は、ここで死ぬしかなかったのだと思う。

加藤まさきさんが送ってくれた大邱の骨壺の写真を思い出した。

春に大邱を訪ねたとき、朴敬元の遺骨が安置されたという仏教布教院と思われるお寺を訪ねた。ややこしいやり取りのすえに、昔の遺骨は大邱近郊の青丘公園に移したということがわかった。しかしわたしには、そこまで行く時間がない。釜山に住む加藤まさきさんに、できれば訪ねてほしいとお願いして帰国した。

まさきさんは訪ねて行ってくれた。そして、そのときの写真を送ってくれた。

その中の一枚に、殺風景なスチールの組み立て棚に木箱がぎっしり並んだ写真がある。引き取り手のない遺骨である。なかに二つだけ、箱がなく蓋付きの白い壺に入った遺骨がある。住職の話ではともに日本から来たもので、一つは男、もう一つは女の遺骨だという。

二つの骨壺のクローズアップ写真もあった。手前の、何も書かれていない骨壺が女の遺骨だという。これが朴敬元の遺骨なのだろうか。

遺骨は、青丘公園内の白雲寺が管理している。白雲寺とは、飛行家朴敬元が眠るにふさわしい、と思ったらとんでもないまちがいだった。加藤まさきさんによれば、白雲寺の住職は、保管料も出さない遺骨に対する「不快」を、明からさまに語ったという。

朴敬元が眠るべきところは、日本人によって建てられた「常ニ報国ノ大志ヲ懐キ……」などという慰霊碑があるここ玄岳ではない。しかし、ふるさとにも、彼女の眠るべき場所はないようだ。

遺骨を収めた小屋のまわりには、累々と土饅頭がつらなっている。韓国のお墓は土葬なのだ。緑の季節だった。したたるような緑の山懐に抱かれた土饅頭は、ふんわりとあったかそうに見えた。しかし朴敬元が眠ることができる土饅頭はない。

それなら――、山に撒けばいい、とわたしは思った。空に憧れ、そのために死んだ朴敬元の遺骨が、スチール棚の片すみの骨壺に閉じ込められているのはあまりにもいたましい。遺骨を山に撒けば、カササギがついばんで空に還してくれるだろう。

霧が晴れてきた。木立の間から青空が見える。

「空……あの空、薔薇色の雲が静かに動く空、巻毛のような五層雲が金色に輝き不思議な暗示を語る空」

朴敬元の遺稿「青空礼讃」の一節が頭に浮かんだ。

あとがき



わたしは、朴敬元が死んで七年後に彼女の国で生まれました。彼女にこだわったのは、まずはそのためだろうと思います。そして、書き上げるのに一〇年以上かかったのも、そのためだろうと思います。

母の思い出話によれば、わたしは当時の日本人言うところの「不潔な鮮人」の集落を見下ろす高台の陸軍官舎に生まれ、丸々と肥った元気な赤ん坊だったそうです。そのぶん「鮮人」の集落では、ひもじさに泣くやせ細った赤ん坊がいたのかもしれない。そう思うと、どのツラさげて、という思いがつきまといました。

また、朴敬元墜死五十年祭での違和感もわたしの筆を滞らせました。一九八三年八月七日、熱海の医王寺で朴敬元五十年祭が行われましたが、祭壇には日の丸を握った彼女の遺影が飾られていました。そして、駐日韓国大使崔慶録、外務大臣安部晋太郎、運輸大臣長谷川峻などの花輪にまじって、墨ぐろぐろと「日韓友好会会長岸信介」、「参議院議員源田実」と書かれた花輪も並んでいました。岸信介はかつてのA級戦犯、源田実は、戦争末期の航空戦略の指導者として幾多の若者を死に追いやったと言われる旧軍人です。

そこにわたしは、荒木陸軍大臣や小磯関東軍参謀長などの花輪が林立していた五〇年前の葬儀に通じるものを感じました。死後五〇年経っても、朴敬元は日の丸から解放されていない――。

そして解放後の故国で朴敬元が取り上げられたのも、日韓条約締結後の国策がかかわっているように思えます。飛行家の自己実現というものは、国策と縁が切れないものなのでしょうか。

ぐずぐず書きあぐねているうちに、一九九一年一月、湾岸戦争が始まりました。

「バグダッドはクリスマスツリーのようだった……」

イラクへの第一回の爆撃を終えて帰投したアメリカ軍のパイロットは、こう語っていました。

確かに、ハイテクを駆使して高々度から爆弾を投下するパイロットにとって、地上で炸裂する炎はクリスマスツリーの電飾のようなものだったでしょう。そのとき流された血は見えないし、阿鼻叫喚も聞こえない。

ベトナム戦争に従軍したアメリカ兵の中で、もっとも精神的な〈傷〉が少ないのは空軍のパイロットだと言われます。彼らは、いつどこから襲われるかわからないジャングルに怯えることもなければ、惨たらしい女子どもの死体を始末することからも免れた。彼らは〈鳥の目〉でベトナム戦争を体験したのだ。だから、と言われています。

そうかもしれません。人間が鳥のように空を飛ぶことは、鳥のように下界を見ることかもしれない。その非人間性は、非人道性につながる――？

お話を伺った戦前からの女性飛行士は、及位野衣、松本（西崎）キク、長山（馬淵）きよ子、米山（且代）イヨ、梅田（久富）芳枝、日向美智子の各氏ですが、自分の選択で自分の人生を切り開いてきた人特有の爽やかな方たちでした。お話を伺うたびにわたしは元気になったものです。

一九八四年に亡くなった今井（西原）小まつさんは、「人生は有か無か死か勝利か。いずれの場合にも、二つのうちから一つを選び取るのは自分なのだ」という言葉を残しています。この自己責任の観念は、ほかの方々にも共通するものでしょう。

その清々しさも、実はわたしを悩ませました。湾岸戦争を契機にアメリカでは、女性の自己決定権を求めるフェミニストたちの要求で女性兵士も男と平等に武器を取り、戦闘機を操縦できることになりました。日本の自衛隊でも、まもなくそうなりそうです。

確かに、性という自己決定できないものによって女性兵士が戦闘行為から排除されるのはおかしい、とは言える。しかし――。

どうやらわたしは、一人の朝鮮人女性としての朴敬元の〈実像〉を明らかにするよりは、彼女の胸を借りて自分の疑問をブツブツつぶやいていたような気もします。一九世紀末に生まれ、まだ飛行機が完全に武器として育つ前に死んだ朴敬元は、二〇世紀末のフェミニズムの課題を背負わされて、きっと目を白黒していることでしょう。

京城、新京などは、本来はかっこ付きで使用すべきですが、繁雑になるのでやめました。引用文は新仮名に改めましたが、差別・不快表現など一部不適当と思われる用語も「歴史的事実」として原文通りにしました。二三五ページの詩は、『朝鮮短篇小説選・上』（岩波文庫）所収の趙明熙「洛東江」より引用させていただきました。

本文中に記した以外にも、数多くの方々にお世話になりました。『朴敬元嬢追悼録』によって、彼女の生の声に触れることができたのは、在日二世の文学評論家・任展慧さんのお陰でした。

朝鮮史関係については津田塾大学の高崎宗司さんに、航空史では平木國夫さんにとりわけお世話になりました。作家森崎和江さんには、金文淑さんをご紹介いただくなど大邱取材に当たっての便宜を計っていただきました。木暮隆さんには、父上武美氏の日記や名簿・スクラップ・写真など貴重な資料をお貸しいただいた上に、朴敬元の人柄を示すお話もお聞かせいただきました。戦前に刊行された朝鮮や航空関係の本を入手できたのは、インパクト出版会の深田卓さんのお陰です。

そのほかの方々にも一方ならぬお世話になりましたが、紙数の関係でお名前を記すだけにとどめます。ありがとうございました。

相羽安子、池田浩士、石坂浩一、宇佐美承、宇野淑子、江刺昭子、大村典子、岡本紀元、岡本真希子、小野寺寿々恵、金子和彦、金在述《キムチェスル》、金文淑《キムムンスク》、小泉純一郎、佐藤武久、佐藤勝、嶋田昌子、添田透、田中繁、鄭大均《チョンテギュン》、西亀淑子、秦郁彦、原田久美子、樋口雄一、平岡みどり、福島瑞穂、福山勝治、本田節子、三田鶴吉、吉沢孝一・エミ、吉田貞子、依田康子。

驚くべき忍耐力で、一〇年以上も待ってくださった時事通信社図書編集部の小島英子さんには、お礼の言葉もありません。

加納実紀代

一九九三年一二月

# 主な参考文献


**朝鮮史関係**

三輪如鐵『大邱一斑』一九一一年　杉本梁江堂

弓削幸太郎『朝鮮の教育』一九二三年

朝鮮総督府『朝鮮総督府調査資料』四～一八号　一九二三～二六年

朝鮮総督府『朝鮮の服装』一九二七年

丸山鶴吉『五十年のところどころ』一九三四年　大日本雄弁会講談社

京城府『京城府史』第一～三巻　一九三四～四一年

朝鮮総督府『施政三十年史』一九四〇年

大邱府『大邱府史』一九四三年

湯浅克衛『カンナニ』一九四六年　大日本雄弁会講談社

同　『舞姫記』一九四七年　文明社出版部

姜徳相編『現代史資料』二五・二六巻　一九六七年　みすず書房

小林勝『小林勝作品集』第一～五巻　一九七五～七六年　白川書院

朴慶植編『在日朝鮮人関係資料集成』第一～四巻　一九七五～七六年　三一書房

丁尭燮、柳沢七郎訳『韓国女性運動史』一九七五年　高麗書林

沢正彦『日本統治下朝鮮の宗教と政治』一九七六年　清文舎

李花女子大学校出版部『韓国女性関係資料集近代篇・上』一九七六年

孫仁銖『韓国女性教育史』一九七七年　延世大学校出版部

朴容玉、鈴木晶子訳『日帝の韓国女性に対する植民地教育政策（『韓国近代女性史』第四章）』一九七七年　自費出版

李王垠伝記刊行会『英親王李垠伝』一九七八年　共栄書房

朴慶植『在日朝鮮人運動史』一九七九年　三一書房

大島孝一「金マリアと日本」、李順愛「黄信徳のこと」『季刊三千里』一七号　一九七九年　三千里社

「新東亜」編輯室、鈴木博訳『朝鮮近現代史年表』一九八〇年　三一書房

金学鉉『荒野に呼ぶ声』一九八〇年　柘植書房

碓井隆次『京城四十年』一九八〇年　生活社

高峻石監修『朝鮮社会運動史事典』一九八一年　社会評論社
張籌根、松本誠一訳『韓国の郷土信仰』一九八二年　第一書房
金賛汀『朝鮮人女工の歌』一九八二年　岩波書店
池明観・小川圭治編『日韓キリスト教関係史資料』一九八四年　新教出版
森崎和江『慶州は母の呼び声』一九八四年　新潮社
李方子『流れのままに』一九八四年　啓佑社
高峻石『在日朝鮮人革命運動史』一九八五年　柘植書房
柳東植『韓国のキリスト教』一九八七年　東京大学出会
樋口雄一『協和会』一九八六年　社会評論社
飯沼二郎・韓晳曦編『伝導に生きて』一九八六年　麦秋社
成律子『朝鮮史の女たち』一九八六年　筑摩書房
イ・ヒョジェ、李順愛ほか訳『分断時代の韓国女性運動』一九八七年　御茶の水書房
本田節子『朝鮮王朝最後の皇太子妃』一九八八年　文藝春秋
韓国民衆史研究会、高崎宗司訳『韓国民衆史・近代篇』一九八九年　木犀社
阿部洋・渡部学編『日本植民地教育政策史料集成（朝鮮編）』一七、四〇、四一、四九、五二、五三、六二巻　一九八七～八九年　龍渓書舎

**航空史関係**

帝国飛行協会『航空年鑑』一九三〇～四〇年
同　『日本航空殉難史』一九三一年
浅田礼三『航空殉職録・民間編』一九三六年　航空殉職録刊行会
日本飛行学校『朴敬元嬢追悼録』一九三三年
アン・リンドバーグ、村上啓夫訳『東方への空の旅』一九四二年　育成社弘道閣
仁村俊『航空五十年史』一九四三年　鱒書房
江橋英次郎『航空魂』一九四四年　東水社
奥宮正武『翼なき操縦士』一九五一年　日本出版協同社
日本航空協会『日本航空史・明治大正篇』一九五六年
『同・昭和初期篇』一九七五年
ロイド・モリスほか、中村威訳『限りなき上昇』

一九五七年　出版協同社
徳川好敏『日本航空事始』一九六四年　出版協同社
日本航空協会『日本民間航空史話』一九六六年
阿川弘之責任編集『現代の冒険7・大空を翔ける』一九七〇年　文藝春秋
稲垣足穂『ライト兄弟に始まる』一九七〇年　徳間書店
平木國夫『空気の階段を登れ』一九七一年　朝日新聞社
西みさき（西崎キク）『紅翼と拓魂の記』一九七五年　自費出版
平木國夫『鳥人たちの夜明け』一九七八年　朝日新聞社
任展慧「女流飛行士朴敬元のこと」『海峡』八号　一九七八年　社会評論社
及位野衣「淑女たちの空」『エアワールド』一九七八〜八一年　エアワールド
吉村昭『虹の翼』一九八〇年　文藝春秋
日本航空協会『日本航空史年表』一九八一年
ヴァレリー・ムールマン、田中至ほか訳『空のプリンセスの群像』一九八二年　タイムライフブックス
平木國夫『空駆けた人たち』一九八三年　静岡産業能率研究所
青木冨貴子『アメリアを探せ』一九八三年　文藝春秋
飯尾憲士『開聞岳』一九八五年　集英社
光岡明『前に立つ空』一九八七年　文藝春秋
三田鶴吉『立川飛行場物語・上巻』一九八七年　けやき出版
佐々木マキ『飛びたかった人たち』一九九〇年　福音館
平木國夫『飛行家をめざした女性たち』一九九二年　新人物往来社

**その他**

横浜商工会議所『横浜市商工名鑑』一九一八年
大宅壮一『モダン層とモダン相』一九三〇年　大鳳閣書房
北村兼子『表皮は動く』一九三〇年　平凡社
同『大空に飛ぶ』一九三一年　改善社
横浜市役所教育部『横浜市教育概要』一九三五年
横浜市『横浜市史』第四、五巻　一九六五〜六七年
与謝野晶子『定本与謝野晶子全集』一九七九年　講談

社
大村益夫ほか編『朝鮮短編小説選上・下』一九八四年　岩波文庫
添田透『ワーヅワス点描』一九八五年　大阪教育図書
江刺昭子『女のくせに』一九八五年　文化出版局
海野弘『都市を翔ける女』一九八八年　平凡社
鈴木貞美編『モダンガールの誘惑』一九八九年　平凡社
高橋健司『空の名前』一九九二年　光琳社出版

**雑誌**

『季刊三千里』三千里社、『海峡』社会評論社、『在日朝鮮人史研究』在日朝鮮人史研究会、『飛行界』日本飛行研究会、『飛行』帝国飛行協会、『スピード』日本飛行学校、『航空時代』航空時代社、『航空朝日』朝日新聞社

**新聞**

『朝鮮』朝鮮新聞社、『婦女新聞』、『京城日報』、『毎日申報』、『東亜日報』、『満州日報』、『東京朝日新聞』、『東京日日新聞』、『大阪朝日新聞・朝鮮版』、『婦人航空』日本婦人航空協会、航空図書館所蔵新聞スクラップ、木暮武美新聞スクラップ

| | | | | | | |
|---|---|---|---|---|---|---|
| 木下（古閑）喜代子 | 東京 | 1914.4 | 亜細亜 | | 2 等 490 | 1935.3 |
| 西村（田中）阜子 | 埼玉 | 1914.1 | 田中飛研 | | 2 等 543 | 1935.11 |
| 西山　澄子 | | | 東亜 | | パラシュート | |
| 宮森　美代子 | | . | | | パラシュート | |
| 上田　きくの | 神奈川 | | 大和航空 | 1935.5 | | |
| 池村　良子 | | | | | | |
| 久田　光子 | | 1918 | | | | |
| 久岡（横山）秀子 | 東京 | 1919.3 | 日本 | 1935.7 | 2 等 632 | 1936.11 |
| 金　福男 | 朝鮮 | | 東京<br>帝国 | 1935.8 | 2 等 | 1939.3 |
| 福島　良子 | 東京 | | 極東帆飛 | 1936 春 | 2 級滑空 | 1938.8 |
| 村上　繁子 | | | 亜細亜 | | | |
| 及位　ヤエ | 秋田 | 1916.9 | 第一 | 1937.1 | 2 等 737 | 1937.10 |
| 西尾恵美子 | 台湾 | 1920.8 | 日本 | 1937.6 | 2 等 1018 | 1939.3 |
| 松平　和子 | 東京 | | 日本<br>日本軽飛 | 1937.12 | 2 等 1320 | 1940.2 |
| 島田　てる子 | 富山 | 1919? | 日本軽飛 | | 2 等 1141 | 1939.6 |
| 日向　美智子 | 群馬 | | 日本帆飛 | 1938 | 2 級滑空 | 1940.8 |
| 芦沢（浜田）京子 | 山梨 | 1919.2 | 山梨飛行 | 1938.5 | 2 等 1134 | 1939.6 |
| 岡本（葉）徳子 | 東京 | 1918.1 | 日本少年団 | | 1 級滑空 | 1940.10 |

※免許取得に至らなかったもの、グライダー、パラシュートも含む。
※かっこ内は 1994 年現在の姓。
※及位野衣「淑女たちの空」『エアワールド』、『航空年鑑』、『飛行界』、『飛行』、『航空時代』、『スピード』、新聞各紙より作成。

# 戦前日本の女性飛行士一覧

| 氏　名 | 出身地 | 生年月 | 出身校 | 入学年月 | 操縦士免状番号 | 取得年月 |
|---|---|---|---|---|---|---|
| 南地（佐村）よね | 和歌山 | 1890.11 | シラー | 1913 夏 | | |
| 上野　つや子 | 東京？ | 1899 | 日本 | 1917.8 | | |
| 兵頭　精 | 愛媛 | 1899.4 | 伊藤 | 1919.11 | 3 等 38 | 1922.3 |
| 市原　翠 | 高知 | 1898 | 伊藤 | 1920.3 | | |
| 竹井　登美子 | 広島 | | 栗津 | 1920.3 | | |
| 岡田　たか子 | | | | | | |
| 今井（西原）小まつ | 京都 | 1899.8 | 福永<br>根岸 | 1920.4 | 3 等 295<br>2 等 69 | 1925. 7<br>1927.11 |
| 木部　シゲノ | 朝鮮 | 1903.11 | 第一 | 1923 | 3 等 247<br>2 等 64 | 1924.11<br>1927.8 |
| 前田（竜）あさの | 奈良 | 1906.11 | 日本 | 1923.3 | 3 等 333 | 1925.12 |
| 藤井　ヤエ | 熊本 | 1905.5 | 第一 | 1925.1 | 3 等 5 | 1927.7 |
| 花田　まつの | 福岡 | | 西田 | 1925.11 | | |
| 須磨　はる子 | 愛知 | 1912 | 名古屋 | 1926.4 | | |
| 山中　ふさ | 大阪 | 1907.7 | 名古屋 | 1926 | | |
| 朴　敬元 | 朝鮮 | 1897.6 | 日本 | 1926.2 | 3 等 430<br>2 等 81 | 1927.1<br>1928.7 |
| 古川　キク | 福島 | 1908.7 | 東亜 | 1926 春 | 3 等 | 1927.5 |
| 米山（旦代）イヨ | 北海道 | 1907.1 | 東亜 | 1926.2 | 3 等 21 | 1927.12 |
| 藪内　光子 | 兵庫 | 1909.8 | 名古屋 | 1926 | 3 等<br>2 等 105 | 1927. 夏<br>1929.3 |
| 鈴木（近藤）しめ | 茨城 | 1909.2 | 名古屋 | 1927 | 3 等 67<br>2 等 106 | 1929.3 |
| 李　貞喜 | 朝鮮 | 1910.1 | 日本 | 1927.2 | 3 等<br>2 等 112 | 1927.11<br>1929.7 |
| 本登（佐藤）勝代 | 山形 | | 日本 | 1928.2 | 3 等 88 | 1929.10 |
| 星　さきを | 宮城 | 1911.3 | 日本 | | | |
| 上仲（中村）鈴子 | 岐阜 | 1912.2 | 日本軽飛 | 1930.9 | 3 等<br>2 等 196 | 1931.5<br>1931.10 |
| 北村　兼子 | 大阪 | 1903.11 | 日本 | 1931.1 | | |
| 正田（秋谷）マリエ | 茨城 | 1907.8 | 日本 | 1931.8 | 2 等 248 | 1932.9 |
| 松本（西崎）キク | 埼玉 | 1912.11 | 安藤 | 1931 | 2 等 326 | 1933.8 |
| 長山（馬淵）きよ子 | 静岡 | 1911.7 | 第一 | 1932.10 | 2 等 343 | 1933.10 |
| 梅田（久富）芳枝 | 東京 | 1915.12 | 東亜<br>第一 | 1932.4 | 3 等<br>2 等 344 | 1933.4<br>1933.10 |
| 吉岡　吉子 | | | 第一 | | | |
| 山内　妙子 | 山梨 | 1915 | 洲崎 | | | |
| 馬淵　てふ子 | 秋田 | 1911.6 | 亜細亜 | 1933.5 | 2 等 398 | 1934.3 |

# 飛び散ったピースを求めて

池川玲子

解説

## 1　歴史パズラー　加納実紀代

本書の著者、加納実紀代さん（以下敬称略）は、ジグゾーパズルの愛好者だった。それを知った時には、ちょっとびっくりしたのだけど、考えてみれば驚くようなことでもなかった。歴史研究とジグゾーパズルはとても似ている。どちらも、粉々のピースを丹念に並べ続けて、一つの大きな図柄を描き出していくという、気の遠くなるような作業。ただし市販のパズルと違って、歴史研究ではどうやっても埋められないスペースが残る。歴史家とは、その空白を埋めるべく、失われた歴史のピースを求めて東奔西走を続けるパズラーのことだ。

加納は一九四〇年にソウルで生まれた。一時、親戚にあたる茨城県の医者夫婦に引き取られたが、数か月で親元に戻った(1)。一九四四年、家族で広島に移り、被ばくした。陸軍軍人の父は、骨も残らなかった。

少女期を母の郷里の香川県で過ごし、東南アジア史を志して京都大学に学んだ。そのままアカデミックの世界に進んでいれば、歴史家としての道のりはぐっと平たんなものになっただろう。しかし加納はその道を選べなかった。高校も大学も奨学金で通った彼女にとって、大学院のハードルは経済的に高すぎた。

中央公論社で出版業界の最前線を体験した後、三人の子どもを抱えながら、編集下請け、配達運転手などのパート労働に従事。その体験を踏まえた論考をインテリ男性たちのひしめく論壇に投げ入れながら、書き手として頭角を現していった。一九七六年、在野グループ「女たちの現在《いま》を問う会」を結成。近現代女性史の金字塔となった共同研究『銃後史ノート』を出発させたのは、その翌年のことである。(2)

在野史家にとって、歴史のピースを探索する道はとても厳しい。史資料は権力を好む。公的な文献を中心とした「事実」たちは、大きな大学や官庁のアーカイブに集まり、そこに積み重ねられていく。しかも名高い男性たちにまつわるモノやコトを中心として。

徒手空拳の加納は、それゆえ、王道の歴史学とは異なる回路を開拓せざるを得なかった。新聞、雑誌、映画、小説などの大衆メディアを史資料として重視し、インタビュー、アンケート、さらには座談会といった、当時にあっては邪道と呼ばれかねない手法を、仲間たちと次々と編み出していった。そうやって、権力の視野の外に散らばったピースを一つ一つ拾い集め、巨大な歴史パズルに挑み続けた。

## 2 「加納実紀代の朴敬元」

### ①ピースの発見

一九八二年、加納は、『出版ニュース』(二月中旬号、出版ニュース社)の「書きたいテーマ、出したい本」という小さなコーナーで、ため息まじりにこう語っている。「魂の飛翔を求めてやまないゆえに、『時代』にのみこまれていく〈翔んでる女〉の軌跡を、朴敬元、松本きく子を中心にたどってみたい――こんな思いを抱いてからすでに四、五年になる」。

ゆえに、加納が、一九三〇年代に活躍した二人の民間女性飛行士というピースを見出したのは、一九七七年か七八年あたりのはず。時事通信社から本書の初版が出たのは、すでに〈翔んでる女〉が死語と化していた一九九四年だから、構想から完成まで二十年近くかかった計算である。

当初、ダブルヒロインとして構想されていた朴と松本は、合わせ鏡のような関係にある。朴は、父親を早くに亡くし、学業を中断せざるを得なかった。工場労働、看護師、運転手と、さまざまな職業を転々としながら飛行士を目指した。松本は、女子師範学校出。教師を辞めて飛行士になりたいと言い出した時、両親は心配しながらも援助を約束してくれた。朴は満洲への親善飛行で命を落とし、それを成功させた松本は英雄となった。飛行スタイルも対照的だった。朴の単独行の失敗に学んだ松本は、男性機関士とのタンデム飛行で万全を期した。朴の命脈は三十代で尽きたが、幾度も死線を越えてきた松本は、加納が調査をはじめた頃にはまだ存命だった。加納はさっそく面会を申し入れて、当時の話を聞き出している(3)。

問題は朴敬元だった。彼女のふるさと大邱に足を運んだ加納は、戸籍に記載されている生年すら信用できないという、圧倒的な事実の不在に直面する。にもかかわらず、もしくは、だからこそ、稀代の歴史パズラー加納は、朴敬元という難解なパズルに傾注していく。いつしか松本はヒロインの座から降ろされ、加納の頭の中の格納庫で静かに出番を待つことになる。加納は、朴を、一人で飛ばすことに決めたのだ。

**②異質にして本質**

本書は、加納の仕事としてはきわめて異質なものである。

まず長編の評伝であるという点において。加納に他に人物伝がなかったわけではない。というより、特定の女性をのぞき穴のようにして、いいかえればミクロの視点から、大日本帝国の領土的膨張というマクロな大事業の光と闇とを描き出すことは、加納が初期から得意とした手法だった。その取材対象の幅も、奥村五百子や安田せいのように、国家とぴったり歩調をあわせた「帝国のフェミニスト」から、祖国がしかけた侵略戦争に命がけで抵抗した活動家長谷川テルまでと広かった。しかし彼女らにはそれぞれすでに参照可能な先行研究があったから、何もないところから組み立てる必要はなかったし、なにより全員が日本人だった。そして中・小編程度の分量で、加納の興味は満たされた。

次に書下ろしの単著であるという点において。複数の書き手を束ね、共同で一冊の書物にまとめるというのが、加納の基本的な研究スタイルだった。しかし本書だけは、徹頭徹尾、単独飛行だった（もちろん、朴がそうであったように、多くの助力者に支えられてのことではあったが）。

最後に、これが最も異質なことであるのだが、人物造型の多くを、とりわけ朴敬元のそれを、加納の創作に拠っているという点において。もとから創作に寄りかかるつもりであったはずはない。加納は、韓国と日本の双方で公文書を漁り、関係者の間を走り回ってインタビューを重ねた。悲劇の舞台となった伊豆半島の玄岳上空を、女性パイロットの操縦で飛ぶことまでやっている(4)。

もう五年ほど前のことだが、体調を崩していた加納に依頼されて、川崎の自宅地下書庫で資料を探したことがある。電灯をつけて驚いたのが、航空史関係の書物の多さだった。航空気象の用語事典から私家版のパイロット回想録まで、とにかく手あたり次第に集めたという雰囲気が、びんびん伝わってきたものだ。

だが、実際に入手できた朴敬元の「事実」はごく少なかった。この「とんでもない〈逸脱〉」者は、そもそも実証的な歴史研究として成り立つ素材ではないのだ。それでも加納は、遺されたわずかな文章の中に滲む彼女の屹立した精神を信じた。とりわけ、「何物も欲しくない。ただ自分の足跡を残したい一心だけだ」という、朴の「強烈な自己主張《ウォントトン》」を。

そして、複数の書類に記された生年の齟齬や、願桶という幼児期の名前の含意、横浜で通った教育機関の名称のゆらぎといった微細な情報に命を吹き込み、ノンフィクションとフィクションのあわいを行き来する「加納実紀代の朴敬元」を創り上げていった。加納もまた、歴史家として、大いなる逸脱を選び取ったのだ(5)。

逆説めくが、これらの異質さや逸脱ぶりゆえに、本書は、フェミニスト女性史家加納の本質を浮かび上がらせる書物になった。

# 3　朴敬元というパズル

## ①助走

天皇を最上位に据えた大日本帝国のピラミッド――本書はその三角形を基本のフレームとしている。階級、民族、性別によって、人々は上下に区分けされている。だから、娘時代の「加納実紀代の朴敬元」は、いつも空を見上げている。植民地の、それも貧困家庭の、しかも親から望まれずに生まれた娘は、上を目指して移動し続ける。

移動に伴って、彼女が見上げる空の景色は刻々と変わる。天主堂のそびえる大邱の空から、横浜の工場の高窓からのぞく狭い空へ、そして再び、大邱で見上げる空へ。それは三・一独立運動の一年後のこと。翼を連ねて威嚇飛行にやってきた日本陸軍機が、禍々しい影を落としていく。

一連の移動にリアリティを持たせるべく、加納は、さまざまなピースを丁寧にはめ込んでいく。植民地化がもたらした都市の変容、人口構成の変化、教育の進展、交通網の発達といった大きなピースから、人々の心に入り込み動かしていく寓話や歌謡といった小さなピースまで。

女性の形をしたピースもある。半島に稼ぎにやってきた日本人の娼婦たち、教会に付設された女学校のアメリカ人教師、日本人の、そして朝鮮人の女工たち――いずれも近代という時代が、その登場を要請した女たちである。朴が生きた時空間を、第二波フェミニズムを通過した女性史の視点から描き出すための仕掛けが光る。

フレームそのものを揺るがせる、強いピースも登場する。独立運動の闘士であり拷問で精神を病んだ金マリア。関東大震災をきっかけに朴烈とともに拘禁された金子文子。加納は、彼女らが裁かれる現場に朴敬元をねじ込んでいく。植民地に生を受け、「被害と加害の二重性」を自らの思考の柱とした加納ならではの力業だ(6)。そして、そこで目の当たりにした帝国の暴力に、「加納実紀代の朴敬元」は歯噛みし、空を目指して助走をはじめる。

**②離陸**

飛行機型のピースが盤面上を飛び回りはじめるのは、日本の元号が昭和に代わったあたりのこと。加納は、朴と同時代の女性パイオニアたちの姿を丁寧に描き込んでいく。「積極的で明けっぴろげでだれとでも対等に付き合う」朴は、二等操縦士となり、ライバルたちと切磋琢磨しながら郷土訪問飛行を目指している。しかし、世に知られた彼女のモダンガールぶりには屈折がある。断髪もドレスも自室のおしゃれなインテリアも、周囲に無害さをアピールするための手段に過ぎない。彼女の魂は、日本への「否!」で煮えたぎっている。

さらに加納は、半島からやってきた年若い女性訓練生への「秘めた恋」を、朴に抱え込ませる。この部分が創作なのか、それとも根拠あっての記述なのかはわからない。個人のセクシュアリティにかかわることだけに、もし完全な創作ならば、読者から否定的な意見の出ることは避けられないと思う。

しかし同時に、加納がここまで踏み込んだ理由が、私にはわかる。かつて日本初の女性映画監督について一冊にまとめた時、彼女と師匠とのスキャンダルを否定することに躍起になった。彼女は、女性といることを好み、最後は戦争未亡人と暮らした人だった。加納もまた、「某大臣の二号」と噂されてきた朴を、無責任な視線から救い出したいと願ったにちがいない。(7)

### ③飛翔、そして…

女は二等飛行士にまでしかなれない。そして一等飛行士の資格がなければ、プロとしてやっていくことはできない。あからさまな差別構造のゆえに、女性飛行士たちは次々と盤面からこぼれおちていく。

それでも加納は、朴の夢を、遠くへ遠くへと飛ばしていく。最初は「ウィルソンの飛行機」として故郷の人々の心を励ますために。そして「チョッパリどもを」威圧するために。時には、自分を「売国奴扱いする故郷の人びとを見返す」ために。さらには「アジアの女性を代表してヨーロッパに行く」ために。そしてあの一文へと飛翔させる。「何物もほしくない。ただ自分の足跡を残したい一心だけだ」。

しかしこの時、盤面には、もう一つのピラミッドが出現している。頂上に皇帝をいただく満洲国である。この傀儡の国と日本の間には、すぐさま強力なネットワークが築かれていく。念願の郷土訪問飛行が、朝鮮総督府と関東軍の支援による「日満新鮮・皇軍慰問」飛行にすり替わってしまった時、朴はつぶやく。「仕方ないじゃないか」。

それは加納が、朴のオモニの口癖として、本書のごく早いページに書き込んでいた台詞の写しでもある。「女に生まれたのは八字《パルチャ》（運命）が悪かったから仕方ない」。ピラミッドの底辺から、運命に逆らい、逸脱に逸脱を重ねてここまで飛んできた朴にこの台詞をあてがう時、加納の心中にはどのような思いが去来していたのだろうか。

## 4　植民地人女性飛行兵

朴敬元が墜落死した一年後の一九三四年、空に女たちが戻ってくる。朴が越えられなかった海峡を、ゆっくりと横切っていく機体もある。あの松本きく子が操縦桿を握っている。不時着を重ねながらも、二つのピラミッドの間を縫って「皇軍慰問・日満親善」飛行を成功させた松本。彼女には輝かしい未来が待ち受けているはずだった。しかし、日中戦争下、彼女の従軍志願はあっさり退けられる。空を見限った松本が、「大陸の花嫁」として満洲に移民した二年後の四〇年、「女性飛行士廃止措置」によって、女性飛行士たちは完全に空から追い落とされる。

おそらく加納の最初の企画では、引き続き、松本の満洲時代に焦点があてられるはずだったのだろう。しかしそれが書かれることはなかった。加納は、最後の最後まで朴敬元というピースを追いかけ、自らに問いかけ続けた。「朴敬元が生きていたら、どうしただろうか」と。

そこに立ち現れるのは、植民地出身の女性飛行兵という、加納実紀代だけがイメージし得た戦時国民動員の究極形である。「そんな馬鹿な」と、自分にツッコミをいれながら、加納は、未然の植民地人女性飛行兵の実現可能性を、過去にさかのぼって計測していく。第二次世界大戦中の欧米諸国が、戦況に応じて女性飛行士たちを活用したこと。[8] 幾人もの朝鮮人青年が、特攻隊員として「散華」したこと。そして松本を含む多くの女性飛行士たちが、従軍を熱烈に望んだこと。

私は今、改訂版のゲラを読みながら、久しぶりに、柔らかな、だけど絶対に妥協を許さなかった加納の声に耳を傾けている。そして、出撃していく朴敬元の姿を想像しはじめている。地上で逃げ惑う人々を睥睨しながら、彼女は、「仕方ない」とつぶやいただろうか。それとも「自分の足跡を残したい」と叫んだだろうか。その時「加納実紀代の朴敬元」は、帝国のピラミッドのいったいどこにいたのだろうか。直に質問をぶつけてみたかった。

## 5　最後に

インパクト出版会の深田卓さんが、『越えられなかった海峡—女性飛行士朴敬元の生涯』を再度世に問うことを、加納実紀代さんに持ち掛けたのは、まだ彼女がお元気だった時期のことだとうかがっています。加納さんの重要なお仕事を次々と手掛けてこられた深田さんにとって、時事通信社から出た一九九四年版は、「唯一、取り逃がした」ものであったとか。[9]

加納さんの心の中ではずっと、朴敬元が羽ばたいていたように思います。朴が小泉逓信大臣らと訪問した高麗神社に、敬和学園大学の研究仲間たちと出かけられたり、彼女を主人公にした映画『青燕』が、親日派問題絡みで攻撃される様子を心配しておられたり…。

改訂版に向けて加納さんが用意していた「訂正原本」は、「加納実紀代資料室 サゴリ」の開設に向けた整理作業の中で発見されました、本書は、その「訂正原本」の大量の書き込みをもとに改定されたものです。

「加納実紀代資料室 サゴリ」は、ひろしま女性学研究所の高雄きくえさんを中心にしたグループが運営する空間です。広島は、幼い加納さんが過ごした場所。そして最後の研究テーマとなった核問題を批判検討する足場となってきた場所です。市内を一望する資料室では、加納さんの蔵書や資料を手に取ることもできます。本書を通じて、加納さんとその仕事に興味がわいた…という方は、是非、一度、お出かけください(10)。

一九九四年版において、加納さんの筆を急かしたのは、女性兵士の戦闘参加を実現させた湾岸戦争でした。「女性の自己決定権」を根拠に、「平等に武器を取り、戦闘機を操縦できるようになった」事態、すなわち「二〇世紀末のフェミニズムの課題」を読者に問いかけながら、加納さんは筆を置きます。

以来三十年。わが自衛隊は、すでに、すべての職種を女性隊員に開放済みです。当然ながら、陸海空三隊のいずれにも女性パイロットが配備されています。二〇一八年には、空自に初の女性戦闘機操縦者《ファイターパイロット》が誕生しました。

朴敬元が「越えられなかった」、あの海峡は、風雲急を告げています。言うまでもなく、東アジア情勢の不安定化が、米国を頂点とする、日本、韓国の三角安全保障体制の強化を促しているためです。三国のいずれにも、そして仮想敵とされている国にも、女性のファイターパイロットが存在しています。

「二〇世紀末のフェミニズムの課題」は、難易度を上げながら、「二十一世紀のフェミニズムの課題」として持ち越されました。私たちは、加納実紀代さん抜きで、今にも飛び散りそうなピースをかきあつめ、この難解なパズルに向き合わなくてはなりません。

**註**

(1) この「養女」体験については、加納さんの長女麦子さんからご教示いただいた。

(2) 1〜10号、一九七七年〜八五年　戦後篇1〜8号、一九八六年〜九六年

(3) 一九七九年没。松本（別名、猪岡菊子、西崎キク、西みさき等）については、田中益三「虹の彼方に（『長く黄色い道——満洲・女性・戦後』せらび書房、二〇〇六年）、「郷土の偉人・西崎キク」（上里町ウェブサイト　https://www.town.kamisato.saitama.jp/ijin/）を参照されたい。

(4) 一九九一年三月。パイロットの鐘尾みや子には『空をとぶ』（一九八六年十月、福音館）がある。パートナー加納信雄が手掛けていた子ども向け月刊誌「たくさんのふしぎ」シリーズの一冊である。

(5) 金智媛は、「加納の著書における想像された部分までが事実であるかのように引用され、新しい言説になってしまっている現状は指摘しておく必要がある」と注意を喚起している（「飛ぶ女たちの近代、民族、そしてジェンダー：植民地期朝鮮の女性飛行士朴敬元、李貞喜を中心に」学位論文、一橋大学、二〇二〇

年）。

（6）平井和子「『被害』と『加害』の底深い悲惨さの自覚」（高雄きくえ編『広島　爆心都市からあいだの都市へ――「ジェンダー×植民地主義　交差点としてのヒロシマ」連続講座論考集』インパクト出版会、二〇二二年）が参考になる。

（7）深田さんからは、『インパクション』の「特集・ゲイ・リベレーション」（71号、一九九一年）が議論された編集会議が、委員の一人であった著者に影響を与えた可能性をご教示いただいた。また、拙著『帝国の映画監督 坂根田鶴子――『開拓の花嫁』・一九四三年・満映』（吉川弘文館、二〇一一年）は、加納さんから書評をいただく光栄に浴した（『総合女性史研究』二〇一二年三月号）。厳しいコメントもあったが、「対象への〈愛情〉」があるとの優しい言葉で評価されたことが嬉しかった。僭越だが、朴敬元に対するご自分の〈愛情〉と同質のものを、拙著に見ておられたのかもしれないと、今にして思う。なお拙著において、本書の加納さんの「飛行機をミリタリズムとナショナリズムの道具として大陸へ向かう軍国日本の、まさにチアガールだった」という記述を、上記「虹の彼方に」（田中益三）のものと混同する大きなミスをおかしている。この場を借りて、両氏にお詫びしたい。

（8）日本も例外ではない。一九四二年から、女子通信士（隊員）という軍属身分による、空への動員が実施されている。配属先は、東京、大阪、名古屋、福岡、札幌、広島、仙台、ソウル、旅順。総数約三千人という説もあるから、加納が本書内で言及した、及位、松平のケースよりも、各段に大きな規模であった。一九四五年八月に公開された『北の三人』（東宝、佐伯清監督）は、その女子通信士たちの活躍を描いた戦時下最後の劇映画である。原節子、高峰秀子、山根壽子というスター女優たちが、最前線で敵機と渡り合い、男性に代わって機上通信をこなし、「名誉の戦死」を覚悟する。日本の大衆文化における想像力の中では、女性たちはすでに軍用機に乗り込んでいたのである。
(9)「加納実紀代資料室サゴリ」仮オープン記念イベント(二〇二三年三月二五日)における深田さんのスピーチより。
(10)広島市東区光が丘2―53レモンハウス1F(予約制)。
ウェブサイト　https://sagori-kanomikiyo-library.jimdofree.com/

なお、加納実紀代の全体像については、以下が参考になる。
・「女性史研究の20年を振り返って―加納実紀代氏に聞く―」(聞き手:長志珠絵・京樂真帆子・成田龍一、『女性史学』二〇一〇年第二〇号)。
・佐藤文香・伊藤るり編『ジェンダー研究を継承する』(人文書院、二〇一七年)。〈一橋大学大学院社会学研究科先端課題研究叢書『ジェンダー研究を継承する』アーカイブ特設サイト「加納実紀代」〉では、当該書の基礎となったデータが公開されている。
http://gender.soc.hit-u.ac.jp/sentanken14/inheritingGS_kanohm.html

# 加納実紀代年譜

共著・編著は中ゴチック、単著は太ゴチックで表記した。
共著、集会発言は多数あるが主要なもののみ掲載した

**1940年**

7月17日　京城（現ソウル）に生まれる。陸軍軍人であった父が中国に単身赴任。生後3、4ヵ月の時「内地」に引揚げ、母の実家（香川県坂出市）に居住

**1944年**

父の転勤で広島に移住

**1945年**

8月6日　広島駅北・二葉の里で被爆、父は職場で被爆死、母の実家に母・兄とともに移住

12月　善通寺市に転居

**1947年**

善通寺中央小学校入学

**1950年**

4年生時、腎臓病を患い半年間休学して安静に過ごす。5年生の一学期から復学

**1953年**

善通寺中学校入学

**1955年**

8月　中学3年生の時、兄と広島第一回原水禁大会に行く

**1956年**

善通寺第一高等学校入学

**1958年**

『アンコールワット物語　美しき哀愁』（渡辺邦男監督）を観て東南アジア史を志す

**1959年**

4月　京都大学文学部東洋史科に入学。中国人女性から中国語を習う。「松花江のほとり」という歌を学んだことが銃後史研究の「根っこ」となる

**1963年**

3月　京都大学文学部卒業

中央公論社入社、第一次選考小論文のテーマは「『女子学生亡国論』への反論」。『暮らしの設計』編集部に所属

**1965年**

6月　中央公論社同僚の加納信雄と結婚
**1966年**
11月　第一子出産、二重保育を利用して勤務
**1967年**
8月「中央公論社は家具メーカーか」中央公論社労働組合「組合ニュース」11号に寄稿。9月発行の同誌12号で3人の組合員による反発文が掲載される
**1968年**
3月　中央公論社退社
アジア・アフリカ語学院に入学
**1969年**
3月　第二子出産
アジア・アフリカ語学院の学校封鎖に参加
**1970年**
アジア・アフリカ語学院を退学処分となり、パートタイマー（〜79年）として働き始める。
パートの低賃金に納得がいかず組合を作り、出産休暇&育児時間を勝ち取る。「パート制度は反労働者的か—敗北した私の斗争から考えること」手書き印刷パンフ

8月22、23日　法政大学で行われた「侵略＝差別と闘うアジア婦人会議」。22日のみ参加
**1972年**
5月　第三子出産
**1973年**
石油ショック時「節約生活のハウツー本」編集の仕事を請け負い、国会図書館で戦前の女性誌を読み「銃後史」に出会う
**1974年**
侵略＝差別と闘うアジア婦人会議の事務所を訪ね飯島愛子に出会う
4月『思想の科学』に「子持ちパートの自立論」を投稿、以降数多くの論考を寄稿し、編集協力を始める
**1975年**
国際女性年にもろさわようこを中心に平凡社が『ドキュメント　女の百年』全六巻を刊行。当初、加納にも声がかかったが、版元の事情で加納の執筆は実現しなかった
**1976年**
もろさわの編集企画から離脱したメンバー中心に

「女たちの現在《いま》を問う会」結成

3月8日「女性解放と天皇制」討論集会「女が天皇制に立ちむかうとき」（国際婦人デー、えびす区民会館）、パネラーとして発言「解放幻想が〝銃後の女たち〟を支えた」。主催・侵略＝差別と闘うアジア婦人会議

9月16日「女性解放と戦争責任　戦時下婦人運動の実態」講演、主催・侵略＝差別と闘うアジア婦人会議、大向区民会館。77年2月発行のパンフに3月の発言とともに収載

**1977年**

11月『あしたの女たちへ――女の生きがい・働きがい』樋口恵子編、樋口・駒野陽子・中島道子・加納共著（学陽書房）

11月『銃後史ノート1号』発行（手作り200部から出発）

**1978年**

3月　川崎市多摩区生田に家を新築、移転する

5月『銃後史ノート2号　ドキュメント・昭和恐慌下の女たち』発行

**1979年**

1月『高群逸枝論集』河野信子・藤井貞和・寺田操・菅田正昭・加納共著（JCA出版）

7月『女性と天皇制』加納編（思想の科学社）

4月『銃後史ノート3号　女たちの満州事変』（3号まではタイプ印刷、ホチキス留め製本）

**1980年**

6月『銃後史ノート』1～3復刻版（JCA出版）

8月『銃後史ノート4号　非常時の女たち』（JCA出版）

**1981年**

7月『銃後史ノート5号　日中開戦・総動員体制下の女たち』（JCA出版）

**1982年**

4月『銃後史ノート6号「紀元二千六百年」の女たち』（JCA出版）

12月『銃後史ノート7号　女たちの十二月八日』（JCA出版）

**1983年**

12月『銃後史ノート8号　戦場化する銃後――空襲・疎開・勤労動員』（JCA出版）

**1984年**

8月『銃後史ノート9号　女たちの8・15』（JCA出版）

**1985年**

8月『銃後史ノート10号　女たちの戦後・その原点』（JCA出版）

11月「社縁社会からの総撤退論」（『新地平』）、男女雇用機会均等法制定をめぐり、女性の社会進出は新たな搾取を促進する、賃労働と家事労働の二重の束縛からの解放戦略として発表されたが、この提起は江原由美子らの反論があり論争となる

11月30日『銃後史ノート』10号発行で「女たちの現在を問う会」が第5回山川菊栄賞受賞

**1986年**

8月『銃後史ノート戦後篇1　朝鮮戦争・逆コースのなかの女たち』（インパクト出版会）

**1987年**

1月**『女たちの〈銃後〉』**（筑摩書房）初の単著

4月『銃後史ノート戦後篇2　〈日本独立〉と女たち』（インパクト出版会）

11月『夜明けの航跡　かながわ近代の女たち』（ドメス出版）編集。神奈川女性史専門委員。

12月『銃後史ノート戦後篇3　五五年体制成立と女たち』（インパクト出版会）

**1988年**

11月28日「このままでいいの？　天皇の問題―主権在民の立場から」加納は呼びかけ人の一人で最初の発言者。ほか住井すゑ・土井たか子・田中美津らが発言、一二〇〇人参加、山手教会。主催・このままでいいの？天皇の問題　女性の会

12月『銃後史ノート戦後篇4　もはや戦後ではない？』（インパクト出版会）

12月19日「いまこそ語ろう！天皇問題」有楽町マリオン。加納のほか山崎朋子・ジャスリン・フォード、増田れい子・井田恵子発言。主催・国家秘密法に反対する女性の会。昭和天皇Xデーに向けて数多くの天皇制を考える集会が開かれた。ヒロヒト死去は翌年89年1月7日

**1990年**

東洋大学非常勤講師（～03年）、この時期、津田塾大学・明治大学でも教える

5月『女たちの視線　生きる場のフェミニズム』金井淑子・加納編（社会評論社）

6月『銃後史ノート戦後篇5　女たちの六〇年安保』（インパクト出版会）
6月『女の時代を旅する　フェミニズム1990』編集委員、執筆はない（ユック舎）
9月『反天皇制―思想の海へ16』天野恵一・加納編（社会評論社）
11月『多摩の流れにときを紡ぐ―近代かわさきの女たち』川崎女性史編纂委員会編、2分冊、編集委員、3章を執筆（ぎょうせい）
11月『平成天皇の基礎知識』天野恵一・加納編（社会評論社）
12月『自我の彼方へ―思想の海へ22』加納編（社会評論社）

**1991年**

『インパクション』誌の編集委員に就任
9月『働く/働かない/フェミニズム―家事労働と賃金労働の呪縛!?』小倉利丸・大橋由香子編（青弓社）加納総撤退論をめぐる論考の集成
11月　神奈川県の住民44人が県知事、県職員らが即位の礼、大嘗祭に公費をもって出席したことの違憲性を問い監査請求を行った。加納もその一員で県監査委員会で陳述を行う。その陳述「女性差別の皇位継承」は翌年、神奈川　即位大・嘗祭違憲住民訴訟の会発行の「私たちが主権者　天皇を再び神としないために1」に掲載

**1992年**

2月『銃後史ノート戦後篇6　高度成長の時代・女たちは』（インパクト出版会）
2月『リブ20年　インパクション73』責任編集号
11月『共生への航路―神奈川の女たち45～90』（ドメス出版）

**1993年**

1月「インパクション」に「フェミニズムのヘクトパスカル」連載開始、第1回は「『慰安婦問題』という問題」、96年の100号まで15回続く
5月「ジャンプ一番！女性兵士戦闘配置へ？」『インパクション』80号、女性兵士問題への一石
8月『銃後史ノート戦後篇7　ベトナム戦争の時代・女たちは』（インパクト出版会）

**1994年**

山川菊栄賞の選考委員に就任
2月『**越えられなかった海峡―女性飛行士・朴敬元**

**の生涯』**（時事通信社）

8月『**まだ「フェミニズム」がなかったころ―1970年代　女を生きる**』（インパクト出版会）

**1995年**

1月21日「海の日を知っていますか」集会（東京芸術劇場）。鈴木郁子・加納が中心となり天皇制と侵略賛美の「海の日」祝日化に反対する運動（メディアや国会議員への働きかけ）を展開。

4月『ニュー・フェミニズム・レビュー6　母性ファシズム』責任編集（学陽書房）

8月『性と家族―コメンタール戦後50年』加納編（社会評論社）

「文学史を読みかえる研究会」発起人となる

8月『**女たちの〈銃後〉増補新版**』（インパクト出版会）

12月9日「女がヒロシマを語る」シンポジウム。江刺昭子・加納・関千枝子・堀場清子。かながわ女性センター

**1996年**

7月『銃後史ノート戦後篇8　全共闘からリブへ』（インパクト出版会）『銃後史ノート』最終号である

8月『女がヒロシマを語る』江刺昭子・関千枝子・堀場清子と加納編（インパクト出版会）

9月『여자의 날개로 날고 싶다』（프레스빌）。「超えられなかった海峡」の韓国語翻訳版

11月『日本の女たち 第3巻―写真・絵画集成 国境を越えて』（日本図書センター）

11月30日　銃後史ノート完結記念シンポ「全共闘からリブ、そして現在」（飯島愛子・酒井和子・舟本恵美・松井やより・加納）とパーティー（文京区民センター）

8月　朝鮮民主主義人民共和国に団体旅行

**1997年**

4月～「月刊家族」の巻頭言「ヒロシマとフェミニズム」を1年連載

「近代日本キリスト教女性史（Ⅱ）研究会」に参加

**2000年**

4月～8月「ひろしま女性学講座～第1期」全5回の講師を務める

10月22日「女・核・平和―フェミニズムの視点から〈ヒロシマ〉を検証する」に登壇

11月12日　夫・加納信雄、多発性骨髄腫のため死去

**2001年**

5月~9月「ひろしま女性学講座~第2期」の5、6、9月の講師を務める

**2002年**

敬和学園大学特任教授就任。「敬和学園大学・戦争とジェンダー表象研究会」を組織

4月『**天皇制とジェンダー**』（インパクト出版会）

6月『岩波女性学事典』井上輝子・上野千鶴子・江原由美子・大沢真理・加納編（岩波書店）

9月『**ひろしま女性平和学試論**』（ひろしま女性学研究所）

11月『女性キリスト者と戦争』富坂キリスト教センター編（行路社）

**2003年**

12月『文学史を読みかえる7　リブという〈革命〉—近代の闇をひらく』責任編集（インパクト出版会）

**2004年**

恵泉女学園大学平和文化研究所共同プロジェクト「連合軍占領期の女性の性に関わる問題—特にRAAに関して」に参加

3月26日　出版記念インポジウム「〈リブという革命〉がひらいたもの」田中美津・秋山羊子・千田有紀・加納（文京区民センター）

**2005年**

6月　新潟県満洲開拓慰霊団参加

8月『**戦後史とジェンダー**』（インパクト出版会）

9月　大連大学（中国）の「性別研究中心」のシンポジウム「文化を超えた女性・ジェンダー研究—研究を省み、経験を分かち合う」に登壇

**2006年**

5月『〈侵略=差別〉の彼方へ—あるフェミニストの半生』飯島愛子著（インパクト出版会）加納の勧めで飯島は自伝を執筆するが05年5月4日に死去。未完の原稿に既発表の論考と加納の解説、石塚友子「飯島愛子年譜」を加え刊行

**2007年**

田中利幸教授（広島市立大学）の原爆聞き取りプロジェクトに参加

7月14日「韓日連帯21」主催第4回国際シンポジウム「加害と被害の記憶を越えて」（ソウル）にて

発表

5月『占領と性—政策・実態・表象』恵泉女学園大学平和文化研究所編、奥田暁子・早川紀代・平井和子・出岡学・荒井英子・牧律・加納共著（インパクト出版会）

6月『战争与性别—日本視覚』秋山洋子と共同編集、中国大連の社会科学文献出版社から刊行された日本のフェミニズム・アンソロジー。中国語訳で収載されたのは西川祐子・若桑みどり・早川紀代・加納・鈴木裕子・石田米子・上野千鶴子・松井やよりの論考。後記を李小江

**2008年**

10月『軍事主義とジェンダー』敬和学園大学戦争とジェンダー表象研究会編（インパクト出版会）

**2009年**

2月『女性史・ジェンダー史　新編　日本のフェミニズム10』編集委員、解説（岩波書店）

**2010年**

4月　アメリカ・ニューメキシコのトリニティ・サイト訪問

**2011年**

1月14日　敬和学園大学退任。最終講義「カッチャンはなぜ死んだか—ヒロシマから考える日本近代」

**2013年**

3月『ヒロシマとフクシマのあいだ—ジェンダーの視点から』（インパクト出版会）

9月『천황제와 젠더』「天皇制とジェンダー」の韓国語訳（소명출판）

**2014年**

2月と5月の二度サイパン・テニアンを訪れる。「殉国と黒髪—「サイパン玉砕」神話の背景」（『インパクション』196号）執筆

映画『何を恐れる』（松井久子監督）に出演

**2015年**

11月19日　一橋大学「ジェンダー研究を継承するプロジェクト」のインタビュー。17年に人文書院から出版

12月「被爆70周年ジェンダー・フォーラムin広島」に登壇、「立つ瀬がない—被害/加害の二重性を越える」を発表

**2016年**

肺気腫のため在宅酸素療法開始
3月28日　東大駒場キャンパスで行われた「「慰安婦問題」にどう向き合うか―朴裕河氏の論著とその評価を素材に」に参加
12月『被爆70年ジェンダー・フォーラムin広島「全記録」―ヒロシマという視座の可能性をひらく』（ひろしま女性学研究所）

**２０１７年**

5月『対話のために―「帝国の慰安婦」という問いをひらく』共著（図書出版クレイン）
10月『ジェンダー研究を継承する』佐藤文香・伊藤るり編（人文書院）
10月　松井久子編『何を恐れる―フェミニズムを生きた女たち』（岩波書店）。14年に出演した映画の書籍版
11月17日　シンポジウム「こうして戦争は始まる　孫世代が出会う「銃後の女たち」」加納・むらき数子・佐藤文香・川上未映子・小林エリカ・福田和香子・上野千鶴子。上智大学。主催・ウイメンズアクションネットワーク

**２０１８年**

5月　すい臓ガンの宣告を受ける
11月『「銃後史」をあるく』（インパクト出版会）
11月17日　出版記念会で「『平和』表象としての鳩と折鶴」を講演

**２０１９年**

2月22日　すい臓ガンのため死去

**２０２０年**

4月『新装版 女たちの〈銃後〉』（インパクト出版会）

**２０２２年**

11月『広島―爆心都市からあいだの都市へ』高雄きくえ編、加納「『平和』表象としての鳩と折鶴」所収（インパクト出版会）

**２０２３年**

3月25日　広島に「加納実紀代資料館　サゴリ」が仮オープン（広島市東区光が丘2-53　レモンハウス1F sagori.library@gmail.com 090-7137-9576 高雄）

〔この年譜は「加納実紀代資料室サゴリ」展示の年譜を参考にし、大幅に加筆・改稿した。作成にあたり、高雄きくえ・池川玲子・平井和子・洪玧伸・加納麦子さんの協力を得た＝編集部・深田卓〕

加納実紀代（かのうみきよ）
1940年7月、ソウルに生まれる。女性史研究。
1976年より「女たちの現在を問う会」会員として96年までに『銃後史ノート』10巻、『銃後史ノート戦後篇』8巻を刊行。『女たちの〈銃後〉』『ひろしま女性平和学試論』『ヒロシマとフクシマのあいだ』『「銃後史」をあるく』など著書多数。2019年2月、死去。

池川玲子（いけがわれいこ）
1959年生まれ。日本女子大学家政学部学術研究員。日本近現代女性史
著書
『「帝国」の映画監督　坂根田鶴子－「開拓の花嫁」・一九四三年・満映』吉川弘文館、2011年
『ヌードと愛国』講談社現代新書、2014年
主な共著
『ひとはなぜ乳房を求めるのか　危機の時代のジェンダー表象』青弓社、2011年
『着衣する身体と女性の周縁化』思文閣出版、2012年
『歴史における周縁と共生　女性・穢れ・衛生』思文閣出版、2014年
『〈妊婦〉アート論』青弓社、2018年
『家の文化学』青簡舎、2018年

**越えられなかった海峡**
**女性飛行士・朴敬元《パクキョンウォン》の生涯**

2023年6月25日　第1刷発行

著　者　加納　実紀代
発行人　川　満　昭　広
装幀者　宗　利　淳　一
発　行　インパクト出版会
〒113-0033　東京都文京区本郷2-5-11　服部ビル2F
Tel 03-3818-7576　Fax 03-3818-8676
E-mail：impact@jca.apc.org
http://impact-shuppankai.com/
郵便振替　00110-9-83148

モリモト印刷